企業と経営を学ぶ

仲野 昭
吉永 耕介 著

学文社

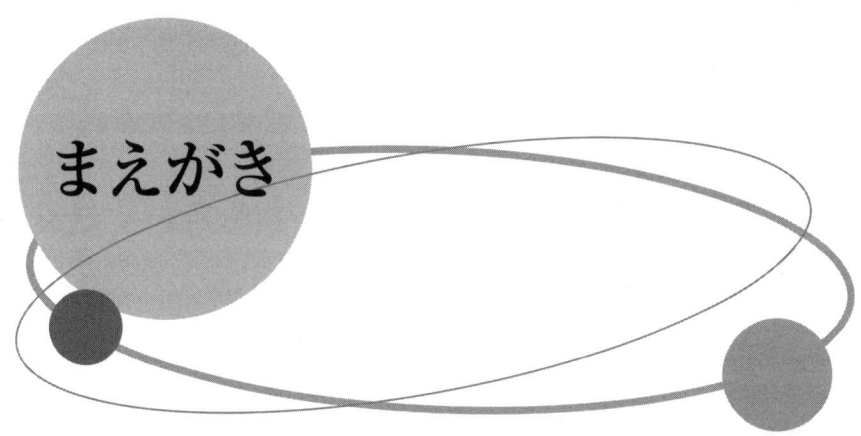

まえがき

　本書は，大学初年級の学生の経営学の入門書として執筆したものである。大学では，通常，組織論と戦略論を2本柱とする経営学の講義が行われているが，現実の企業組織や行動を読み解くには，経営学としての組織論や戦略論を学ぶだけでは不十分である。経営学に加え，会社法，税法，独占禁止法等の経済法，労働法などの法制面の知識のほか，財務会計や経営財務の知識が不可欠である。さらには，実際に経営分析を行うためには，一定水準以上のコンピュータ・リテラシーを習得することが不可欠である。これらの分野を総合的に学ぶことで，企業や経営に対するリテラシーを深めることができるのである。

　しかし，経営系や商学系等の一部の大学・学部を除けば，広い視野から経営を学ぶにはカリキュラム編成が十分ではないことに加え，経営関連科目が選択科目として位置付けられていることが多いため，経営学を系統的に学ぶことに困難を感じている学生が少なくない。

　例えば，経営学で組織論を学んだものの，会社法が定める機関設計や組織再編の基本原則について最低限の知識すら欠いているため，日常の企業関連ニュースを正確に理解できないでいることが多い。さらに会社法の知識の不足は，学生が財務会計や経営財務を学ぶ上でも支障になっているように思われる。

　また，ビジネス上の意思決定のための情報収集・整理やその分析のためには，一定水準以上のコンピュータ・リテラシーが要求される。しかし，多くの大学・学部におけるコンピュータ・リテラシー教育は，とくに分析ツールとし

i

てのコンピュータ利用について十分な教育が行われているとは言い難い。

以上の点に配慮し，本書では学生が企業と経営を理解するために必要最小限の基本事項を体系的に解説することを目標にした。同時に，独習書しても活用できるよう平易な解説を心掛けたつもりである。

第1章「企業と経営の本質」では，事業活動が企業という組織を利用して行われる動機を内部取引の理論を中心に解説する。第2章「企業と経営の歴史」では，株式会社の歴史と経営史を学ぶ。とくに日本については，いわゆる日本型経営の形成とその変化について詳しく解説した。第3章「企業と組織」は，経営学におけるマクロ組織論の概要を述べるとともに，国際経営組織についても言及した。第4章「企業と戦略」は，経営戦略論の基礎である。マイケル・ポーターの戦略論を含め，主要な戦略論について説明するとともに，相互の関係やその有効性と限界についても解説した。第5章「企業を読み解くための会社法」では，2006年に施行された会社法の基礎を学ぶ。株式会社のガバナンス構造・計算・組織再編を中心に，会社法の基本原則を解説した。第6章「企業を読み解くための財務分析」は，ケース・スタディを活用して主要な財務分析の手法を解説した。第7「企業を読み解くためのコンピュータ・リテラシー」は，ICT革命がビジネスに及ぼす影響を留意しつつ，学生およびビジネス・パーソンとして習得すべきコンピュータ・リテラシーとはいかなるものかを明らかにした。

本書は，読者として主に経営系ないしは商学系以外の諸学部・学科に在籍する大学生を念頭において執筆したものであるが，社会人の方々が経営関連の諸分野を今一度復習するうえでも役立つところがあれば幸甚である。

末筆ながら，本書の出版にあたり，学文社の田中千津子氏と編集および校正などに行き届いたご協力を頂いた編集部の方々に心から御礼を申し上げたい。

著　者

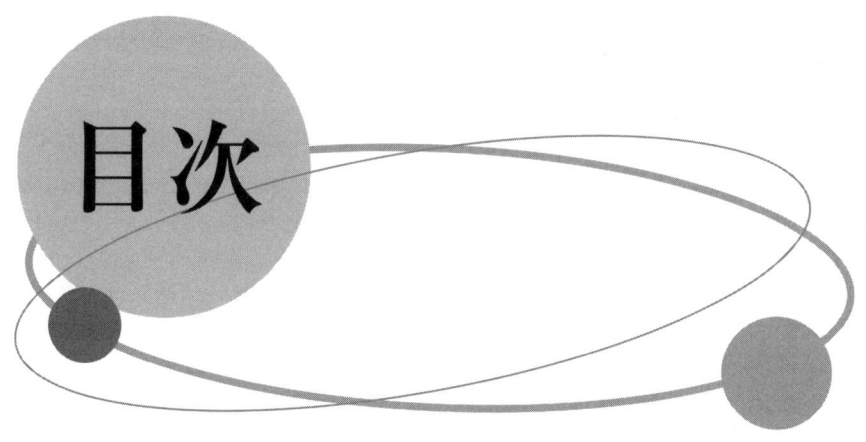

第1章　企業と経営の本質　　1

1. 企業の本質と取引の組織化　*1*
2. 企業間取引の多様性　*8*
3. 企業と環境—SCPパラダイム　*11*
4. 経営の本質　*15*
5. 企業の社会的責任　*20*

第2章　企業と経営の歴史　　27

1. 株式会社の歴史と発展　*27*
2. 日本における株式会社の成立と歴史　*32*
3. 日本型経営モデル　*38*

第3章　企業と組織　　50

1. 経営と組織　*50*
2. 組織設計と組織原則　*53*
3. コンティンジェンシー理論　*57*
4. 現代企業の組織構造　*59*
5. グローバリゼーションと組織構造　*72*

  6. 地域適応と効率化のための組織作り　*77*

第4章　企業と戦略　*84*
  1. 経営戦略の定義と経営戦略論　*84*
  2. プラニング・スクール　*89*
  3. ポジショニング・スクール　*104*
  4. リソース・ベースト・ビュー　*118*
  5. 創発戦略と経営者の役割　*125*

第5章　企業を読み解くための会社法　*129*
  1. 会社法の歴史　*129*
  2. 会社の形態　*131*
  3. 株式制度　*133*
  4. 株主の権利　*134*
  5. 株式会社の機関設計　*139*
  6. 会社の計算と計算書類　*157*
  7. 会社法と組織再編　*163*

第6章　企業を読み解くための財務分析　*176*
  1. 財務分析　*176*
  2. 財務分析の基本　*181*
  3. キャッシュ・フローの分析　*208*

第7章　企業を読み解くためのコンピュータ・リテラシー　*220*
  1. ビジネスとコンピュータ・リテラシー　*220*
  2. ビジネスを変えるネットワーキング　*223*
  3. PCでのデータベースの利用　*227*
  4. 問題解決のための情報リテラシー　*243*

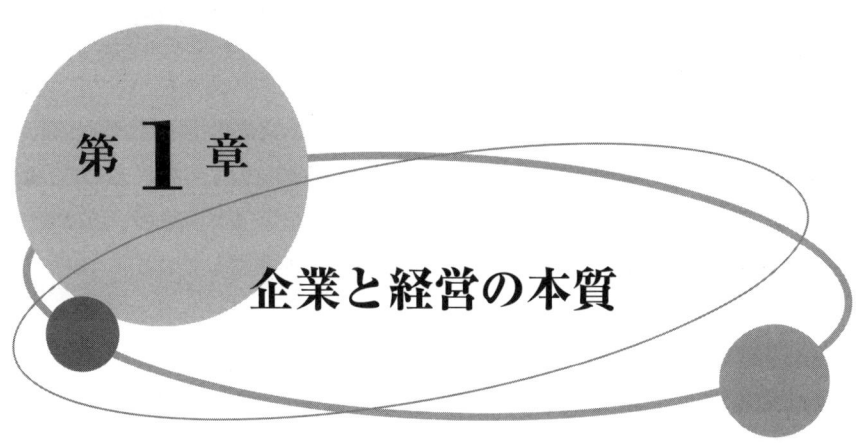

第1章 企業と経営の本質

1. 企業の本質と取引の組織化

1-1. 市場取引と内部取引

　経営（business administration）とは，組織の活動の計画および実行とその管理をいう。組織は，広義においては，行政機関などの公的機関や地方自治体，さらには公益法人，労働組合，協同組合，非営利団体（NPO）など名称や法的形態を問わず，特定の目的を達成するために人々が協働するあらゆる集団を含む。しかし，本書で扱う組織はより狭い概念であり，事業活動を継続的に遂行する組織が対象である。しかも，現代社会における事業活動の主な担い手は企業であるから，本書における経営とは企業活動の計画および実行とその管理と定義することができる。

　もっとも，「企業」そのものも多義的な用語である。一般的な意味では，企業は会社と同義語として用いられる。会社の法的な定義は「営利を目的とする社団法人」であるから，厳密には企業と会社は同じものではないが，経営的・経済的機能を重視する立場からは，両者を区別する必要はない。「企業とは，財やサービスの生産活動を行う主体である」と定義すれば十分である。

　企業の理論的研究のパイオニアというべきコース（Ronald H. Coase）は，

1

個々の取引当事者が自由に財やサービスを生産し，交換する市場取引のほかに，なぜ企業という組織が必要になるのか，という問に対する解答として，取引費用の理論を提起した。企業の本質を明らかにするうえで，取引費用はキーワードになる概念なので，まず取引費用の発生理由を説明しておこう。

第1は，「限定された合理性」(bounded rationality) である。すべての人は，出来るだけ合理的に行動しようとするが，人々の情報処理能力や計算能力は限られているため，その行動は完全には合理的でありえない。そのため，完全に合理的に行動できると仮定した場合には回避できる取引費用を負担せざるを得ない。

第2は，複雑性と不確実性である。将来起こりうる事象の数と組み合わせは膨大であり，人々の情報処理能力や計算能力を超えている。また，そうした複雑性や不確実性を常に計算し，それに適応するよう行動し続けるには膨大な費用が発生する。

第3は，機会主義 (opportunism) である。機会主義とは，人々が他者の利益を犠牲にして，自己の利益を追求する行動をとることである。人々が機会主義的な行動をとることを阻止するためには，契約により厳重に行動を縛り，違反した場合のペナルティを用意するだけでは足りず，取引相手が契約通りに行動しているかどうか，絶えず監視しなければならない。このことも取引費用の発生原因になる。

機会主義的行動は，当事者の数が少ないときとられやすい。これを「少数性の条件」(a small number condition) という。取引相手が多数いるときは，他者と比較評価し，いつでも取引相手を変更できるため，取引相手の機会主義的行動を抑止できる。

第4は，情報の偏在性 (information impactedness) である。情報の偏在性とは，取引の一方の当事者が十分な情報をもち，他方の当事者は不十分な情報しか持たない状態である。情報の偏在性がある場合には，公正な取引は成立しない。情報の偏在性がある場合，取引の一方の当事者は費用を負担して情報の偏

在性を解消するか，取引を断念するほかはない。

以上の状況を整理したものが，図1-1である。

情報の偏在について，説明を加えておこう。情報の偏在とは，取引に関連する基本的な条件が，ある当事者には知られているが，他の当事者には知らされていないことをいう。情報の偏在のひとつの例が，「逆選択の問題」である。保険会社は，被保険者のリスク特性をあらかじめ判定できないとき，劣悪なリスクを持つ人を引き付ける可能性がある。これを避けるためにリスク特性の審査を厳格化すると，費用が発生する。この費用が取引費用である。

情報の偏在のもうひとつの例は，「先発性の優位性」である。最初に取引を開始した人は，実行による学習を通して，後から取引を開始する人に対して情報上の優位性を持つ。最初に情報を獲得した人は情報を開示しないかもしれず，あるいは開示しようにもノウハウのように完全に伝達することが難しい情報もある。いずれの場合にも，情報は先発者に偏在することになる。

以上の理由によって，現実の市場取引は不完全なものにならざるを得ない。

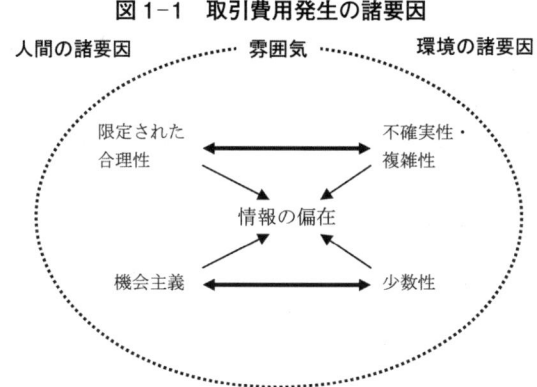

図1-1　取引費用発生の諸要因

注）「雰囲気」とは，取引当事者間に相互作用効果があるにもかかわらず，自己の利益を重視するあまり，問題を狭く解釈する傾向があることをいう。
出所）オリバー・ウィリアムソン（浅沼萬里・岩崎晃訳）『市場と企業組織』（日本評論社，1980）より作成。

こうした市場取引の不完全性がもたらすコストが取引費用である。

　仮に市場の取引が完全ならば，現代企業が内部に抱えているさまざまな職能，例えば，仕入れ，研究開発，製造，品質管理，システム・オペレーション，マーケティングなども，必要に応じて市場から調達して利用する，いわゆる外部化の方法によるのが効率的であろう。

　にもかかわらず，企業がさまざまな職能を内部化する理由は，市場の取引が不完全であるため，その取引費用が内部化の費用を上回るとみなしているからである。取引を市場に委ねず，内部化するための組織を内部組織という。内部組織の典型的形態が企業にほかならない。組織としての企業と市場利用の選択問題は，次のような不等式であらわすことができる。

　　　　内部化の費用＜市場利用の費用⇒組織としての企業を選択
　　　　内部化の費用＞市場利用の費用⇒市場利用を選択

　企業のような内部組織を利用する利点を，あらためて整理してみよう。

　第1に，内部組織を利用することにより，機会主義の危険を負うことなく，状況の変化に応じた適応的で逐次的な意思決定プロセスを採用することができる。こうした意思決定プロセスは，複雑性や不確実性に対処しやすい。

　第2に，個別的な市場取引の繰り返しに比べ，内部組織ではより効率的で発展的な行動様式が生まれる。

　第3に，内部組織の構成員の期待が互いに似たものに収束していくことにより，取引当事者のそれぞれが状況の変化に対応して独立した意志決定するときの不確実性を緩和することができる。

　第4に，内部組織の監視能力も情報の偏在性を克服するのに役立つ。

　以上述べたように，現実の経済取引はさまざまな形で取引費用を発生させる可能性がある。こうした費用を最小化するには，一定のハイエラキー（階層）を備えた内部組織のもとで指揮命令権を行使することが有利である。これが企

業という経済単位が必然化する理由である。

　企業という組織が必然化する理由として，さらに資産の特殊性（asset specificity）の問題に着目する必要がある。資産が特殊であるとは，ある資産が特定の条件の下でのみ期待された効果をもたらすことを意味する。資産が特殊であればあるほど，そうした条件がビルトインされた企業という組織の有効性が高まる。ここで資産とは，機械などの物的資産のほか，ノウハウや人材などの非物的資産が含まれる。

　資産の特殊性に関連して引用される問題として，「ホールド・アップ問題（hold-up problem）」がある。わかりやすい例をあげて説明しよう。

　金型は特定の部品を量産するという前提があって製造されるものであり，他の部品の生産に転用することはできない。このとき，部品メーカーは特定の部品を量産するための金型を製作した後で，納入先である機械メーカーから部品の納入価格の大幅な値引きを要求され，さもなくば取引を他の部品メーカーに切り替えるとの「脅し」を受けるリスクがある。逆に，機械メーカーに対して部品メーカーが独占的供給者であって，他の部品メーカーへの切り替えが難しい場合には，強硬な値上げ要求という「脅し」を受ける可能性がある。資産の特殊性があって，以上のようなホールド・アップ問題に直面する恐れのある場合には，機械メーカーが部品メーカーを買収するというといった形の垂直的統合（vertical integration）が起こりやすい。垂直的統合により，市場取引を企業内の内部取引に切り替えることで，ホールド・アップのリスクを回避できるからである。

　また，取引関係のある企業が共有する情報通信システムも，取引相手を変えようとする場合には，新システムの構築や設計変更が必要になる。いずれの場合でも，特殊性のある資産を取得するための費用は，当初の条件に重要な変更が生じた場合には，無駄になるおそれがある。資産の特殊性のため，事後的に回収が難しくなる費用を埋没費用（sunk cost）といい，取引相手を変更することによって新たに生じる費用を切替費用（switching cost）という。

人材も特殊性のある資産である。労働者は，企業内でさまざまな技能や専門知識を習得する。企業は，技能や専門知識を従業員に習得させるために，教育投資を行っている。そうした技能などの中には経理やコンピュータ操作のように特殊性の低いものもあるが，企業の業務に不可分な特殊なものであって，他企業では無価値なものも少なくない。

　したがって，労働者が他企業に転職することも，企業がその労働者を失うことも，ともに大きなスウィッチング・コストを負担することになる。労働者にとっては，転職先の企業から得られる賃金は特殊技能を考慮しない低いものでしかない可能性があり，企業にとっては労働者を失えば，過去の教育投資が無駄になるからである。

　以上のことから，労働者が転職を繰り返すことは，企業にとっても大きな損失である。この損失を回避するには，企業内で継続的な雇用関係を維持すればよい。企業という組織が成立し，その中で習得した技能や専門知識に応じて賃金が決定される内部労働システムが発展する理由もここにある。

1-2. 経営資源の集合としての組織

　組織としての企業は，さまざまな資源の集合とみなすことができる。このような資源が経営資源であり，ヒト，モノ，カネなどが含まれる。しかしながら，企業やその製品に対する認知度や信頼感を表象するブランドをはじめ，企業内部に蓄積され，共有される知識やノウハウも組織化された企業が継続的な価値創造を行う源泉になる。チャンドラー（Alfred D. Chandler）は，こうした資源を蓄積し，その能力を引き出す活動を企業の組織化能力（organizational capabilities）と名付けた。

　問題は，こうした経営資源がそれぞれ独立した経済主体により保有され，市場で取引されるのではなく，なぜ企業内に蓄積されるのかである。

　その理由は，すでに述べたように経営資源の多くが特殊的な性格を帯びてい

るからである。知識やノウハウは，例えば OJT（On the Job Training）を活用して組織内で共有化が図られる。このような知識やノウハウは市場取引になじまないことは明らかである。しかも，企業内において特殊性のある経営資源が蓄積されはじめると，将来的に蓄積される経営資源の内容や構成がおのずから決定されることになる。

　このように過去に辿った経路が将来の経路を決定するという現象を，企業経済学では経路依存性（path dependency）または履歴効果（hysteresis）と呼ぶ。経営資源の蓄積に経路依存性があることによって，企業内における経営資源の蓄積は加速化する。そのことによって，企業はコア・コンピタンス（core competence）を獲得することができる。

　以上のことは，自社の経営資源の現状分析を踏まえながら，長期的な経営資源の蓄積の方向性を明示する経営者の役割の重要性を示唆することにもなる。経路依存性のある経営資源の蓄積の方向性と経営環境の変化の方向性との整合性を保つ意図的な取り組みが必要になるからである。

　コア・コンピタンス（中核的能力）の提唱者であるハメルとプラハラッド[注1]は，コア・コンピタンスの獲得過程における「戦略的意図」（strategic intent）を重視している。彼らによれば，戦略的意図は，単なる野心ではなく，以下のようなプロセスを含むものである。

① 成功の本質について，組織の関心を集中させる。
② 組織の目標と目標達成の価値観を組織のメンバーに伝えることで，メンバーを動機付ける。
③ 個人とチームが貢献できる可能性を明確にする。
④ 環境変化に応じて，組織の活動を再定義し，戦略的意図への熱意を持続させる。
⑤ 経営資源の配分について，戦略的意図との整合性を常に確認する。

コア・コンピタンスの考え方も，企業という組織が個々の構成員の能力を超えた独自の能力の備えた主体であることを示唆している。

ちなみに，ハメルとプラハラッドによれば，自社が直面する市場が衰退しているという捉え方は，市場の問題ではなく，市場に関する経営者の定義が陳腐化していることの言い換えにすぎない，と指摘している。一般に，市場の成熟化ないしは衰退とは，売上高の伸び率が趨勢的に低下しているか，あるいは売上高そのものが減少していることであるが，成熟化や衰退の真の原因は経営者が市場の古い定義に固執しているために，市場の真のポテンシャリティを見逃しているからにほかならないのである。また，経営者が古い定義に固執する理由として，経営者は短期的な財務目標の達成を自己の任務として偏重する傾向があることを指摘している。コア・コンピタンスを重視するとき，将来に向けた価値創造を可能にする特殊性のある経営資源の蓄積とその方向性の明示こそ経営者の基本任務だといわなければならない。

2．企業間取引の多様性

市場取引と組織化のコストを対比させて，企業の本質を解明する以上のような説明は，説得力がある。しかしながら，現実の取引はこうした二分法がそのまま適用できるほど単純ではない。

たとえば，戦略提携，アウトソーシング，OEM，ライセンシングなど，それぞれの組織が法的にも経済的にも独立性を維持する取引でありながら，市場取引ともいえない取引関係が行われているからである。この点について，長谷川信次が示すより精密な取引形態の分類は，グローバルに成長しつつある多様な取引形態を分析する上で有用である（表1-1）。

また，表1-2は取引形態の分類を記号で表現したものである。ここで，Xは意思決定の自律性，Yは取引関係の排除性，添字はそれぞれの程度をあらわす。添字のMは自律性と非排除性で特徴づけられる状態，Hは非自律性と排

表1-1 取引形態の分類 (1)

スポット取引	独立した企業が個々の取引について，取引条件を交渉し，決定する取引形態である。経済学が想定する市場取引は，このスポット取引である。すべての市場参加者に取引条件を提示する機会が与えられ，取引機会から排除されることがない。
内部取引	一企業内の取引は純粋な内部取引であるが，複数の企業間の取引であっても，親会社と子会社間の取引のように，法的に支配従属の関係がある企業間の取引は一企業内の取引と同様に，内部取引とみなすことができる。
中間形態の取引	スポット取引と内部取引の中間に位置する取引形態である。取引当事者は，それぞれ自律性を維持しながらも，相互に何らかの調整を図るケースである。例えば，完成車メーカーと自動車部品メーカーの関係は，それぞれが独立企業であるが，個々の取引を超えて，中長期的な問題について意見交換を行っている。
組織的市場	組織的市場の例は，企業間の戦略提携のケースである。両者の自律性を前提にした取引であり，取引開始機会はすべての企業に開放されているが，戦略提携を結ぶことにより，一定の事業について固定的・長期的な関係が構築される。
市場的組織	フランチャイズ契約に基づくフランチャイザーとフランチャイジーの関係のように，取引機会はすべての企業に開放されているが，契約によりフランチャイザーはフランチャイジーの事業活動をコントロールする。またライセンス契約のように，特定の企業に対して，排他的に特許権実施を許諾するが，支配従属の関係が生じないケースも含まれる。

出所）長谷川信次『多国籍企業の内部化理論と戦略提携』（同文舘出版，1998年）より作成。

表1-2 取引形態の分類 (2)

		意思決定の自律性		
		X_M	$X_M + X_H$	X_H
取引関係の排除性	Y_M	スポット市場	組織的市場	―
	$Y_M + Y_H$	組織的市場	中間形態	市場的組織
	Y_H	―	市場的組織	内部取引

出所）表1-1に同じ。

除性で特徴づけられる状態である。

　表1-2に示される通り，現実の企業の取引は多様であり，取引関係を市場取引と組織化による内部取引に区別し，その費用を比較するだけでは，現実の企業行動を解明することはできない。市場取引や内部取引の中間的形態としての戦略提携やアウトソーシングは，グローバルな事業展開のアプローチとして活用される事例が急増しているからである。

　それでは，市場取引でも内部取引でもない第3のアプローチがとられる理由は何であろうか？　図1-1では，不確実性や複雑性によって取引費用が発生することが取引が内部化される一因だと考えた。しかし，経営環境が絶えず変化する状況では，取引を内部化し，そのための経営資源を組織内に抱えることは経営者のコントロール能力を超え，非効率を生む可能性がある。

　しかも，経営環境が変化した場合に，蓄積した経営資源が部分的に陳腐化し，かえって環境への適応力を失わせる可能性がある。そうであるとすれば，環境に応じ，それに適応的な経営資源をもつ企業と提携することが合理的である。ちなみにハメルとドーズ[注2]は，複数の企業が連携してクリティカル・マス（critical mass）を構築し，グローバルなプレゼンスを高めることに戦略的提携の意義を見出している。

　グローバルなプレゼンスを獲得することについて，彼らは提携を通じて創造される3つの価値を重視している。3つの価値とは，コ・オプション（Co-option），コ・スペシャリゼーション（Co-specialization），ラーニング（Learning）である。コ・オプションは，市場での多数派を形成し，デファクト・スタンダードを握ること，コ・スペシャリゼーションは外部経営資源やスキル，知識の相互利用である。またラーニングは，相手企業から優れたスキルを学ぶことである。このような戦略的提携がもたらす利益は，伝統的な取引理論では考慮されていない。

　さらに，組織による内部化の問題を考える際に注目すべき論点は，ペンローズ効果と呼ばれる調整費用の問題である。ペンローズ効果は，次のような問題

提起に関連している。

　企業は，成長のために設備や工場の増設のための投資を行わなければならない。いま，1工場について利潤nが生まれるとしよう。この仮定の下で，N個の工場を建設すると，はたして利潤の総額はn×Nになるであろうか？ n×Nの利潤が得られるなら，企業は利潤最大化原理に従い工場を増設し続けることが合理的である。しかし，こうした行動が合理的でないことは直感的にも明らかであろう。その理由は，工場などの増設による組織の拡大行動と利潤最大化行動には何らかのトレードオフがあり，このトレードオフが際限のない工場建設にブレーキをかけると考えられるからである。

　こうしたトレードオフを説明するために，ペンローズは調整費用というキーワードを導入した。企業は事業を拡張するために，工場や設備を増設する費用を負担するが，有機体としての組織を拡張するためには物的投資のための費用とは別の費用が発生すると考えられる。この費用が調整費用である。調整費用は，従業員間で技術や知識を共有させ，さらにそれらを有機的に一体化するための費用などである。企業の成長とともに，こうした調整費用は増加するはずである。

　追加的に発生する調整費用の大きさは，企業の成長段階，事業活動の内容，事業活動の空間的広がりなどさまざまな条件により決定されるであろうが，調整費用を費用概念に導入する限り，大企業ほど効率がよく，優位性があるとは言えないのである。したがって，企業は多角化や事業の地理的拡大のために，市場取引でも内部取引でもない第3のアプローチを選択する可能性がある。

3．企業と環境—SCPパラダイム

　企業の行動やパフォーマンスを考える場合には，企業を取り巻く環境の分析が不可欠である。しかし，分析すべき「環境」とは何であろうか？ この問題に関する理論的枠組みのひとつが，産業組織論である。

産業組織論の分析視点は，アメリカの大企業の発展と深いつながりをもっている。アメリカでは，19世紀末から20世紀初頭にかけて第1波の，第一次大戦後の1920年代には第2波の大合併運動が台頭して大企業体制が確立した。後に多国籍企業と呼ばれるようになるアメリカの巨大企業の多くが，この時期に誕生している。このような巨大企業の誕生は，市場で成立する価格を所与として，自己の行動を調整するという古典的企業観に疑問を投げかけるものであった。

1930年代に登場したJ. ロビンソン，E. チェンバレンの独占ないしは寡占理論は，こうした新たな産業の現実を踏まえ，大企業が支配する市場の分析フレームワークを提示した。また，同時期に発表されたA.A. バーリとG.C. ミーンズによる『近代株式会社と私有財産』（1932年）も「所有と経営の分離」という別の視点から，現代企業の本質を解明した。

以上のような土壌のうえに，1940年代には，E. メーソンを中心とする経済学者によって，現代的な産業組織論（industrial organization）の枠組みが作られ，個別産業のケース・スタディが進められるようになった。

企業にとって外的環境となる産業構造とは，第1に，生産，販売，出荷などの集中の程度をあらわす産業集中度である。集中度の高さは，企業が産業内においてどの程度，競争相手を意識して行動するか，そしてどの程度まで協調的な行動をとることが容易であるかを示す尺度になる。したがって，産業構造を分析することは，環境としての産業が企業行動やその成果にどのような影響を与えるかを分析する手掛かりを与える。

産業構造に関する第2の要因は，製品差別化である。製品差別化は，消費者が企業やその製品に対して特定の嗜好やロイヤルティを持つ状態である。企業側からみると，ブランド力という無形の資産を所有していることである。このような製品差別化が行われる程度によって，企業は異なる行動をとる可能性がある。

第3の要因は，規模の経済である。生産規模の拡大によって平均費用が低下

図1-2 産業構造の分析枠組み

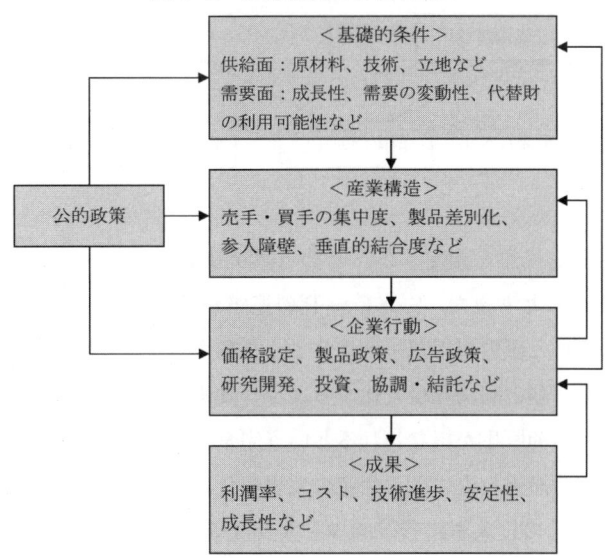

するならば，生産の最小効率規模が決定される。この最小効率規模が市場全体の大きさに比べて無視できないときは，効率的な生産をおこないうる企業数は限定されることになるから，新規参入への有力な障壁になる。

第4の要因は，垂直的結合度である。原材料の調達（川上）から最終財の販売（川下）に至る活動が競争的に行われていれば垂直的結合度は弱く，非競争的ならば垂直的結合度は強い（図1-2）。

以上のような諸要因によって規定される産業構造が，企業行動やその成果に及ぼす影響を解明するアプローチがSCPパラダイムである。

SCPパラダイムは，企業のパフォーマンスに影響を及ぼす経路を，①産業構造（Structure），②企業行動（Conduct），③成果（Performance），として体系化したフレームワークである（図1-3）。

伝統的な産業組織論では，企業がどのような行動をとるかは産業構造に規定

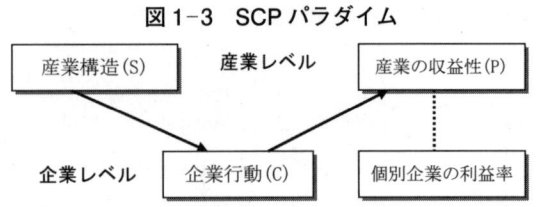

図 1-3　SCP パラダイム

され，その行動が成果を規定する，という考え方から，S→C→Pの因果関係が基本的なものと考えた。S→C→Pの連鎖がもっとも理論化された例として，企業は価格と限界費用が一致するよう行動するという経済学の完全競争モデルや，企業が独占利潤を最大化するよう行動する結果，社会的には過少生産となって，社会的厚生が損なわれるという完全独占モデルなどがある。

　しかし，企業の設備投資による生産の大規模化は競争条件を変化させ，研究開発による新製品の投入や広告等のマーケティングによるブランド力の強化は，差別化によって参入障壁を高める。また，企業間の合併や同一産業内における企業数を減らし，他方で多角化は他産業への参入となる。さらに，企業間の戦略的提携や有力企業を中心にした垂直的な系列関係の構築も産業構造に影響を与えるであろう。これらの企業行動いずれも，C→Sの効果をもたらす。その意味で，S→C→Pの連鎖は一面的なものとみるべきものである。

　とはいえ，SCP パラダイムは，実務的にも分析手順の設計モデルとしてきわめて有用である。また企業の立場からは，競争戦略や多角化戦略は，産業構造の分析が出発点になることを示唆している。SCP パラダイムを拠りどころに，経営学的視点から戦略的分析ツールを提供するのがマイケル・ポーターのファイブフォース・モデル（Five-force Model）であるが，その説明は第 4 章に委ねることにする。

4．経営の本質

4-1．オープン・システムとしての企業

システムは，オープン・システム[注3]とクローズド・システムに区分できる。システムを取り巻く環境が，システムの状態に一切影響を与えないとすれば，そのシステムはクローズド・システムである。他方，環境とシステムの間に何らかの相互作用（interaction）が働くならば，そのシステムはオープン・システムである。企業という組織の本質は，そのオープン・システム性にある。

オープン・システムとしての組織は，環境によって影響を受けるが，組織が環境への適応行動（adaptive behavior）をとることによって，組織も環境に対して影響を及ぼす。その結果，組織は再び環境から情報を受け取るが，この情報をフィードバック（feedback）という。フィードバックには，ポジティブなもの（顧客の満足など）とネガティブなもの（顧客のクレームなど）があるが，組織はこうしたフィードバックを手掛かりに，自己のシステムを改良して成長を図っていかなければならない。

オープン・システムの基本的な要素は，インプット（input），スループット

図1-4　オープン・システムとしての組織

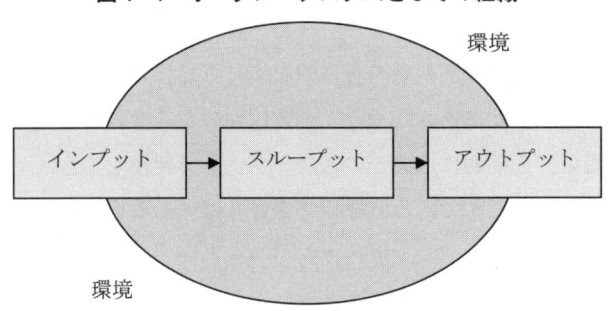

(throughput)，アウトプット（output）である。インプットはシステムに対する投入であるが，それはスループット（変換）の過程を経て，一定のアウトプット（産出）をもたらす（図1-4）。同質・同量のインプットを行ってもシステムごとにアウトプットが異なるのは，システム内のスループットに差があるからである。

ところで経営の究極の目標は利益の持続的成長を達成することであるが，企業の利益は次のように定義できる。

利益＝アウトプット（産出額）－インプット（投入額）

よって利益の持続的成長は，①アウトプット（産出額）の増加，②インプット（投入額）の減少，③変換のシステムとしてのスループットの最適化，によって達成できる。経営学の研究対象は，便宜的に戦略論と組織論に大別することが多いが，どちらの研究目的も①～③の仕組みを設計することに置かれている。事業の多角化による収益基盤の拡大は①，新興国における生産拠点の確保やアウトソーシングの活用は②，研究開発による生産プロセスの改善や総合品質管理（TQC）の導入は③，の事例である。いずれの場合にも戦略論と組織論の両面からの最適設計が求められる。

以上のことから，経営の本質が明らかになる。経営の基本的任務は，利益の持続的成長のため，環境の変化に適応したシステムを構想することである。この構想が，経営戦略にほかならない。また，経営戦略を実行するのが組織であり，企業の事業活動は経営戦略の日常的な実行形態にほかならない。

重要なことは，すでに述べた通り，企業は他のシステムと異なり，同一のインプットを用い，工学的には同一のスループットで変換しても，アウトプットは同一にはならないことである。そうでなければ，ある産業においてパフォーマンスが最も優れたエクセレント・カンパニーと同一のインプットを用い，同じ生産設備を導入すれば，容易にエクセレント・カンパニーのコピーをできる

はずであるが，こうした想定が非現実的であることは言うまでもない。

以上のことは，企業というシステムにおけるインプット→スループット→アウトプットの設計や管理は，工学的な意味における設計・制御（control）とは，本質的に異なるものであることを示唆している。

経営とは，"Doing things through others"であるという言葉がある。この言葉は，企業におけるシステムの設計と管理，すなわち経営の本質を突いている。企業が他のシステムと決定的に異なる点は，システムの本質的要素が自由意思を持つヒトとその集団としての組織であるという事実である。

経営は，単なる設計や管理にとどまらず，ヒトとその集団の協働（co-work）のための条件を創造し，進化させることでなければならない。エクセレント・カンパニーとは，こうした条件の創造と進化に成功を収めた企業である。

いずれにせよ，協働意欲と自由意思という一見相矛盾する意思を持つヒトと集団を持続的成長という組織の目標に向けて誘導することが，トップマネジメント以下の各階層のマネジメントの任務である。また，組織全体にそうした協働を促す仕組みがビルトインされていなければならない。経営学が戦略論と組織論から構成されるのも，システムとしての企業がヒトを本質的要素とする集団だからである。

4-2. 有効性と効率性

現実の企業を比較すると，収益性や成長性の点で明らかな格差がある。このような格差は，生物学における適者生存（survival of the fittest）にたとえることができる。すなわち，外部環境の変化に対して最善の適応行動をとる企業のみが，持続的成長を達成できる。

企業の適応行動が良好かどうかを判断する基準は，2つある。第1は，有効性（effectiveness）の基準である。有効性の基準は，企業が提供する製品やサービスが社会的なニーズを充足する度合いである。あらゆる分野のメーカーが，

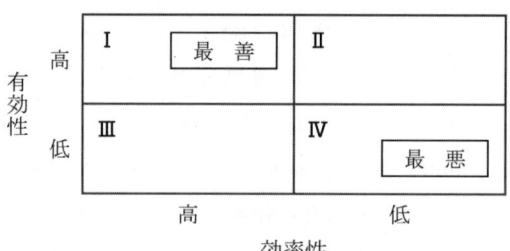

図1-5 有効性と効率性

　環境への負荷が小さな製品の開発力を競っているのは，事業活動の有効性をめぐる競争の例である。第2は，効率性（efficiency）の基準である。効率性は，1単位の投入によって生み出されるアウトプットの大きさである。したがって，高い効率性とは一定のアウトプットを達成するために必要なインプットを引き下げること，あるいは一定のインプットからより大きなアウトプットを生みだすことである。量産化技術の開発やアウトソーシングの活用は，効率性を高める取り組みにほかならない。

　図1-5には，有効性と効率性の2軸をもとに，4つのセルが示されている。セルIは，有効性と効率性がともに高い最善のケースであり，セルIVは，有効性と効率性がともに低い最悪のケースであることは自明である。

　問題は，セルII（有効性高，効率性低）とセルIII（有効性低，効率性高）の比較であるが，これまでの議論から，より望ましいのはセルIIのケースであることは明らかであろう。企業間の競争とは，その事業活動に対する顧客の支持を獲得するための競争である。そうした競争を勝ち抜くためには，何よりも製品やサービスが社会的なニーズをより良く満たすこと，すなわち有効性を高めることが基本的な条件になるからである。ピーター・ドラッカー（P F. Drucker）の言葉をもってすれば，「物事を適切にやるよりも，適切なことをやるほうが重要である」と言うことができる。

4-3. マネジメント・サイクル

経営とは，したがって事業活動の有効性と効率性をともに高める不断の取り組みだということができる。このような経営の本質をいくつかの基本活動の繰り返しとして捉えたものがマネジメント・サイクルである。品質管理工学のパイオニアであるデミング（William Edwards Deming）は，日常業務において組織的な改善・改良活動が行われるためには，連続的なフィードバック・ループを維持することが不可欠であるとしてマネジメント・サイクルを提案した。日本の高度成長期に相次いで立ち上げられた QC 活動は，マネジメント・サイクルの実践形態であった。

デミング以降，いくつかのマネジメント・サイクルが提唱されるようになったが，もっとも典型的なマネジメント・サイクルは PDCA サイクルである（図 1-6）。

PDCA サイクルは，経営の本質を Plan（計画），Do（実行），Check（評価），Act（改善行動）の 4 つの基本活動に分け，継続的な業務改善を目指す取り組み

図 1-6　PDCA サイクルのフレームワーク

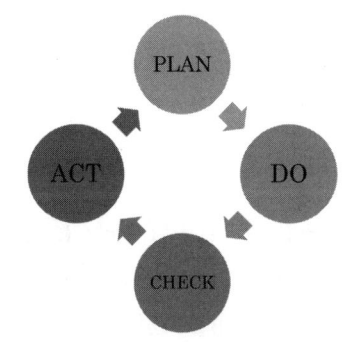

Plan（計画）	目標を設定し，目標達成のための手順を設計する。
Do（実行）	計画を実施する。
Check（評価）	計画実施の効果を測定し，改善・改良点を検証する。
Act（改善行動）	効果を高めるため，改善・改良のための行動を起こす。

である。

PDCAサイクルは，国際標準化機構（ISO）が制定したISO9000シリーズ（品質マネジメントシステム），ISO14000シリーズ（環境マネジメントシステム）などにも反映されている。

5．企業の社会的責任

5-1．企業の社会的責任の範囲とルール

資本主義経済のもっとも重要な担い手が企業であり，市場取引が企業によって内部化されるという流れは，今後一段と加速するであろう。しかしながら，取引費用や利益の最大化を問題にするだけでは，現代企業が直面する課題を捉えきることはできない。

現代企業が持続的成長を実現するためには，利益を最大化して株主や債権者などの資本提供者を満足させるだけでなく，従業員，顧客，取引先，地域社会といった広範なステークホルダーの信頼を獲得するよう行動しなければならないからである（図1-7）。

企業による社会的な貢献活動は，かねてよりフィランソロピー，メセナなどの呼び方で行われてきた。しかし，これらの貢献活動は利益の一部を社会に還元する自発的な慈善的活動とみなされており，企業の社会的責任（CSR）として明確に位置づけられることはなかった。

CSRが強く意識されるようになったのは，とくに先進国において大企業による環境破壊や環境汚染が深刻化した1960年代以降である。大企業の利潤追求活動が，本来負担すべき社会的費用を負担せずに行われており，そのことが環境破壊を引き起こしているとの大企業批判が高まり，企業の社会的責任が明確に意識されるようになった。

さらに，大企業の多国籍化に伴い，途上国における環境破壊が深刻化したの

図1-7 株式会社とステークホルダー

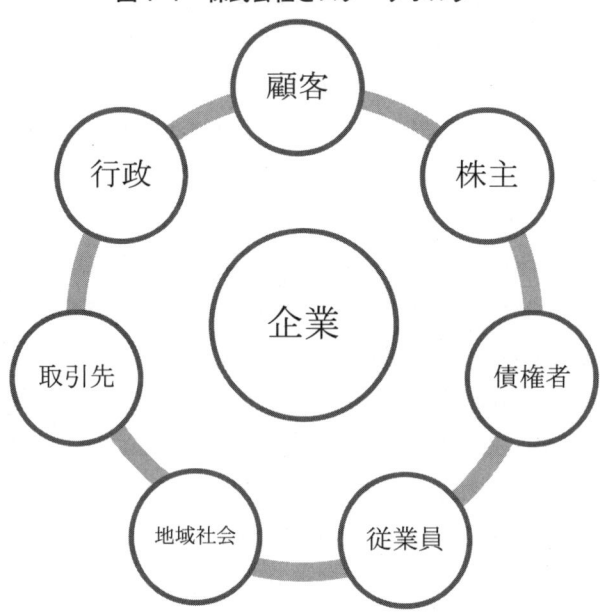

みならず，多国籍化の動機のひとつが途上国における低賃金や労働者保護法制の不備がもたらす低コストに着目したものあったことから，労働者保護ないしは広く人権保護という視点からも，企業の社会的責任が強く求められるようになった。

とくに事業活動のグローバリゼーションの流れは，環境や労働問題にとどまらず，受入国の社会基盤そのものにも大きなインパクトを与えつつあることを踏まえ，企業の社会的責任を明確に定めた国際的規範として，1974年にはOECD多国籍企業ガイドライン（The OECD Guideline for Multinational Enterprises）が制定された。8章から構成されるこのガイドラインには，「原則」，「情報公開」，「雇用および労使関係」，「環境保護」の各章に企業の社会的責任に関する規定が置かれている。OECD多国籍企業ガイドラインは，1991

年に改正され，社会的責任はより広範な内容を含むものになった。同年には，企業の社会的責任と企業倫理に関するガイドラインとして経済団体連合会（現・日本経済団体連合会）は，「企業行動憲章」を制定した。

　また，労働者の人権保護強化について，アメリカのCSR評価機関であるCEP（Council on Economic Priorities）の下部機関であるCEPAA（Council on Economic Priorities Accreditation Agency）は，1997年にSA8000を制定した。SA8000は，アメリカの多国籍企業がグローバル競争で生き残るために，途上国では劣悪な労働条件を放置しているとの強い危機意識を背景に，「児童労働の廃止」，「強制労働の撤廃」，「労働者の健康と安全」などを主要テーマとして取り上げている。企業は，指定された認証機関で監査を受けることにより，事業所ごとにSA8000の認証を取得する。したがって，SA8000は単なるガイドライン以上の模範的な意味を持っている。

　さらに国際標準化機構（ISO）は，2001年から企業に限らず，あらゆる組織の社会的責任に関するISO26000の規格作りに着手した。このガイダンス作りは，政府，産業界，労働界，消費者団体，NPO/NGO，専門家の6者ステークホルダーの協議による積み上げ方式をとりつつ，国際労働機関（ILO），国際連合グローバル・コンパクト，OECDなどとも連携して作業を進めている。ISO26000は，2010年末までの完成を予定しているが，SA8000とは異なり，第3者機関の認証を伴わないガイダンス規格である。

　またISO26000は，社会的責任の主体は企業（corporate）のみならず，すべての組織を含むという理由から，CSRという表現を避け，SR（Social Responsibility）という表現を使用している。すべての組織が負うべき社会的責任として取り上げているのは，「組織統治」，「人権」，「労働慣行」，「環境」，「公正な事業慣行」，「消費者問題」，「コミュニティとの関わりと開発」の7つの課題である。

　CSRに関わる以上のような国際的なルール作りは，投資アナリストなど企業外部の専門家によるパフォーマンス評価にも影響を与えている。すなわち，

図1-8 企業のトリプル・ボトムライン

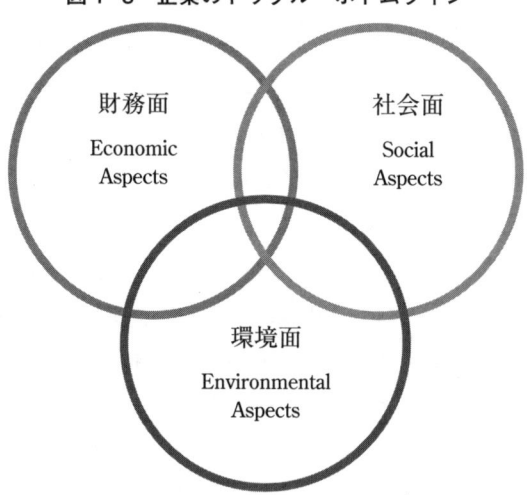

　企業のパフォーマンス評価専門家は，企業の持続的成長のためには財務面（Economic Aspects）のみならず，社会面（Social Aspects）および環境面（Environmental Aspects）においても良好なパフォーマンスを達成しなければならないと考えるようになった。このような評価アプローチを，トリプル・ボトムライン評価と呼んでいる（図1-8）。

　ボトムライン（bottom line）は，元来，損益計算書の最終行に置かれる純利益を意味するが，環境や社会面におけるパフォーマンスも純利益と同等の重要性をもつという考え方からトリプル・ボトムライン評価という表現が定着するようになった。

5-2. 企業の社会的責任とサステイナビリティ報告書

　企業が社会的責任を負う以上は，そのための行動と成果ついて説明責任を果たさなければならない。CSRに関する開示資料として注目されている報告書

のひとつが，サステイナビリティ報告書（sustainability report）である。

　サステイナビリティ報告書が注目されるようになった契機は，1999年1月にダボスで開催された世界経済フォーラムにおけるアナン国連事務総長の呼びかけでスタートした「グローバル・コンパクト」（Global Compact）である。グローバル・コンパクトとは，世界のビジネス・リーダーに対して，より良き地球市民を目指し，国際的に承認された人権，労働，環境の3分野にわたる10原則の遵守を促す取り組みである。

　グローバル・コンパクトは，その後，世界的なNGOであるグローバル・リポーティング・イニシアティブ（GRI：Global Reporting Initiative）と連携して取り組みの具体化を進めた。その成果のひとつとして，グローバル・コンパクトへの参加企業に対し，GRIが作成したサステイナビリティ報告書作成ガイドライン（GRIガイドライン）に準拠し，10原則の実施状況を開示する報告書の作成を求めることになった（表1-3）。

　この報告書は，参加企業が作成する年次報告書（annual reports）の一部またはその他の公開報告書（サステイナビリティ報告書など）として作成・公表されている。現在，25カ国の200社以上がGRIガイドラインにもとづく報告書を作成している。

表1-3　サステイナビリティ報告書において開示すべきCSRのパフォーマンス指標

労働慣行と公正な労働条件	○雇用 ○労使関係 ○安全衛生 ○教育研修 ○多様性と機会	社　会	○地域社会 ○贈収賄と汚職 ○政治献金 ○競争と価格設定
人　権	○方針とマネジメント ○差別対策 ○児童福祉 ○強制・義務労働 ○懲罰慣行 ○保安慣行 ○先住民の権利 ○雇用	製品責任	○顧客の安全衛生 ○製品とサービス ○製品責任 ○広告 ○プライバシーの尊重

企業と経営の本質 第1章

このように，CSRへの取り組み状況を開示する試みは一部の先駆的な企業では進んでいるものの，財務諸表などの会計報告書とは異なり，CSRについては開示内容や開示方法に関し強制力のあるルールは制定されていない。した

図1-9 CSRを推進する上で参考にしているガイドライン

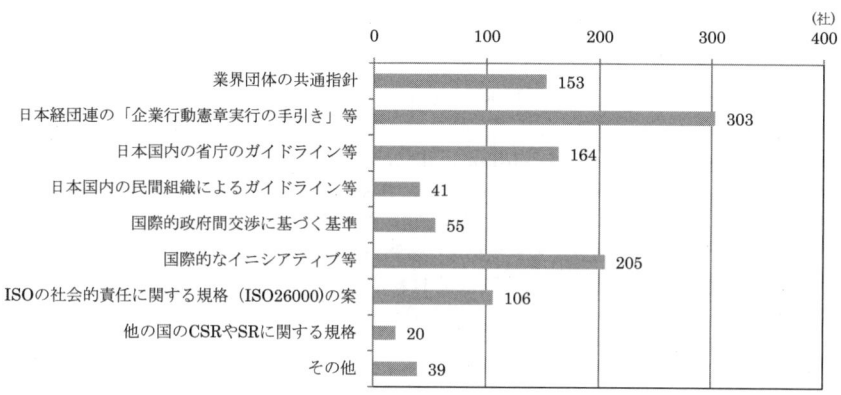

注）① 回答企業437社による重複回答結果。
　　② 「日本経団連の『企業行動憲章実行の手引き』等」はCSR推進ツール，「国際的政府間交渉に基づく基準」はILOおよびOECD多国籍企業ガイドライン，「国際的なイニシアティブ等」は国連グローバルコンパクト，GRI，SA8000を含む。
出所）日本経済団体連合会「CSR（企業の社会的責任）に関するアンケート調査結果」（2009年9月）。

図1-10 CSRに関する開示

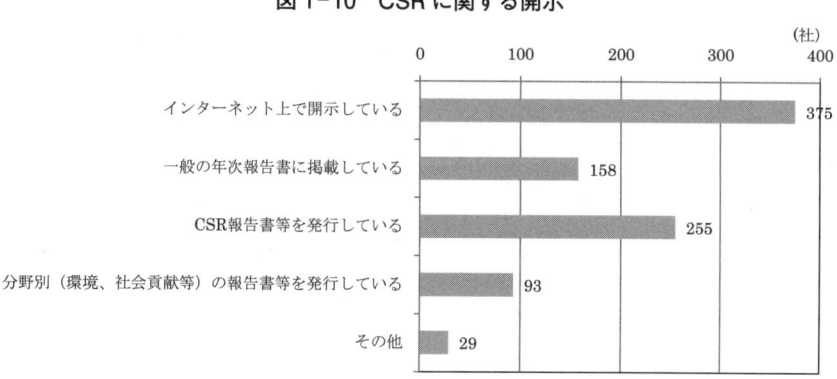

注）回答企業396社による重複回答結果。
出所）図1-9に同じ。

25

がって，企業は準拠すべきルールを自主的に選択し，任意の形式で開示しているのが実情であるが，日本の大企業は年次報告書の一部として，または年次報告書とは独立したCSR報告書，サステイナビリティ報告書として公表する例が多い（図1-9，図1-10）。

注

1) Gary Hamel, C. K. Prahalad（1994）Competing for the Future. Boston: Harvard Business Press.
2) Gary Hamel, Yves L. Doz, *"Alliance Advantage: The Art of Creating Value Through Partnering"*, Harvard Business School Press, Boston, MA, 1998.
3) オープン・システムは，元来，生物学の用語である。生物は，生命を保つために，環境との間で，絶えず物質，エネルギー，情報の交換を行わなければならない。そして，環境が変化すれば，その変化に適応しなければ，生物は生命を保つことができない。したがって，オープン・システムは，適応的システム（adaptive system）とも呼ばれている。組織も，無機的なシステムではなく，ひとつの生命体ととらえるべきである。

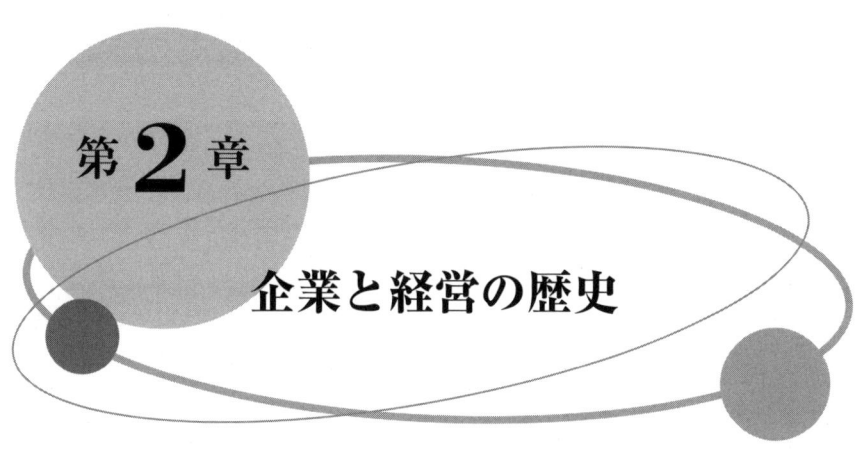

第2章 企業と経営の歴史

1. 株式会社の歴史と発展

1-1. 株式会社の誕生

　会社と企業は，ときとして同義語として使われることもあるが，会社とは独立の法人格を持つ私的企業である。会社概念をこのように理解すると，個人企業や公営企業は企業であっても会社ではない。しかも，現代社会におけるもっとも典型的な会社は，株式会社であるから，本章では株式会社の歴史から書き始めることにする。

　株式会社の歴史は，1602年に設立されたオランダ東インド会社に遡ることができる。オランダ東インド会社は，東インド（インドネシア）における香辛料買付けを主な事業とする貿易会社であったが，特許状により条約締結権，植民地経営権などの特権を与えられた国策会社でもあった。

　オランダ東インド会社が世界初の株式会社とみなされているのは，同社が次のような特徴を備えていたからである。

　① 出資者全員の有限責任制
　② 取締役会の設置
　③ 出資金の証券化

④ 継続企業

①は，株式会社の最も基本的な特徴であり，出資者（株主）は出資額以上の責任を負わないという原則である。株主の責任は有限責任であるため，会社の負債額の大小は各株主の責任限度額に影響を与えない。

取締役会は，株主の委任を受けて，事業活動に関する意思決定を行う機関である。取締役会が設置されることは，株式会社における「所有と経営の分離」が成立する前提条件である。

また，株式会社においては各株主の出資金は株式として証券化される。言い換えると，株式は株式会社における出資者の地位を細分化するための証券である。株式会社が株式の発行によって不特定多数の出資者から資金を調達できるのは，出資者は証券である株式を何時でも売却して投下資本を回収する利便性を与えられているからである。

継続企業とは，いわゆる当座企業に対する概念である。近世初めの大航海時代の事業活動は，一航海ごとに出資者を募り，航海が成功すれば，その成果物を出資者に分配して解散する仕組みが取られていた。このように，特定の事業活動を目的に設立され，事業目的の達成とともに解散することを予定した組織を当座企業という。他方，今日の企業は事前には解散を予定せず，事業活動を永続して行うことを前提に設立されている。このような企業を継続企業（ゴーイングコンサーン）といい，現代株式会社の基本的特徴のひとつになっている。

オランダ東インド会社の資本金は約650万ギルダー，本社はアムステルダムに置かれ，取締役会の構成員は17名であった（「17人会」とも呼ばれていた）。オランダ東インド会社は，主にインドネシアにおける香辛料貿易に従事し，その後ジャカルタをアジアの拠点として事業を拡大した。

オランダ東インド会社に先立ち，イギリス東インド会社が1600年に設立されている。イギリス東インド会社は，オランダが勢力を増したモルッカ諸島（香料諸島）から退却してインドにおける活動を拡大し，その後のイギリスによるインド支配の一翼を担うことになった国策会社である。

設立時期では先行するイギリス東インド会社が株式会社の第1号とみなされていないのは，資本金はオランダ東インド会社の10分の1にも満たず，また資本の調達も一航海ごとに行う当座企業であったからである。

1-2. 株式会社の発展

1）イギリス

株式会社の設立ではオランダに後れを取ったとはいえ，資本主義経済や現代的な意味における企業の発祥の地がイギリスであることに異論がないだろう。

そこで，まず資本主義の概念を確認しておこう。資本主義は，利潤追求を目的にした生産活動が行われる経済体制であるが，その特徴は，① 生産手段が資本家の所有であること，② 労働力が商品化されること，③ 自家消費のための生産ではなく，販売を目的にした生産が行われること，である。

こうした資本主義ないしは資本主義的生産様式がいつごろ誕生したかについては諸説があるが，歴史上の画期は，ピューリタン革命（1649年），名誉革命（1689年），フランス革命（1789年）などのブルジョア革命であったと考えられる。

ブルジョア革命によって，市民をいち早く封建的束縛から解放したイギリスでは，マニュファクチャーと呼ばれる工場制手工業が発展し，やがて18世紀中葉におけるワットの蒸気機の発明に象徴される技術革新と結びついて産業革命の幕開けを迎えた。

産業革命により1工場当たりの生産規模は飛躍に拡大し，工場や設備の新増設は大きな追加的利潤をもたらしたことから，株式会社に関する一般的な法制度を欠いた中で，多数の投資家による出資を募る目的で株式会社（joint stock company）が相次いで設立されるようになった。

他方，海外貿易や海外投資を事業目的に掲げる会社は，大衆の投資熱に乗ずる形で産業革命以前から数多く設立され，その一部は後に泡沫会社（bubble companies）と呼ばれるようになった。泡沫会社には事業実態すらない詐欺的会社もあったが，そうでなくとも本業によって利益を上げられず，株主に配当ができない場合には，さらに株式を発行して配当原資を賄う会社も少なくなかった。

　泡沫会社の典型例が，1711年に設立された南海会社（The South Sea Company）である。南海会社は，もともと西インド諸島における奴隷貿易を行うことを目的に設立された。同社は，海難事故やスペインとの関係悪化などにより本業は振るわなかったが，巨額の国債引受けを行い，イギリス政府と深いつながりがあったため，投資家の注目を集めて株価は高騰した。南海会社の経営陣は，高株価を利用して高額配当のための資金集め策を次々と打ち出したが，やがて事業計画に実態がないことが投資家に知られて破綻した。

　この事件が南海泡沫事件（South Sea Bubble）であり，投資バブルの古典的事例として知られている。泡沫会社の破綻に危機感を募らせたイギリス政府は，1720年に泡沫会社法（The Bubble Company Act）を制定して，政府の特許状のない会社の設立を禁止した。その結果，泡沫会社法制定後その廃止まで，会社のほとんどが法人格なき会社（unincorporated company）として設立されるようになった。

　泡沫会社禁止法は，産業革命にともなう産業資本の発展を背景に1825年に廃止された。とくに1830年代に誕生した鉄道業が巨額の投資資金を株式発行によって賄ったことが契機になり，その後の大企業の多くが株式会社として設立されるようになった。

　法制面では，1855年に有限責任法（Limited Liability Act），さらに1862年には会社法（Companies Act）が制定されてイギリスにおける近代的株式会社制度が完成した。

2）アメリカ

　アメリカは，産業革命をいち早く実現したイギリスとは，産業化の前提条件

そのものが異なっていた。1776年にイギリスから独立し，多数の移民を受け入れながら，未開拓の領土を拡張して成長を遂げた。しかし，すでに17世紀から開発が始まったボストンやニューヨークを中心とする東部と綿花生産を中心とする南部，さらに東部と南部に食糧を供給する中西部の穀倉地帯は，経済圏としてはほぼ独立した地域であり，単一の経済圏としては統合されていなかった。アメリカが名実ともひとつの経済圏として統合されるようになるには，カリフォルニアにおけるゴールドラッシュ後の1869年に大陸横断鉄道が完成するまで待たなければならなかった。

　大陸横断鉄道の完成により経済圏として統合されたアメリカには，その規模や管理機構においてイギリスのバーミンガムやマンチェスターに出現した企業とは，まったく異質の巨大企業が誕生するようになった。化学メーカー・デュポンは，アメリカ企業の中でももっとも古い歴史を持つ企業であるが，1902年には事業部制を採用するとともに研究開発部門を設け，多角化と研究開発を通して事業を飛躍的に発展させた。さらに，19世紀後半から，カーネギー・スチール，スタンダードオイル，GE，フォード，GMなどの巨大企業が誕生している。　また，企業が巨大化する過程で，市場支配を強化する手段として，企業買収やトラスト，カルテルなど競争制限的な手段が多用された。

　19世紀末から20世紀初めにかけてシャーマン法，クレイトン法，連邦取引委員会法などの反トラスト法が制定されたのも，大企業による市場支配が反社会的効果をもたらすことが早くも意識されていたからである。

　いずれにせよ，空前の大市場として発展をはじめたアメリカにおいて効率的にビジネスを遂行し，競合企業に対して優位性を築くためには，かつてない革新的な組織づくりと事業戦略が求められた。経営学が産業革命発祥の地イギリスではなく，アメリカにおいて独立した科学として誕生したのも，企業成長のために組織面と事業戦略面における科学的基礎づけを求めたのがアメリカ企業だったからである。

　株式会社に関する法制度については，独立宣言以前にもイギリスから株式会

社制度が部分的に移入されていたが，株式会社制度の本格的な発展はやはり19世紀以降のことである．まず1811年には，ニューヨーク州でアメリカ初の会社法が制定された．この会社法は，株式会社の設立について免許主義ではなく，準則主義を採用しており，一定の条件を満たせば，自由に株式会社を設立することを認めた．この会社法の制定後，土木，銀行，鉄道などの分野で株式会社形態が一般的になった．

こうした先駆的な例はあるにせよ，アメリカにおいて事業会社の設立に関し，準則主義が普及するのは1846年以降である．そのきっかけは，1845年ルイジアナ州憲法が法人の設立に関する特許主義を原則として禁止する旨の規定を置いたことであり，その後多くの州がこれにならって準則主義を法定するようになった．1861年の南北戦争開始前までには，27州が準則主義会社法を制定していた．

さらに，1875年に制定されたニュージャージー州会社法は，株式会社の規模や事業内容，事業遂行方法に関する規制を全廃し，その後の各州会社法のひな型になった．

また，19世紀末以降活発化したM&Aによって，かつてない巨大企業（ビッグ・ビジネス）が誕生する一方，会社分割などによる機動的な組織再編の必要性が高まったことが会社法の改革を促し，総じて定款自治を重視する今日の各州会社法の基礎が形成された．

2. 日本における株式会社の成立と歴史

日本に株式会社制度が導入されたのは，明治維新以降である．「会社」という言葉そのものが，companyの訳語として明治期に考案された．定説によれば，「会社」は立「会」結「社」，ないしは「会」同結「社」という熟語から作られた．

日本最初の株式会社は，1869年に東京，大阪，京都の3都市と開港場など8

か所に政府が設立した通商会社と為替会社であるという見方もある。しかし，これらの会社は株式会社としては不完全なものであり，本格的な株式会社の第1号は，1872年に設立された東京第一国立銀行とみなされている。東京第一国立銀行は，アメリカの国法銀行（national banks）にならって設立された銀行であり，商号に「国立」とあるが，民間人を発起人として設立された民間銀行である。東京第一国立銀行の設立以降，1873年から1879年にかけて153の国立銀行が設立されたが，それらは国立銀行条例により株主の有限責任や取締役会の設置などが明確にされた今日的な株式会社であった。

　日本における株式会社制度の法的整備は，1893年に施行されたいわゆる旧商法によって実現した。旧商法は，株式会社のほか，合名会社，合資会社という会社形態を認めたが，株式会社については免許主義を採用した。その後，1938年に有限会社法が制定され，有限会社という会社形態が追加された。

　しかし旧商法は，完全に施行されないまま，1899年には新商法が制定された。新商法は，会社の設立を免許主義から準則主義に改め，有限責任の原則，株式の自由譲渡性などを明記した。この商法が日本の会社法の原点であり，2006年に独立した法典として会社法が制定されるまで会社法は商法の一部として存続した。

　新商法制定以降の会社法の変遷をみると，戦前の会社法はドイツ法の影響を強く受け，株式会社における株主の支配権を絶対視し，会社の重要事項の決定はすべて株主の意思によることとしていた。しかし戦後の会社法は，アメリカ法を参考に株主の権利を相対化し，「所有と経営の分離」を制度化する方針に転じており，その後の一連の改正も機関設計や組織再編法制を中心にアメリカ法の影響を強く受ける内容になった。

　会社法の整備に伴い，日清戦争（1894-1895）後の起業ブームの中で，株式会社が相次いで設立され，第一次世界大戦終結翌年の1919年までに株式会社数は2万社を超えるようになった。株式会社形態の企業は，とくに銀行，鉄道，紡績，海運，電力，鉱山，製糖，石油，ガス，造船などに集中していた。

表 2-1 鉱工業上位 20 社（1919 年下期）

順位	社名	総資産額 (100 万円)	順位	社名	総資産額 (100 万円)
1	川崎造船所	171,448	11	富士瓦斯紡績	48,525
2	三菱造船	133,002	12	大日本製糖	47,012
3	久原鉱業	101,531	13	三菱製鉄	46,942
4	鐘淵紡績	84,316	14	王子製紙	46,673
5	東洋紡績	72,940	15	日本石油	43,999
6	三井鉱山	70,589	16	大阪製鉄所	43,009
7	大日本紡績	69,738	17	富士製紙	42,138
8	三菱鉱業	67,980	18	日本製鋼所	41,057
9	北海道炭鉱汽船	61,973	19	日本鋼管	38,213
10	台湾製糖	53,519	20	日本毛織	26,212

出所）中川敬一郎・森川英正・由井常彦編『近代日本経営史の基礎知識（増補版）』（有斐閣，1979年）p.452 より作成。

この時期の大企業には，今日まで有力企業ないしはその母体として存続する企業が少なくない（表 2-1）。

また，巨大なコンツェルンとしての財閥が誕生するのも，20 世紀初頭である。1908 年には三菱合資による事業部単位の組織再編，1909 年には住友総本店の設置，三井合名の設立による傘下企業への支配権の強化など，三大財閥の組織改革が集中的に実施された。以降，大倉，安田，藤田などの新興財閥も本社機構を整備するなどの組織再編を行った。財閥による産業支配強化のための組織改革は，20 世紀初頭における重化学工業の発展や投資規模の拡大に対応するものであった。

1930 年代に入り，いわゆる十五年戦争下において，政府はさらなる重化学工業強化を目的に，多くの保護立法を制定するとともに，臨時資金調整法などにより資金面でも軍需を満たす産業を優遇することとしたため，財閥系企業を中心とする重要産業の集中度がさらに高まることになった。

戦後の産業の再建は，こうした財閥による産業支配を解体することからスタートした。財閥解体の内容は，① 持株会社の解体，② 財閥家族の企業支配力の排除，③ 株式所有の分散化，の3つの柱から成り立っていた。① では，83社が持株会社に指定され，本社的性格をもつ28社は解散，残る55社は過度経済力集中排除法に基づき分割などの措置をとることが強制された。また，財閥の復活を阻止する目的で1947年には独占禁止法が制定され，純粋持株会社の設立を禁止する規定が置かれた。純粋持株会社の禁止規定は，主要国に例のないものであったが，わが国では1997年の独占禁止法改正まで存続することになった。

　財閥解体は，わが国産業の根幹を揺るがす措置であり，事実多くの混乱を引き起こしたが，同時に企業間の競争を促す契機になった。戦前・戦中を通して蓄積された技術と熟練労働者の存在により，わが国産業が新たな技術を応用して工業化を再スタートさせる基盤を有していたこと，アメリカをはじめ技術先進国からの新技術導入の機会が開かれたことから，新技術の応用と量産化をめぐる企業間競争が活発化した。競争の激化は，必然的に設備投資を誘発し，生産設備の大型化を促し，1950年代後半以降の高度成長の基礎がつくられた。

　大企業の資金調達面では，資本市場の整備が遅れたこともあって，旧財閥系大手銀行が系列企業に対して設備資金を供給するメインバンク・システムが定着するようになった。しかも，民間金融機関だけでは大企業の需資を十分に賄えないことから，日本開発銀行等の政府系金融機関や長期信用銀行などの特殊金融機関が設立され，やがて高度成長期を迎える企業の長期資金の需要に対応することになった。

　1950年代後半以降の高度成長を支えた条件が何であったかは諸説があるが，ここでは国際的な競争力要因を重視しておきたい。国際的な競争力要因としては，日本の労働コストがとくにアメリカに比べて極めて割安であったこと，高い技術吸収能力と応用能力を活用して量産によるコスト競争力を強化したこと，さらには1ドル＝360円という固定相場が長く維持されたため，円が割安

状態に置かれて輸出型産業の成長に有利に作用したこと，などをあげることができる。

　技術面に注目すると，合繊繊維，プラスチック，家電製品など，新製品が量産されて新産業を作りあげた。また，鉄鋼業での高炉の大型化やストリップミルの導入などにより，生産技術が飛躍的に進歩し，コンビナート化とも相まって，規模の利益を享受して生産コストを引き下げることに成功した。さらに，石油系化学を中心とする新素材生産は，天然繊維・木材・ゴム・皮革などの代替品を供給して急成長を遂げた。オートメーションという言葉が流行したのも，1950年代後半から60年代にかけての高度成長期においてである。

　表2-2は，日本の高度成長が終焉を迎えた1970年代初頭の大企業のリストであるが，その多くが今日なおそれぞれの産業の中核を担う企業である。

　1970年代を境に日本を取り巻く国際環境は，大きく変わった。1971年に，アメリカはドル防衛策として新経済政策を発表し，ドルの金交換性を停止する

表2-2　鉱工業上位20社（1972年下期）

順位	社名	総資産額 (100万円)	順位	社名	総資産額 (100万円)
1	新日本製鉄	2,113,335	11	トヨタ自動車工業	634,952
2	三菱重工業	1,648,235	12	松下電器産業	624,450
3	日本鋼管	1,162,308	13	三菱電機	552,315
4	日立製作所	1,036,178	14	川崎重工業	539,279
5	石川島播磨重工業	982,021	15	日立造船	529,315
6	日産自動車	949,029	16	東洋工業	513,670
7	住友金属工業	930,197	17	大成建設	468,652
8	東京芝浦電気	852,999	18	鹿島建設	465,321
9	川崎製鉄	843,838	19	出光興産	458,750
10	神戸製鋼所	683,629	20	大林組	458,277

出所）表2-1に同じ。

とともに，対外援助削減や輸入課徴金の導入に踏み切った。この新経済政策は，アメリカの相対的な地盤沈下を象徴するものであったが，戦後の国際金融秩序の柱であったブレトンウッズ体制の破綻をもたらした。1973年から主要国通貨は一斉に変動相場制に移行し，とくに円相場は急上昇するようになった。

また1973年のオイルショックにより原油価格が大幅に引き上げられたことが，世界同時不況をもたらし，日本経済の成長率も大きく下方屈折することになった。他方で，日本企業にとって主たる輸出先であるアメリカが巨額の貿易赤字を抱えて保護貿易主義的姿勢を強める中で，有力企業は海外進出に乗り出した。原油価格の高騰も，原油のほぼすべてを海外に依存する日本にとって大きな打撃であったが，日本企業が省エネ技術において世界をリードする誘因にもなった。

その後，1980年代後半の円高期にさらに日本企業の海外進出に拍車がかかったが，この時期の金融緩和と株価の高騰は海外投資の追い風になった。ちなみに，1985年1月末に11,992円であった日経平均株価が1989年12月末に38,915円まで上昇する中で，6大都市圏を中心に地価も高騰を続け，文字通りバブルの状況を呈した。その後，日本銀行による総量規制に端を発した信用収縮が引き金になって株価と地価は下落に転じ，巨額の不良債権を抱えることになった銀行が破綻するなど，「失われた10年」と呼ばれる不況に陥った。

「失われた10年」の間，企業は資産と有利子負債圧縮のバランスシートの両面から財務リストラを進めるとともに，雇用の削減にも乗り出した。派遣社員，契約社員，パートタイマーなどの非正規雇用者数が増加したのも1990年代であるが，雇用の短期化と低賃金労働力の活用によって固定費を削減することが目的であった。これにともない，日本型雇用システムも大きな転機を迎えることになった。また，とくに高度成長期以来，産業界に対して強い影響力を持った銀行が不良債権処理と財務体質の改善のため，有価証券の売却を含めた資産圧縮を優先課題として取り組んだため，融資先の経営危機時における救済機能も期待されていたメインバンク・システムは，実質的な解体に追い込まれ

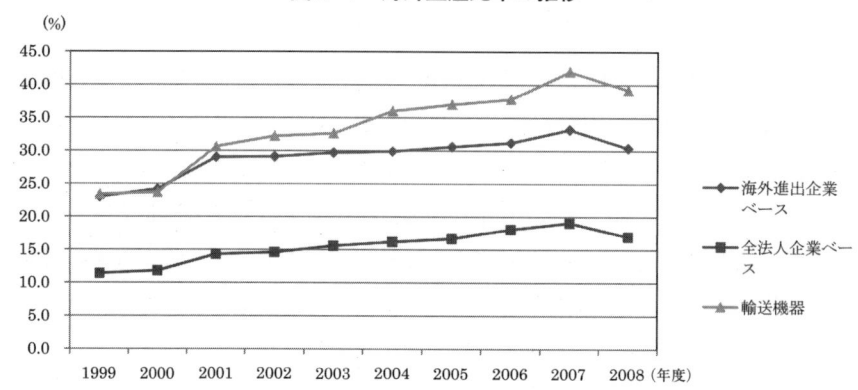

図2-1 海外生産比率の推移

出所）経済産業省「海外事業動向基本調査」より作成。

ることになった。

　同時に，大企業は対外直接投資を一段と活発化させ，海外生産比率を高めたことから，有力メーカーを頂点とする系列取引も弱体化した（図2-1）。

3. 日本型経営モデル

3-1. 日本型経営モデルとは何か

　戦後の日本はアメリカの影響を強く受けた。法制面に限っても，会社法はもとより，証券取引法（金融商品取引法），独占禁止法，労働法，税法などは，アメリカ法を参考にして作られた。また，日本の産業の発展の基礎となった技術や経営管理手法も，その多くはアメリカから移入されたものである。

　しかし，制度の移入は日本企業の取引慣行や雇用慣行等をアメリカ型のそれへと同質化させることはなかった。問題は，そうした日本企業の慣行が日本経済の閉鎖性を象徴するものとして批判を浴び，時として経済摩擦の争点として

取り上げられた点である。

その一例として、深刻化する日米経済摩擦を背景に、1986年に発表された「前川レポート」(「国際協調のための経済構造調整研究会報告書」)は、「我が国の構造調整という画期的な施策を実施し、国際協調型経済構造への変革を図ることが急務である」と述べ、その提言において、日本企業に節度ある行動を求め、「シェア第一主義に傾きがちな企業行動が摩擦を発生させることが大きいこと等にかんがみ、我が国企業においても国際的責任を自覚した行動が望まれる」と指摘している。

シェア第一主義ではなく、「国際的責任を自覚した行動」とは、いかなる行動であるのか、報告書からは明確でないが、報告書が発表された状況に照らせば、アメリカが非市場原理的とみなす日本企業の取引慣行や行動への批判が込められていたことは明らかである。そうした日本企業の非市場原理的取引慣行や行動の象徴として多くのアメリカ政府関係者や研究者がとりあげたものが日本型経営モデルと呼ばれる経営モデルであった。

しかし他方で、エズラ・ボーゲルの『ジャパン・アズ・ナンバーワン』など、日本企業の躍進を支えたものが非アングロ・アメリカ的な日本のモデルであったとして、日本型経営モデルを積極的に評価する欧米の研究成果も1980年代から注目を浴びるようになった。

それでは、日本型経営モデルは、いかなるモデルのであるのか。以下では、これを便宜的に「企業内システム」と「企業間システム」に分類して、その解説と評価を加えることにしよう（表2-3）。

表2-3　日本型経営モデルの概要

企業内システム	企業間システム
○終身雇用制 ○年功賃金制 ○企業別組合	○メインバンク・システム ○株式持合い ○系列取引

1) 企業内システム

企業内システムとしての終身雇用制と年功賃金制は，密接に結びついている。終身雇用制は，従業員に対して定年までの雇用を保障する企業の暗黙のコミットメントであるが，こうした長期の雇用を前提に，年齢，勤続年数を重視して昇進・昇給を行うシステムが年功賃金制度である。昇進・昇給において年齢や勤続年数が重視される以上，従業員にとっては同一企業で勤続することが有利である。

また終身雇用制により従業員に企業固有（firm-specific）のノウハウや技術を習得し，蓄積するインセンティブが働き，企業に対する忠誠心や従業員間の連帯感が醸成される。

さらに，定期的な人事異動を通して，組織内の情報共有が促され，水平的なコミュニケーションも円滑に行われた。組織内の情報共有と水平的なコミュニケーションは，ボトムアップ型の意思決定方式にも結びついており，現場の従業員が直接または間接的に経営上の意思決定に参加することにより，現場の実情に即した柔軟で現実的な意思決定が可能になった。

また，職能別組合や産業別組合をとる欧米とは異なり，日本企業の従業員は企業別組合の組合員として組織されていることも，企業と従業員の一体感を強めた。

2) 企業間システム

日本型経営モデルとしての企業間システムのうち，メインバンク・システムと株式持合いは不可分の関係にある。株式持合いは，1964年に日本がIMF8条国へ移行した結果，経営者が外資による買収にさらされることを強く懸念したことが契機になった。株式持合いは，企業がそれぞれ株式を持ち合って，安定株主になることを意味する。株式持ち合いによって浮動株の割合を引き下げれば，買収の危険を回避することができる。

他方，メインバンクとは，ある企業に対して融資順位が第1位の銀行を意味する。通常，大企業は複数の銀行から融資を受け入れるが，銀行間の融資割合

はほぼ固定されており，メインバンクが変更されることはまれであった。しかも，メインバンクは，同時に融資先企業の株式を引受け，大株主として日本企業の株式持合い構造においても中心的な役割を演じた。その結果メインバンクは，債権者と大株主という二重のステークホルダーとして企業の経営に強い影響力を行使するとともに，とくに企業の経営危機時には，役員を派遣して直接経営に参加することも少なくなかった。

　財閥系銀行を頂点に形成された企業集団は，株式持合いとメインバンク・システムを基盤とする企業間の結合であった。こうした企業集団の代表例が，白水会（住友グループ），金曜会（三菱グループ），二木会（三井グループ），芙蓉会（芙蓉グループ），三水会（三和銀行グループ），三金会（第一勧業銀行グループ）の6大企業集団であり，所属企業の経営トップをメンバーとする定期的な会合が持たれ，意見交換が行われた。

　企業間システムを特徴づけるもうひとつのシステムである系列取引は，主として有力メーカーを中心に形成された。その典型は，自動車や電機の分野であり，完成品メーカーを頂点に多数の部品メーカーが系列化され，長期固定的な取引関係を維持した。

3-2. 日本型経営システムの源流

　以上のような日本型経営モデルと呼ばれる枠組みが，いつどのようにして形成されたのかについては，さまざまな議論がある。

　まず終身雇用制と年功賃金制については，明治期と大正期にまたがる19世紀末から20世紀初めにかけての急速な産業発展の過程において，熟練労働者の不足と労働者の高い離職率に悩まされた企業が，労働者の定着を図るために採用したという説がある。

　この説は，欧米諸国に遅れて産業化に着手した日本にとって，企業は新技術へのキャッチアップが焦眉の急であったが，それに応える能力を備えた労働者

の訓練は時間をかけて社内で行わざるを得ず，そのためには労働者の定着率を高める必要があった，と指摘する。また，戦時下の国家総動員法（1938年施行）に基づき賃金凍結の目的で制定された賃金統制令の下で，勤続年数に応じた昇給のみを認めたことが，年功賃金制の定着につながったという説もある。

さらに企業別組合については，十五年戦争下においてインフレによる実質賃金の低下を背景に頻発した労働争議を抑制するため，政府の後押しで企業別に設けられた労使協議会が，戦後の労働組合法制定後に労働組合として再出発した経緯にその源流を求める説が有力である。

また，メインバンク・システムについては，1944年に導入された軍需会社指定金融機関制度により，企業ごとに借入先の金融機関が指定されたことに由来する，との説がある。

これらの説は，日本型経営モデルの多くは，日本の近代化の過程における特殊な状況，とくに戦時下で生まれた慣行が戦後も形を変えて引継がれたにすぎない，とみる。日本型経営モデルに関するこうした見解は，しばしば「40年体制論」と呼ばれている。ここで「40年体制」とは，総力戦を遂行する目的で形作られた統制経済体制である。

他方，戦後においては，占領下におけるアメリカの対日政策が日本型経営モデル形成の一因になった。例えば内部昇格者を中心とした戦後の日本企業の経営のあり方も，財閥解体令（1945年），過度経済力集中排除法（1947年）など，戦時経済を解体するための措置が影響したと考えられる。これらの措置により，旧経営陣が追放されたため，従業員が昇格して経営陣に加わることになったからである。

また，財閥解体令により旧財閥（三井，三菱，住友など）の持株会社が所有していた株式が没収され，各企業の従業員に対して優先的に株式を購入する権利を与えた。その措置により，一時期には個人による株式所有比率が80%を超え，旧財閥企業のように所有と経営が一体化した構造が解体されたが，その後，敵対的買収の危機を募らせた旧財閥系企業は，同系列の企業間で株式の持

合いを進めて，安定株主の確保に努めた。また，系列取引につながる企業グループも相互に株式を持ち合う動きが活発化した。

戦後の金融構造も日本型経営モデルの形成に深いつながりがある。すなわち，企業の内部留保は不十分であり，また資本市場は未発達であったことから，企業の資金調達は銀行借入れに依存せざるを得なかった。その結果，産業界全体における銀行の影響力は戦前に比べ格段に強化された。40年体制論は，メインバンク・システムの源流を戦時下の軍需会社指定金融機関制度に求めるが，日本経済の復興期から急成長期にかけての間接金融優位の構造が，インバンク・システム形成のより直接的な契機であったと考えられる。

3-3. 日本型経営モデルの現状

日本型経営モデルは，バブル崩壊後の1990年代から変化が生じている。まず企業内システムについては，労働市場の流動化，雇用形態の多様化，賃金の

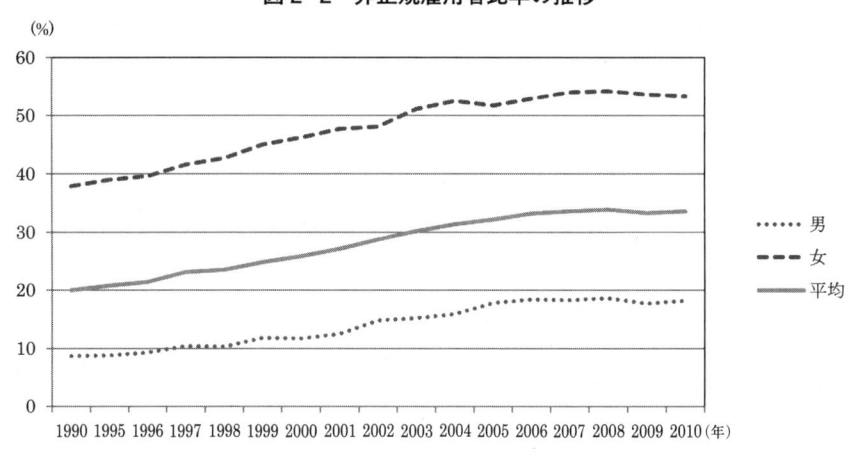

図2-2 非正規雇用者比率の推移

出所）厚生労働省「労働力調査」より作成。

成果主義化などは，終身雇用制や年功賃金制に象徴される日本型経営モデルの変化を示唆している。雇用形態の多様化は，1990年代以降，パートタイマー，派遣社員，契約社員等の非正規雇用者の割合が著しく上昇していることにも示されている（図2-2）。

ただし，雇用形態や賃金制度のあり方は，企業の規模や業種によっても違いがある点を見逃すことはできない。例えば，大企業（従業員数1,000人以上）では，正規雇用者の長期雇用に顕著な変化は認められない。この点について，内閣府『経済財政白書（平成20年度版）』は，大企業における年齢別従業員の勤続年数が過去20年間ほとんど変化していないことを明らかにしている。

また，賃金制度についても1990年代以降，見直しの機運が高まった。見直しの基本的な考え方は，労働者それぞれの業績や成果を短期的にも賃金へ反映させるという業績・成果主義賃金制度であるが，その導入は1990年代後半から大企業を中心に活発化した。もとより業績・成果主義賃金といっても，その制度設計や運用実態は多様であるが，一般的には「仕事の目標を決め，その達成度に応じて処遇と賃金を決める仕組み」と定義されている。その狙いは，従業員の競争意識と企業業績に対する貢献意欲を高めることにある。

こうした業績・成果重視の賃金制度の導入は，非正規雇用者比率の上昇と相まって，同一企業内の賃金格差の拡大にとどまらず，マクロ的な所得格差拡大の一因にもなった。

しかしながら，業績・成果主義賃金制度が従業員の貢献意欲を引出し，企業業績を向上させるという主張に対しては，強い疑問が呈されるようになった。すなわち，業績・成果主義賃金制度については，① 短期的に成果が現れる仕事に優先され，単年では成果を期待しにくい長期的なプロジェクトは後回しにされる，② 対顧客サービスのように，成果の評価項目にはなりにくい地味な仕事が疎かになる，③ 従業員間の連帯感が失われる，などの弊害が強く意識されるようになった。そのため一旦，業績・成果主義賃金制度を導入した企業の中にも，その後，制度の見直しを行う企業が相次いだ。

図2-3 賃金体系改革の重視点

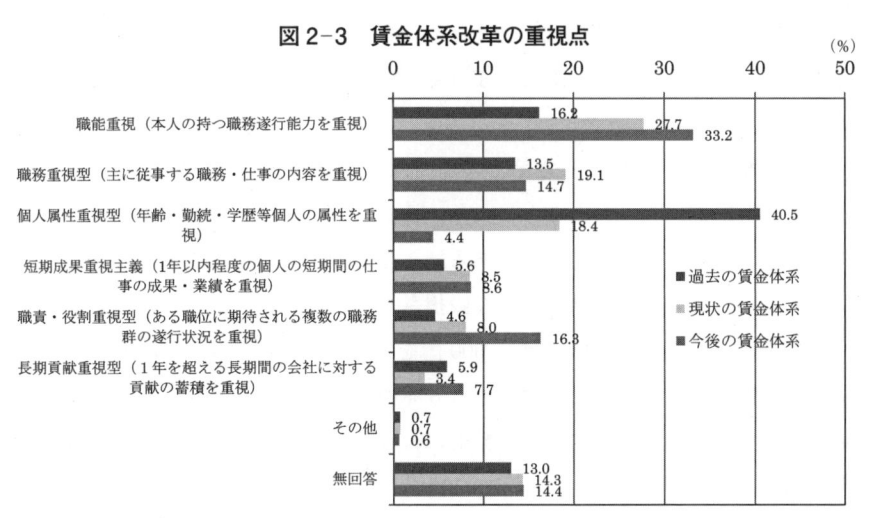

項目	過去の賃金体系	現状の賃金体系	今後の賃金体系
職能重視（本人の持つ職務遂行能力を重視）	16.2	27.7	33.2
職務重視型（主に従事する職務・仕事の内容を重視）	13.5	19.1	14.7
個人属性重視型（年齢・勤続・学歴等個人の属性を重視）	40.5	18.4	4.4
短期成果重視主義（1年以内程度の個人の短期間の仕事の成果・業績を重視）	5.6	8.5	8.6
職責・役割重視型（ある職位に期待される複数の職務群の遂行状況を重視）	4.6	8.0	16.3
長期貢献重視型（1年を超える長期間の会社に対する貢献の蓄積を重視）	5.9	3.4	7.7
その他	0.7	0.7	0.6
無回答	13.0	14.3	14.4

注）2,734社に対するアンケート調査による。
出所）労働政策研究・研修機構「調査シリーズNo.65」（2010年3月）より作成。

　労働政策研究・研修機構の調査でも，今後重視する賃金体系として「短期成果重視型」をあげる企業の割合は極めて小さく，「職能重視型」，「職責・役割重視型」をあげる企業の割合が大きいことが明らかにされている（図2-3）。

　総じて，1990年代における賃金制度の改革は，業績低迷下での賃金総額の抑制という要請と深く結び付いて提唱されたものであったことに混乱の一因がある。将来的な改革の方向として，文字通りの年功賃金制に回帰することはないにせよ，労働市場が流動化する中で，長期の貢献度を重視する企業も少なくない。インセンティブ設計というより広い問題意識を踏まえつつ，企業は賃金制度の将来的なあり方をなお模索中である。

　次に日本型経営モデルとしての企業間システムの状況も，バブル崩壊後に注目すべき変化が生じている。

　1990年代入り後に，上場企業における株式持合い比率は著しく低下した。ニッセイ基礎研究所（2004）「株式持合い状況調査（2003年度版）」によれば，1987年における金額ベースの株式持合い比率および持合い株式に金融機関お

よび事業会社が保有する株式を加えた安定保有比率は，それぞれ18.5%, 45.8%であったが，2000年には10.4%, 33.1%, さらに2003年には7.6%, 24.3%まで低下した。

　持合い構造が解消に転じた第1の理由は，2001年9月から持合い株式について時価会計が導入されたことにより，株式保有に関する財務上のリスクが強く意識されるようになったことである。このようなリスク意識の高まりは，バブルの崩壊によりバランスシートを毀損させた銀行においてとくに顕著であった。ちなみに，日経平均株価が8,000円を割り込んだ2003年3月末には，大手銀行の保有株式にかかわる含み損は6兆円に達したと言われており，しかも持合い解消のための株式売却を継続的に行ったことが，その後の株価の押し下げ要因にもなった。

　第2に，銀行について財務健全性を維持する目的で，株式保有制限（「銀行等の株式等の保有の制限等に関する法律」平成13年法律第131号）が設けられた。この制限は，銀行の株式の保有総額の上限を自己資本比率規制上の自己資本のうち資本金や法定準備金を中核とする基本的項目（Tier 1）とした。

　第3に，1980年代後半以降，大企業の資金調達に占める銀行借入れ，すなわち間接金融の割合が趨勢的に低下する中で，自己資本規制の厳格化により銀行の融資姿勢は慎重化している。株式保有の抑制と金融仲介機能の役割の低下は，そのままメインバンク・システムの弱体化に直結する。

　1990年代以降の企業行動の特徴としては，バブル崩壊にともなう財務リストラクチャリングの強化とともに，事業活動のグローバリゼーションを特記しなければならない。すなわち，生産拠点の海外移転，海外からの部品調達割合の引き上げなどの活発化である。生産活動や調達活動のグローバリゼーションの結果，企業間システムである系列取引，すなわち有力メーカーを中心とした国内企業間の固定的な取引関係も見直しを迫られるようになった。

3-4. 日本型経営モデルの今後

　以上述べた通り，日本型経営モデルには企業内システム，企業間システムとも注目すべき変化がみられる。企業内システムの変化は，ライフスタイルや働き方に対する意識の多様化といった労働者側の行動や意識の変化に由来する面もある。それにともない，企業と労働者の長期固定的な雇用関係の維持に対する評価が変化している。

　また，金融機関と事業会社の財務統制ないしはリスク評価の厳格化，事業活動のグローバリゼーションは引き続き強化されるため，企業間システムも変化を余儀なくされる。

　さらに制度面では，日本企業のガバナンス構造に大きな変更を加えた会社法の制定や「貯蓄から投資へ」をキーワードに証券取引法を全面改正して成立した金融商品取引法による資本市場とディスクロージャー制度の改革も，日本型経営モデルの改革を促すことになるだろう。

　ところで，日本型経営モデルやその変化をどのように評価すべきかについて，それがリスクテイクに対して及ぼす影響を重視する分析が行われている。リスクテイクを重視する理由は，今後，日本企業が持続的成長を維持するためには，効率化や応用技術の開発を進めるだけでなく，技術や製品開発において独創性を発揮しなければならず，また販売や生産活動にはグローバルな広がりが求められるからである。そうした行動は，必然的に企業のリスクテイク度合いを高めることになる。

　この問題について，『経済財政白書（平成21年度版）』の分析例をあげておこう。図2-4は，日本企業の特性をメインバンク依存度（メインバンクからの借入金／借入金総額）と平均勤続年数の長短の2つの変数で捉え，日本企業全体を4つのグループに区分している。分析によれば，平均勤続年数が長く，メインバンク借入依存度が高い企業（「伝統的日本型」企業）は，平均勤続年数が短くメインバンク借入依存度の低い企業（「市場型」企業）と比べてリスクテイク

図 2-4 企業特性の組合わせとリスクテイクの度合い（ROA のばらつき）

平均勤続年数

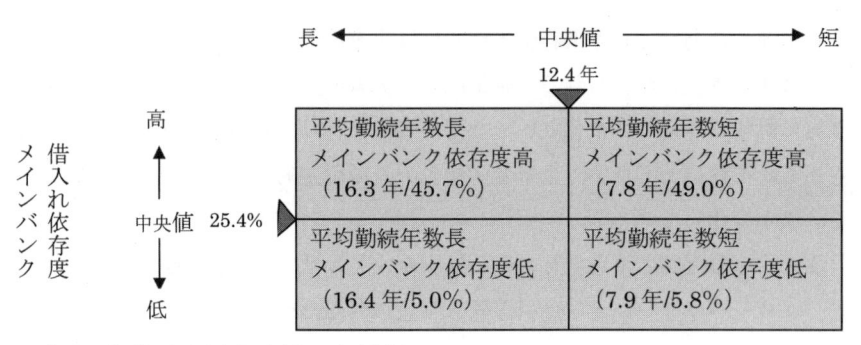

```
       長 ←――――――― 中央値 ―――――――→ 短
                    12.4 年
                      ▼
```

		平均勤続年数長 メインバンク依存度高 （16.3 年/45.7%）	平均勤続年数短 メインバンク依存度高 （7.8 年/49.0%）
借入れ依存度 メインバンク	高 ↑ 中央値 25.4% ↓ 低	平均勤続年数長 メインバンク依存度低 （16.4 年/5.0%）	平均勤続年数短 メインバンク依存度低 （7.9 年/5.8%）

出所）内閣府『経済財政白書（平成 21 年度版）』p.141

の度合い（1997〜2006 年度の ROA の標準偏差）が低い。すなわち，この分析では，日本型経営モデルはリスクテイクに対して抑制的に作用するとの評価を下している。

　そうであるとすれば，企業は持続的成長のためにリスクテイク度合いを高めざるを得ないことから，企業それぞれが事業環境に応じたリスクテイクを行いうるよう，経営モデルを改革することが求められるであろう。

　しかし，こうした分析は日本型経営モデルのひとつの問題点を指摘しているにすぎない。近年注目されている知識経営論は，知識の蓄積や共有を促す仕組みとしての日本的雇用関係や長期安定的な取引関係を積極的に評価している。知識の蓄積や共有こそ，技術革新や持続的成長の源泉であるとすれば，日本型経営モデルは高リターンの追求行動と矛盾することにはならない。また，知識の蓄積や共有は，企業のリスク対応力をも強化するはずである。

　経営学の分野でグローバリゼーションという言葉が用いられるようになった 1980 年代には，グローバリゼーションの流れに適合的な経営組織や経営戦略の理想型が存在し，そうした理想型に向けて現実の経営組織や経営戦略も再構築が図られるであろう，との見解が有力であった。このような見解は，収斂仮

説(Convergence Hypothesis)と呼ばれている。収斂仮説では，日本型経営モデルは，いずれ他の経営モデルに取って代わられる暫定的で，ローカルな経営モデルとみなされるであろう。

しかしながら，今日では収斂仮説が想定する理念型の実在性に対しては，かえって懐疑論が力を得るようになった。企業の持続的成長にはさまざまなアプローチがありうることは，BRICsに代表される新興国市場を巡る競争でも明らかになりつつある。また，IT革命も多様な経営モデルの可能性を切り開いたと考えることができる。

こうした文脈において，近年は経営のグローバリゼーションの本質的な意味は，「単一の経営モデルへの収斂による効率化の追求」ではなく，「グローバルな規模で顕在化しつつある知識と多様性を活用した価値創造」であると主張するイブ・ドーズのメタナショナル経営論などが注目を浴びている。

今後さらに加速するグローバリゼーションとIT革命は，企業の持続的成長の条件を絶えず変化させる。そうした環境の中で，企業それぞれが独自性のある経営モデルの構築を目指す結果，日本企業といえども経営モデルの同質性は希薄化し，むしろ多様性を増すことになるであろう。

第3章 企業と組織

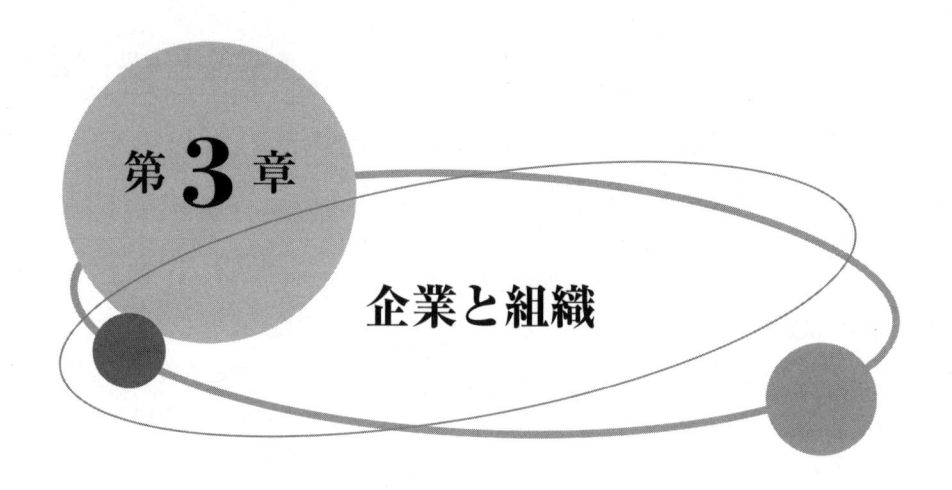

1. 経営と組織

　経営学は，組織論と戦略論に大別される。「組織は，戦略に従う」という有名なチャンドラー命題に従えば，どのような組織を選択すべきかは，企業が構想する戦略次第であるということになるから，組織論に先行して戦略論が述べられるべきである。確かに，経営トップが新たな経営戦略を打ち出し，それに伴って組織の再編が行われることは日常的な出来事である。組織は，硬直的なものであってはならず，戦略に応じて柔軟に調整されるべきものだからである。

　しかし，現実の企業を内部から観察した経験のある者なら誰もが，「組織は戦略に従うとともに，戦略もまた組織に従う」という命題により説得力を感じるであろう。一定の歴史的経路をへて形成され，固有の文化が埋め込まれ，そうした文化を共有する構成員から成り立つ組織の状況が，構想される戦略やその実行形態に影響を与えないはずがないからである。

　また，以上のことは第1章で述べた通り，伝統的な経済学における企業の捉え方は「組織」という視点が欠けており，不完全な分析にとどまっていたことを意味している。すなわち，伝統的な経済学では，生産関数や費用関数を一方の柱とし，生産物市場や生産要素市場を他方の柱とするものであり，これらの

条件の下で，利潤最大化行動が導かれた。ここでは，分析の対象になるのは投入，変換，産出の3つの活動だけである。このような企業観では，有機的かつ社会的存在としての企業という組織の本質を捉えることができないことは明らかである。経営学が独自の視点から組織論をとり上げる理由もこの点にある。それでは，有機的かつ社会的存在としての企業の組織はいかに捉えるべきであろうか？

経営者としても成功を収め，『経営者の役割』（1938年）で経営学者としての名声を確立したチェスター・バーナードは，企業の組織を「企業の経営目標を達成するために統合された多数の人間の活動システム」ないしは「経営目標を効率的に達成するための人間の協働システム」と定義した。さらにバーナードは，こうした組織をまとめあげる基本的要素として，① 共通目標（a common purpose），② 協働（貢献）意欲（willingness to cooperate），③ コミュニケーション（communication），の3つをあげている（図3-1）。

「共通目標」は，多数の組織構成員の行動に方向づけを与える指針であり，組織構成員が「協働」する前提条件である。バーナードは，組織の共通目標の存在に対する信念を人々に植えつけることこそ経営者のもっとも基本的な職能である，と指摘している。

「協働意欲」は，組織構成員がそれぞれの役割を通して，共通目標を達成するために貢献しようという意欲である。一般的には，組織の規模が大きくなり，組織の構成単位が増加すると，共通目標が希薄化し，構成員の協働意欲は低下すると考えられる。大規模な組織が例外なく，より小さな組織単位に分割されるのも，それぞれの小単位ごとにより直接的な共通目標を掲げることで，構成員の協働意欲を引き出すことができると考えられるからである。

組織の第3の要素としての「コミュニケーション」は，組織構成員の意思または情報の伝達である。組織の共通目標は不変でも，それを達成するための行動は時間の経過や環境の変化とともに，変わらざるを得ない。どのような行動が求められているかについて，情報を共有するための行為がコミュニケーショ

図3-1　組織の3要素

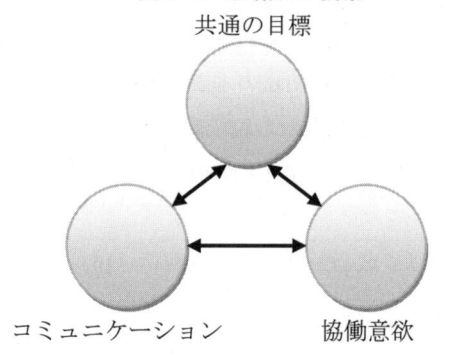

共通の目標

コミュニケーション　　　協働意欲

ンである。

　しかも迅速かつ円滑なコミュニケーションを行うことのできる構成員数には，おのずから限りがある。たとえコミュニケーション手段としてITを活用しても，この限界を乗り越えることはできない。そのため，あらゆる組織はより小単位に分割せざるをえない。

　さらに，多数の構成員間のコミュニケーションの正確性と統一性を保つためには，コミュニケーションをコントロールする管理者の存在が不可欠である。組織において管理職位を設定することは，コミュニケーションのシステム（system of communication）を設計することにほかならず，すべての管理職位はコミュニケーション・センター（a center of communication）として機能することが期待されている。

　以上のバーナードの組織の3要素は，組織の本質を簡潔に記述しているものの，分析的なツールとして活用することは難しい。トム・ピーターズ[注1]は，より分析的な視点から，①戦略（strategy），②構造（structure），③管理システム（system），④人材（staff），⑤技術・技能（skill），⑥行動特性（style），⑦共有理念（shared value），という7つの要素を提示している。これを，7Sモデルという（図3-2）。ピーターズによれば，この7つの要素の相互作用を通

して企業という組織は一定の経営成果を獲得する。

また，7Sモデルには，伝統的な組織と戦略という2分論ではなく，両者を相互作用的な変数とみなすべきだという主張が込められている。今日の経営学説は，便宜的に組織論と戦略論を別に議論することはあっても，それは組織と戦略を独立した変数ととらえているのではない。資源ベース戦略論や知識経営論なども，そうした認識から発展した新たな経営理論であるが，これらの理論の説明は，第4章に委ねることとしたい。

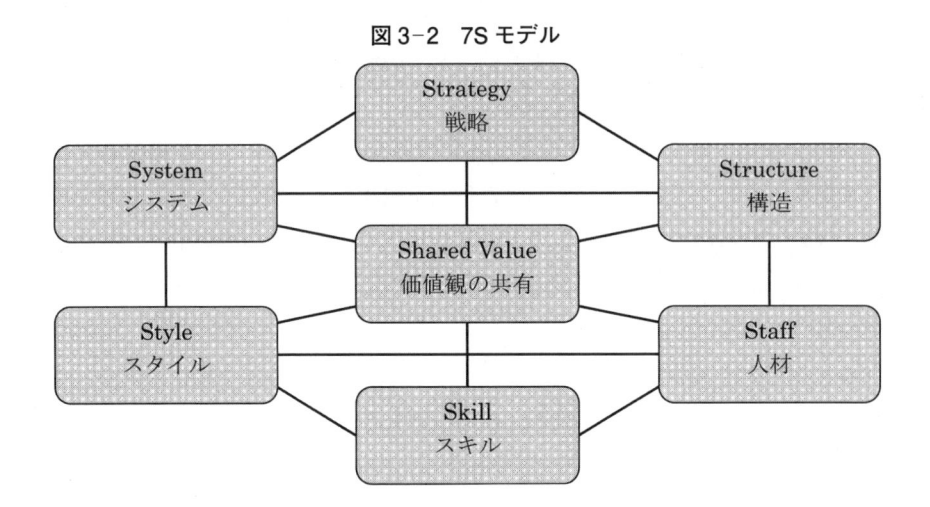

図3-2　7Sモデル

```
          Strategy
           戦略

System              Structure
システム              構造

      Shared Value
       価値観の共有

Style                Staff
スタイル              人材

           Skill
           スキル
```

2. 組織設計と組織原則

バーナードの指摘をまつまでもなく，共通目標の存在はあらゆる組織の出発点である。しかも，企業の基本的な目標は，事業活動を通して持続的成長を達成することである。企業の持続的成長は，利益の持続的成長と言い換えてもよい。

したがって企業の組織は，利益の持続的成長という基本的目標と整合的でな

ければならない。この意味で所有と経営の分離を前提とし，株主や債権者など企業外部のステークホルダーの利益保護のための組織を議論する会社法上の機関設計論とは本質を異にしていることに注意しよう。経営学の組織論では，利益の持続的成長という目標に対して経営資源を有効かつ効率的に運用するには，どのような組織設計がなされるべきかが研究対象になる。

　ここで組織設計とは，組織がもつ有形，無形の構造の設計である。組織の構造とは何かについても明確な定義があるわけではないが，アルフレッド・チャンドラー[注2]は，組織の構造とは，企業活動を管理することを目的に，それぞれの組織構成員の権限と情報の垂直的・水平的流れを規定する公式および非公式のデザインであると定義している。

　このチャンドラーの定義に職務 (job) の概念を追加すると，組織構造とは研究開発，調達，生産，販売といった役割を職務へと分割し，さらに職務を製品，地域，市場別に形成される多くの組織単位へと配置するとともに，組織のそれぞれの組織が共通目標に向かうよう権限の配分を決定するためのデザインである，ということができる。

　こうしたデザインを具体化する構造づくりは，次のような原則にしたがって行われている。このような原則を，組織原則と呼ぶことがある。

(1) 専門化の原則

　専門化の原則は，部門化または分業化の原則とも呼ばれている。組織論の先駆者であるアンリ・ファヨルは『産業ならびに一般の管理』(1916年) において，組織原則の第1原則として，専門化の原則をあげている。ファアヨルは，「専門化は，注意と努力を向ける対象の数を減らし，従業員や管理者は同一の対象に注意や関心を集中させることによって，熟練，確実性と正確性を獲得し，能率を上げることができる」と指摘している。

　専門化は，① 製品別，② 地域別，③ 工程別，④ 取引先別，⑤ 職能別，などを基準に行われる。

　これらの基準のうち，職能別部門化 (functional departmentation) は職能別の

専門化（functional specialization）を基礎とする組織の部門化である。経営目標の達成のために必要なあらゆる活動を職能に細分化し，各職能を組織構成員に「職務」として配分することで，組織を部門化する。

専門化の原則を通して，組織構成員は配分された職務を反復遂行することを通して専門知識と熟練を習得できるため，組織全体として分業の効果を享受することが可能になる。実務的には，専門化の原則とは，職能別専門化の原則と実質的に同義であるということができる。

組織の部門化の基準としての職能は，① 第1次職能（primary responsibilities），② 補助職能（auxiliary responsibilities），に分類できる。第1次職能は生産や販売など企業の利益目標に対して直接的な貢献を期待されている職能であり，補助職能は第1次職能の円滑な遂行を支援することを通して，間接的に利益目標に貢献することを期待されている職能である。

第1次職能を担当する部門は，ライン部門（line departments）という。ライン部門に対して，組織全体の計画や統制を担い，経営トップの戦略的意思決定をサポートする職能は補助職能である。補助職能を担当する部門をスタッフ部門（staff departments）という。

人事，総務，経理，法務など，ライン部門の活動をサポートする職能を担当する部門をサービス部門と呼ぶことがあるが，これらサービス部門も補助職能を担当するスタッフ部門である。ライン部門とスタッフ部門とをあわせもつ組織構造をライン・アンド・スタッフ組織（line and staff organization）いう。

ライン・アンド・スタッフとは，元来軍事上の用語である。ラインは軍事活動に直接従事する部隊であり，スタッフはラインを支援する兵站部隊等の非戦闘部隊と戦略・戦術の分析に従事する参謀職能である。このような軍隊の組織原理が企業組織の領域にも持ち込まれ，現代企業の基本的な組織原理になっている。

(2) 管理範囲適正化の原則

上長が直接統制することができる部下の数には，おのずから限界がある。よ

って，組織は適正な管理範囲（span of control）が維持されるような構造をもたなければならない。一人の上長が管理できる部下の数は，5人〜15人程度であるとする見解もある。情報通信技術の進歩が管理幅にも大きな影響を及ぼしつつあるなかでも，管理の基本は対面型のコミュニケーションであるという考え方は変わらない。

　組織単位が一人の上長の効果的な管理の幅を超えると，組織構成員の行動を共通目標にむけてコントロールすることは困難になる。しかも，組織の共通目標達成のために必要な構成員数は専門的職能数とともに増加するから，組織の複雑性を増していく。このような複雑性を管理するためには，あらたな組織単位を追加しなければならないが，このことは必然的に組織の階層化をもたらす。各組織単位の上長を管理するより上級の管理者が必要になるからである。

　階層化にともない，組織は図3-3のようなピラミッド構造になる。しかしながら，組織構成員の数が同じでも，ピラミッドの背の高さは同じにはならない。その理由は，事業活動の内容，組織が必要とする職能の数，製品別の多角化の程度，事業活動の空間的な広がり，などの要素によって管理の幅が異なるからである。階層数が多い背の高いピラミッド型の場合は，組織の垂直的複雑性が増し，管理の幅の制約から組織単位数が多い平らなピラミッド型の場合は，組織の水平的な複雑性が増すことになる。

(3) 権限・責任一致の原則

　権限とは，職務遂行のために組織構成員に与えられた力であり，責任は各構成員が組織上の上長に負っている職務遂行上の義務である。したがって，組織構成員に割り当てられた職務と権限・責任は不可分に結びついており，権限と責任について合理的な範囲を定めることが求められる。

(4) 命令一元制の原則

　構成員は，特定の一人の上長から命令をうけるべきであるという原則である。この原則は，権限・責任一致の原則の前提条件であり，この原則により組織の階層的秩序が保たれる。

図3-3 背の高いピラミッドと平らなピラミッド

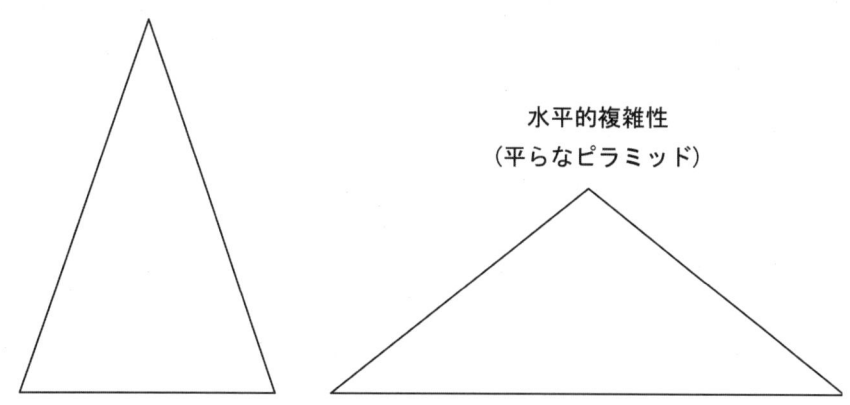

垂直的複雑性
(背の高いピラミッド)

水平的複雑性
(平らなピラミッド)

3. コンティンジェンシー理論

　組織論の注目すべき発展は，1960年代から70年代にかけて台頭したコンティンジェンシー理論（状況依存理論）である。それ以前の組織論は，企業の成長段階にふさわしい理想的な組織構造とはどのようなものであるかを追求してきた。しかしながら，組織のコンティンジェンシー理論は，単一の理想的組織構造の存在そのものを否定する。組織のコンティンジェンシー理論は，「ある組織が効率的であるかどうかは，企業が選択する成長戦略，経営環境・技術・事業規模などの諸状況に依存する」と主張する。

　コンティンジェンシー理論によれば，組織が特定の状況において効率的であることは，他の状況において効率的であることを保障しない。しかも，企業が置かれた状況は時間の経過とともに変化するから，組織は絶えず非効率化するリスクにさらされることになる。

　もっとも，組織の効率性が状況依存的であるとはいっても，組織の効率性と

組織が直面する環境についてある種の法則性を導く研究例がないわけではない。この点についてバーンズとストーカー[注3]は，機能的な分業と垂直的な指揮命令関係をもとに編成された機械的組織（mechanical organizations）と，柔軟な調整と横断的な分業を重視して編成された有機的組織（organic organizations）とに組織を大別し，安定的な環境には機械的組織が効率的，不安定な環境には有機的組織が効率的であることを明らかにしている（図3-4, 図3-5）。

機械的組織の典型例が，官僚的組織である。官僚的組織とは，(a) 分業制，(b) 権限の階層性，(c) 職務に対する専門性の要求，(d) 職務上の対人関係の非人格性，(e) 公的に定められた規則と手続の体系，(f) 文書によるコミュニケーション，などによって特徴づけられる組織である。これらの特徴にもとづいて，管理する者と管理される者との間の指揮命令・報告関係が明確化され，責任の所在が特定されることで，組織活動の正当性と定型性が保障されてい

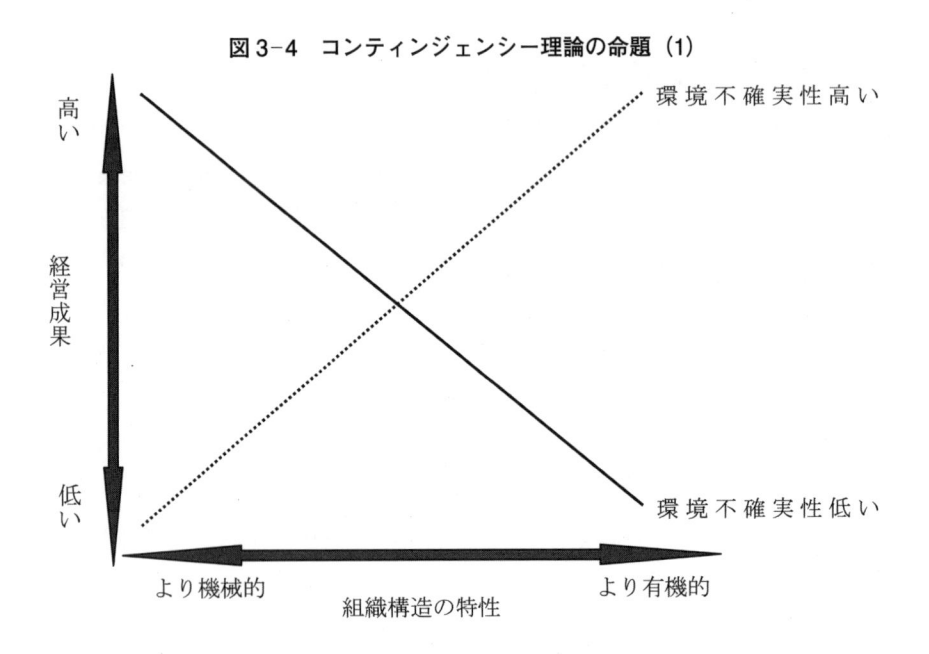

図3-4 コンティンジェンシー理論の命題 (1)

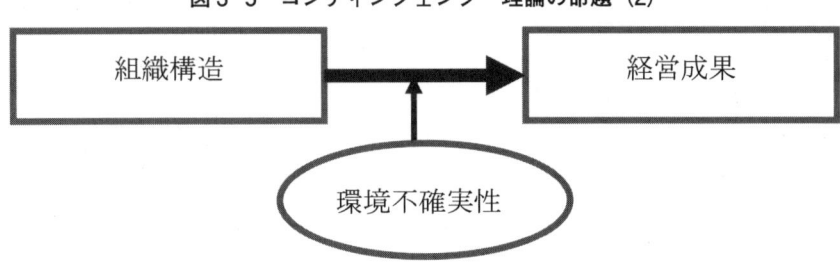

図3-5　コンティンジェンシー理論の命題（2）

```
┌──────────┐         ┌──────────┐
│  組織構造  │ ───────▶│  経営成果  │
└──────────┘    ▲    └──────────┘
           ╭────┴────╮
          (　環境不確実性　)
           ╰─────────╯
```

る。

　機械的組織に対して，臨機応変な意思決定のための権限移譲（分権化），組織構成員の自発性の尊重，組織構成員間の情報共有やコミュニケーションの促進，イノベーション重視，などの要素をもつ組織を有機的組織という。

　ローレンスとローシュ[注4]は，同一企業の基本的組織の中でも，とくに営業部門，製造部門，マーケティング部門，研究開発部門，などは異なった環境の下で活動することに着目し，企業が組織として効率的に機能するためには，それぞれの部門が環境に適合的な構造をもつような分化を目指す組織づくりが必要になると主張している。

4. 現代企業の組織構造

　現代の企業のもっとも基本的な組織構造は，職能別組織（functional organization）と事業部制組織（divisional organization）である。以下では，この2つの組織構造を中心に現代企業の組織構造を説明し，次いでより新しい組織構造としてマトリックス組織，カンパニー制をとり上げたい。

4-1. 職能別組織

職能別組織は，仕入，生産，販売，研究開発などの職能（function）を基準に，組織の部門化を行う組織構造である（図3-6）。ここで職能とは，同種の専門的な知識と熟練を必要とするものとみなされる仕事の集合である。同種の知識や熟練，すなわち同一職能をもつ専門家をひとつの組織単位としてまとめ上げた組織が職能別組織に他ならない。

このように職能別組織は，それぞれの職能の専門性を前提にしているが，職能間には相互依存関係があるため，職能ないしは部門間の計画や活動の調整が必要になる。この調整が，経営トップの基本的な役割になる。

職能別組織の本質について，学術的にはそれを各職能について一元的な指揮命令系統が確立される点に求める説と，前述のライン・アンド・スタッフ型の組織構造に求める説の2説がある。

職能別組織（functional organization）を初めて提言したフレデリック・テーラーの『科学的管理法の原理』（1911年）は，一元的な指揮命令系統の確立を重視している。すなわち，各管理者が，できるだけ限定された管理職能に専門化できるように職能別専門化が行われるとともに，管理者が担当職能について部下を指揮命令する権限を与えられている組織が職能別組織である。

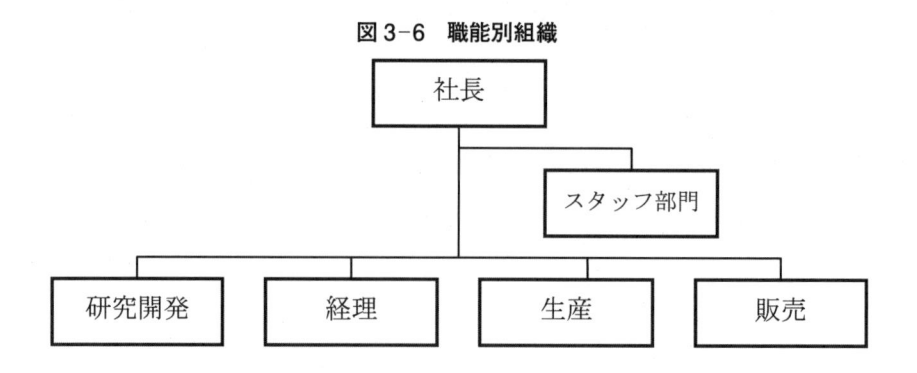

図3-6　職能別組織

```
              社長
               |
               |────── スタッフ部門
               |
   ┌───────┬───────┬───────┐
研究開発    経理     生産     販売
```

他方，職能別組織の本質をライン・アンド・スタッフ型組織構造に求める説は，他の部門に対して指揮命令権限をもたないスタッフ部門の存在を重視する。スタッフ部門は，一定の方針や企画を立案するが，その方針等を自ら決定して，他の部門に対して命令する権限を持たない。決定そのものは，経営トップの権限であり，スタッフは決定された方針等の実行について，ラインをサポートし，あるいは手続上の問題について直接ラインに指示（instruction）を出すことができるだけである。

　このようなスタッフの権限を職能的権限という。スタッフの職能的権限は，次の2つの要素から成り立っている。
1）経営トップの決定また承認をえた方針や手続きについて，スタッフの同意を得ずに，ラインはこれを逸脱し，変更することはできない。
2）経営トップの決定または承認した方針について，その手続的事項について，スタッフは必要な指示をラインに対して行うことができる。

　いずれにせよ，スタッフの職能的権限は，担当する職能領域に属する事項に限定されるとともに，経営トップが決定した方針の実施に関する手続的事項を越えることはない。この意味で，組織の本質をどのように理解しようとも，職能別組織は集権型の組織である。

　職能別組織には，①各職能における職能的専門化の進展を可能にし，規模の経済を実現できる，②企業内のさまざまな活動を統一的な視点から調整し，重複の排除や職能間のシナジーを促すことができる，という利点がある。換言すると，職能別組織は多角化よりも専門化や効率性を追求する企業には，合理的な組織である。

　歴史的には，生産性の向上と規模の拡大が経営の最重要課題として位置付けられていた1950年代までは職能別組織が主流であった。しかし，1960年代以降，規模の拡大ではなく，事業の多角化が成長戦略として重視されるようになると，大企業の組織は事業部制組織に取って代わられた。多角化した企業では，多様な事業ポートフォリオを管理するため，それぞれの事業についてパフ

ォーマンスを測定する必要があるからである。

したがって今日においても，一事業に特化する専業型企業や中小企業は，職能別組織であることが多い。

4-2. 事業部制組織

4-2-1. 事業部制組織の概要

一般に組織の編制に関しては，決定権限を上位に集中することを集権（centralization），これを下位に委譲・分散することを分権（decentralization）という。事業部制組織は，事業規模の拡大による非効率化を回避するため，分権型の組織を目指して導入された。その先駆的な例は，デュポン（1921年），GM（1925年），スタンダード・オイル（1929年），シアーズローバック（1929年）などである。このうち，GMの事業部制について分析をしたピーター・ドラッカーは，事業部の基本的性格について，次の2点を指摘している。すなわち，①各事業部が独自の市場をもつこと，②利益責任単位（プロフィット・センター）であること，の2点である。

職能別組織に対して，事業部制組織では，製品別（製品別事業部制）または地域別（地域別事業部制）に自律性のある事業単位ごとに組織が分割されて，事業部として独立する。各事業部は，独立した利益責任単位であり，事業部長は一定の製品あるいは市場に関する業務上の意思決定権限と実行権限が与えられる一方，その事業の利益について最終的な責任を負う。

また事業部制では，各事業部とは独立した本社機構が設けられる。本社機構は，事業部間の資源配分の決定など長期的な成長にかかわる戦略的意思決定に専念するトップ・マネジメントと，事業部に対して支援活動を行う本社スタッフから構成される（図3-7）。こうした利益責任単位としての事業部制という考え方をさらに徹底し，独立の利益責任単位を疑似的会社とみなす組織構造が後述のカンパニー制である。

事業部制の長所は，以下の通りである。
1) 事業部長その他の事業部管理者は担当事業に精通することがきるため，適切かつ迅速な意思決定を行うことができる。
2) 利益責任を明確化し，利益の達成度合いに応じて経営資源が配分されるため，事業部長に経営のトップ・マネジメントと同じ意識を与え，業績貢献意欲を高めることができる。
3) 各事業の最終責任者を事業部長とすることによって，本社のトップ・マネジメントは戦略的な意思決定に専念することができる。
4) 事業部長に将来トップ・マネジメントになるための総合的な訓練の場が与えられる。
5) 各事業部のパフォーマンスを明確に測定することができる。

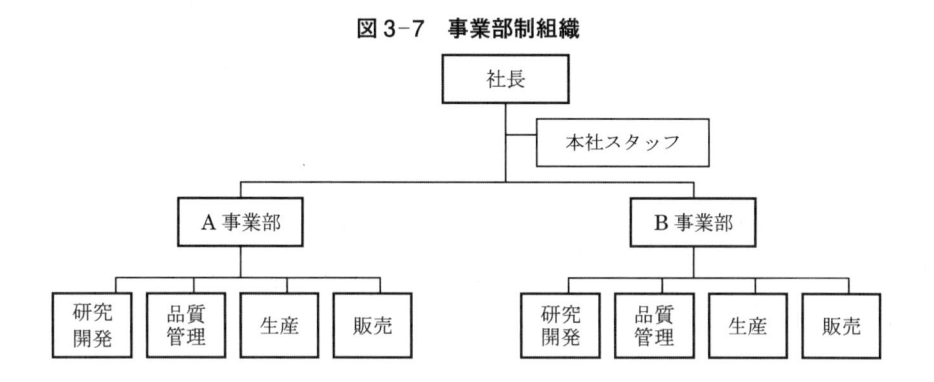

図3-7　事業部制組織

```
                    ┌─────┐
                    │ 社長 │
                    └──┬──┘
                       │────┬────────────┐
                       │    │本社スタッフ│
                       │    └────────────┘
           ┌───────────┴───────────┐
       ┌───┴───┐               ┌───┴───┐
       │A事業部│               │B事業部│
       └───┬───┘               └───┬───┘
    ┌───┬──┴─┬───┐         ┌───┬──┴─┬───┐
   研究 品質 生産 販売      研究 品質 生産 販売
   開発 管理                開発 管理
```

4-2-2. 内部振替価格

　各事業部をプロフィット・センターとして位置づけ，事業部長を最終的な利益責任者とするとき，各事業部の業績評価のために事業部会計の導入が不可欠になる。事業部会計は，責任会計と呼ばれることもあるが，その基礎となるのが内部振替価格である。内部振替価格の設定方法は市価基準と原価基準の2つに大別できる（図3-8）。

(1) 市価基準 (market price standard)

市価基準は事業部間で振替えられる製品やサービスが市場で取引されている場合には，事業部間の取引についても市場価格を適用する基準である。この市価基準が内部振替価格の設定法として最も妥当な基準であることは明らかである。なぜなら，事業部門の内部取引に市価が適用される限り，外部の取引先からの調達条件に比べ，不利な条件で内部取引を行うことを回避できるからである。

ただし，外部市場において市価をもつ同一製品が存在しない場合，または存在していてもそのまま適用することが適当でない場合には，次に述べる原価基準や内部利益加算基準を用いることがある。

(2) 原価基準 (cost standard) ／内部利益加算基準

事業部間の取引について，サプライヤーとなる事業部の原価を基準とする方式である。競争的な外部のサプライヤーが存在しないと場合には，原価基準を

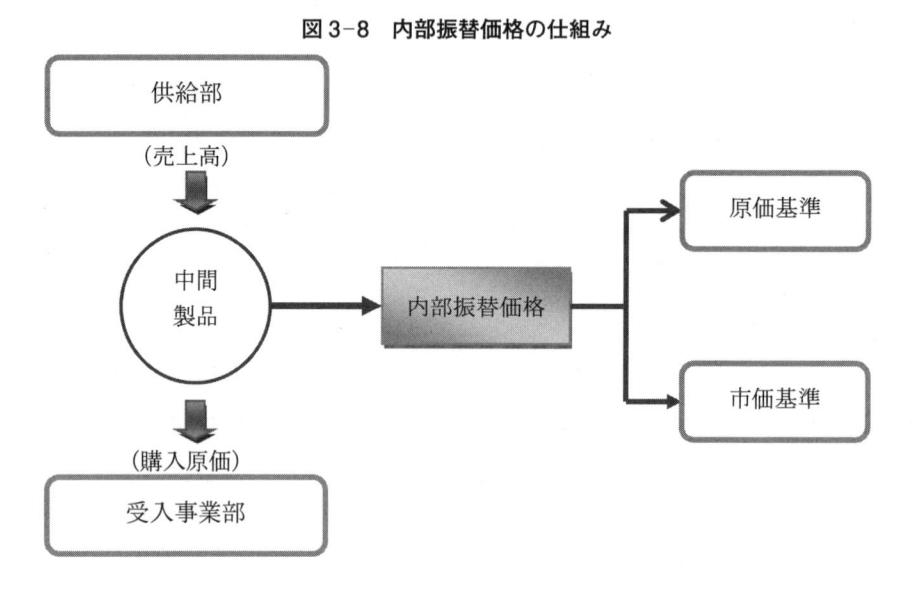

図3-8　内部振替価格の仕組み

適用することが多い。ただし，企業によっては，その原価に内部利益を加算しているケースがある。これをとくに，内部利益加算基準という。この基準では，加算される利益の額が適正でないと，事業部の業績評価のための内部振替価格設定という意味そのものが失われるおそれがある。

(3) 忌避宣言権

事業部間の取引には，内部振替価格が適用される結果，それぞれの事業部には忌避宣言権（right of delineation）が与えられる。事業部制におけるこの組織原則を，忌避宣言原則という。

忌避宣言原則とは，すべての事業部は，他の事業部から購入するよりも，社外のサプライヤーからより有利な条件で購入できる場合には，事業部間の内部取引を忌避して，社外のサプライヤーから購入できるという原則である。

この原則により，ある部品等の調達について，社外のサプライヤーから有利な取引条件の提示があった場合，その部品を調達する事業部は社内のサプライヤーである他の事業部に対して，内部振替価格を外部取引と競争的な水準まで引き下げることを要求できる。その要求が受け入れられない場合には，他事業部からの調達を断念し，最善の条件を提示する社外のサプライヤーから部品を購入する。部品を購入する事業部は，取引条件を唯一の基準として部品を購入できなければ，利益責任を負えないからである。

忌避宣言権が行使されると，部品を生産する事業部の操業率は低下し，ますますコスト高になる。仮に，このような状況が解消できないのであれば，部品製造事業部は利益責任単位として存続する意味はなく，事業部を解体して部品はすべて社外からアウトソースすべきである。

こうした忌避宣言原則によって，事業部間取引に市場の競争原理が働き，企業全体として利益の最大化を図ることが可能になる。

4-2-3. 事業部制の問題点

以上，述べたように事業部制は，一企業内に独立企業間取引（arm's-length）

の原理を持ち込み，各事業の成長力を引き出すとともに，事業の多角化が引き起こす非効率性を極力排除しようとする組織構造である。このような事業部制に対する評価は，表3-1のように整理できるが，ここでは問題点について補足しておこう。

1) 外部不経済の問題

事業部制は，内部取引に市場の価格メカニズムを働かせることにより，企業全体としての事業活動の効率化が実現する。しかし，各事業部の利益最大化行動が企業の利益最大化にならないことがありうる。たとえば，設備投資や研究開発投資を行えば，長期的にみて全社的に大きな収益増加効果またはコスト削減効果をもたらす可能性があるが，事業部単独では償却費等の負担から利益の引き下げ要因になるというケースが考えられる。その結果，戦略的な設備投資や研究開発投資が抑制されたのでは，全社的な成長は期待できない。

したがって，設備投資，研究開発投資，広告費など，全社的な効果をもたらす投資や費用は，各事業部の損益計算に委ねることなく，トップ・マネジメントによる戦略的意思決定が求められる。また，ロジスティックスのような事業インフラについても，全社的な効率性の視点から構築する必要がある。

2) 短期的利益と長期的利益

制度会計において四半期ディスクロージャーが一般化したこととも関連して，事業部業績も四半期単位で評価されるようになった。そのため各事業部は，短期の利益追求に追われて，長期的利益が犠牲になるおそれがある。業績

表3-1　事業部制の長所と問題点

長　所	問題点
① 利益責任が明確になる。 ② 管理会計的統制が容易になる。 ③ 成長事業，成熟事業，衰退事業を把握することが容易になり，戦略的意思決定に寄与する。 ④ 社内に競争原理を持ち込むことができる。	① 事業部間の競争が助長される結果，相互の協調を欠くおそれがある。 ② 管理スタッフの重複により人件費が増大する可能性がある。 ③ 短期的利益目標が偏重される可能性がある。 ④ 全社的な人事異動が困難になる。

評価の短期化と全社的な成長という長期的目標を調和させるためには，全社的な戦略計画を明確にするとともに，長期的目標を全社的に共有化させるトップ・マネジメントの取り組みが不可欠である。

3）社会的責任

短期的な利益を重視すると，事業活動の社会的責任（CSR）のための活動が軽視されがちである。事業部制の利益最大化原則と企業の社会的責任の調和を図るためには，各事業部の業績評価システムにおいて，利益責任の達成度に加え，消費者，地域社会，取引先等に対する社会的貢献や満足度の獲得といった要素も取り入れる必要がある。

4-3. カンパニー制

カンパニー制は，本社機構の下に事業部よりも自律性の高い「社内カンパニー」を配置する組織構造である。カンパニー制という言葉は，ソニーが1994年の組織改編の際に用い，その後，三菱化学，日立製作所，ダイエー，HOYA，東芝など有力企業が相次いで類似の組織形態を導入したことから注目を浴びるようになった（図3-9）。

ただし，カンパニー制における「カンパニー」は法的な意味における会社ではないから，その運用の実態はさまざまである。事業部制を単にカンパニー制と呼び換えただけという企業もあるが，東芝のように従業員の新規採用もカンパニー単位で行う企業もある。

標準的なカンパニー制は，①開発，製造，販売といった専門的職能の大部分を各カンパニー内に取り込むことで，組織としての自己完結性を事業部制以上に高める，②カンパニーのトップをプレジデントなどと称するとともに，事業部長の権限を超える決裁権限を付与する，③カンパニーごとに資産を割り振り，カンパニーの利益の一定割合については，プレジデントに裁量的な再投資を認める，などの特徴を備えている。

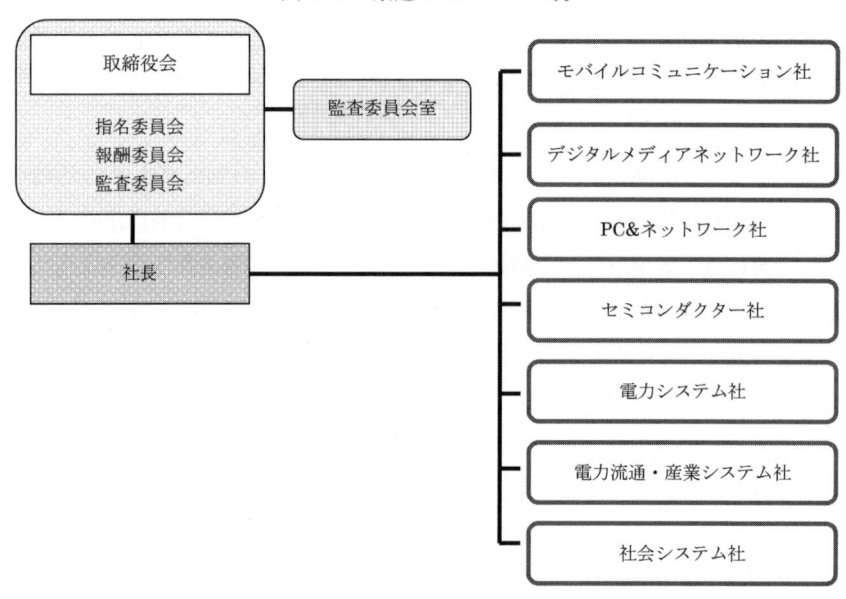

図3-9　東芝のカンパニー制

```
┌─────────────┐
│   取締役会    │         ┌─────────┐       ┌──────────────────────┐
│             │─────────│監査委員会室│       │モバイルコミュニケーション社│
│  指名委員会   │         └─────────┘       └──────────────────────┘
│  報酬委員会   │                            ┌──────────────────────┐
│  監査委員会   │                            │デジタルメディアネットワーク社│
└─────────────┘                            └──────────────────────┘
       │                                    ┌──────────────────────┐
┌─────────────┐                            │  PC&ネットワーク社      │
│    社長     │────────────────────────────└──────────────────────┘
└─────────────┘                            ┌──────────────────────┐
                                            │   セミコンダクター社     │
                                            └──────────────────────┘
                                            ┌──────────────────────┐
                                            │   電力システム社        │
                                            └──────────────────────┘
                                            ┌──────────────────────┐
                                            │ 電力流通・産業システム社  │
                                            └──────────────────────┘
                                            ┌──────────────────────┐
                                            │   社会システム社        │
                                            └──────────────────────┘
```

出所）東芝ホームページより作成。

　カンパニー制の長所としては，①組織の自己完結性をより高めることで，環境適応力と意志決定の機動性を強化できる，②責任・権限の拡大，経営責任の一層の明確化により，カンパニーのトップの経営者マインドを高めることができる，といった点をあげることができる。

　しかし，カンパニー制を徹底すると，本来全社的に共有したほうが望ましい経営資源が分散し，全社最適に向けた動きがとりづらくなるという二律背反に陥るおそれがある。

　カンパニー制の先駆者であるソニーは，導入以来，カンパニーの組み替えや再編を繰り返したが，2005年にはカンパニー制を廃止し，事業部制に復帰することになった。全社最適と各事業単位の自律性の尊重という2つの命題の調和が，予想以上に難しいことを物語るものである。

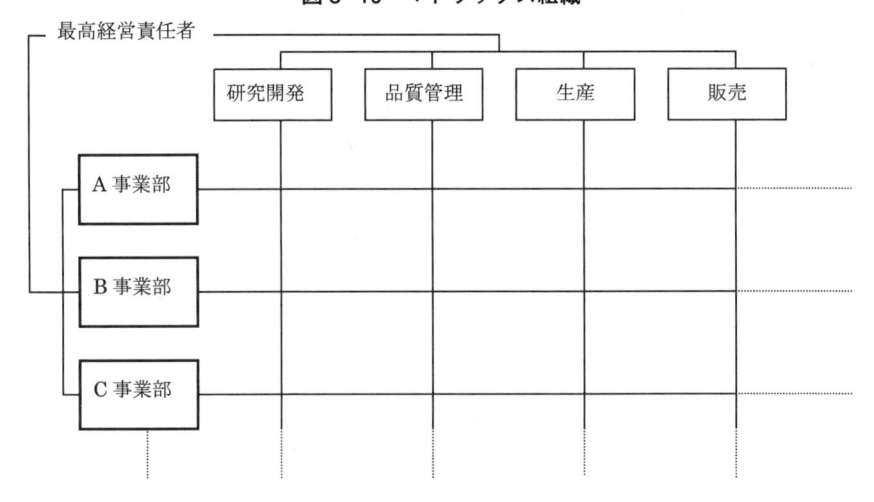

4-4. マトリックス組織

マトリックス組織は，職能別組織と事業部制組織の長所の折衷を目指す組織構造であり，職能別と製品または市場別の二重の指揮命令系統が存在する点に特徴がある（図3-10）。二重の指揮命令系統に支えられた組織であることから，ツー・ボス・システム（two-boss system）とも呼ばれている。

マトリックス組織は，①複数の命令系統を持つことにより，職能および製品または地域に関する活動の双方に関する調整を同時に行うことができる，②職能と製品あるいは地域の双方について専門的知識を蓄積することができる，などの利点がある。他方で，マトリックス組織は命令系統の二重性から，指揮命令系統に混乱性が生じ，そのため意思決定の迅速性を損なうという欠点が指摘されている。

マトリックス組織は，1960年代において，アメリカの航空宇宙産業において採用され，他の産業の大企業においても導入されるようになった。しかし，

図3-10　マトリックス組織

1980年代には，指揮命令系統の二重性というマトリックス組織の本質にかかわる管理上の問題を克服することができず，マトリックス組織を解体する企業が相次ぐようになった。その後，スイスのアセア・ブラウン・ボベリ（ABB）が1990年代にマトリックス組織を採用して成功を収めたこと，また経営のグローバリゼーションが新たな局面を迎え，革新的な組織構造が求められているという問題意識から，マトリックス組織が再び注目を浴びた。

しかし，ABBも1998年には製品別のグローバル戦略と経営資源の蓄積を重視する立場から，マトリックス組織を解消し，製品別事業部制へ移行した。

今日では，組織の基本原則としての命令一元制原則と矛盾する組織構造を効率的に運用できる可能性については，理論的にも実務的にも消極論が多い。職能および製品または地域との連携や調整は後述の地域本社やシェアードサービスセンターなどの設立によって達成しようとする動きがむしろ活発化している。

4-5. 持株会社

持株会社は，複数の企業を支配と従属の関係で結ぶ企業集団の仕組みである。したがって，一企業内の組織構造に着目する組織論のテーマとして取り上げられることはないが，各事業の独立性の保持やパフォーマンス測定という目標に照らすと，事業部制の延長線上にある組織構造とみなすことができる。持株会社には，事業を行わず，もっぱら株式所有による会社支配とグループ企業の戦略的経営を目的として設立される純粋持株会社と自らも一定の事業を行う事業持株会社に大別できるが，日本では1997年の独占禁止法の改正により，どちらの持株会社も設立可能になった。独占禁止法の改正後，事業部制を解体して，持株会社を設立する企業が相次いだのも，事業部制組織と持株会社による事業支配には，高い代替性が認められるからである。

日本の独占禁止法は，持株会社を「会社の総資産に対する子会社の株式の取

得価額の合計が50％を超える会社」と定義している（9条3項）。ここで子会社とは，持株会社により直接または間接にその議決権の過半数を支配されている会社である（図3-11）。

現在，日本における持株会社の設立例は，金融業，小売業，外食業など，非製造業に属する企業が多い。

持株会社の利点としては，以下の点をあげることができる。
1）事業それぞれの独自性と独立性を尊重することができる。
2）子会社ごとに，事業に応じた採用制度，賃金制度，教育プログラムなどの人的資源管理政策を設計しやすい。
3）買収した企業を持株会社傘下の子会社とすることで，その組織文化を尊重し，組織内に軋轢が生まれることを回避できる。
4）成長性のある子会社の株式を公開し，独自の資金調達力と社会的訴求力を獲得することができる。
5）不採算な子会社をスピン・オフ（売却）し，事業から撤退することが容易になる。

ただし，日本の証券取引所の内規は，非上場会社の子会社は上場を認めていないため，4）の利点を活用するためには，持株会社が上場会社であることが条件になる。

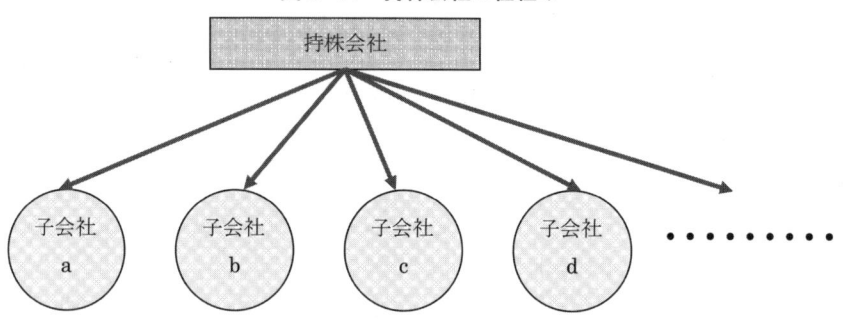

図3-11　持株会社の仕組み

他方,持株会社の問題点としては,以下の点をあげることができる。
1) 子会社間の連携を維持し,シナジー効果を享受することが難しい。
2) 多くの子会社を抱えると,外部の投資家にとってはその将来性を的確に判断することが難しくなるため,持株会社の株価そのものが市場で過小評価される可能性がある。このような過小評価のリスクをコングロマリット・ディスカウントという。
3) M&Aやスピンオフが容易になる半面,安易なM&Aや事業ポートフォリオの入れ替えを誘発する可能性がある。

なお,組織論とは別の視点になるが,持株会社の受取配当金について,連結納税制度を選択すると,大きな節税メリットが生まれる。個別申告の場合,受取配当金の益金不算入額は,負債利子控除後の金額である。しかし,連結納税制度を選択すると,100％子会社からの受取配当金は負債利子の控除は不要であり,全額が益金不算入になるので,大きな節税効果が生まれる可能性がある。

5. グローバリゼーションと組織構造

5-1. 成長戦略と組織構造

言うまでもなく,組織構造の選択は,企業の成長戦略とともに変化する。さらに,企業の成長戦略とは,企業を取り巻く環境の変化に適応するための戦略であるから,企業の組織構造も環境適応的に変化し,進化することが求められる。

環境適応のための組織構造の進化については,いくつかのモデルが提示されているが,ここではグローバリゼーションという視点を重視したジョン・ストップフォードのモデルを説明しよう。

ストップフォードのモデルは,アメリカの多国籍企業の成長戦略と組織進化

から導かれたものである。その概要は，図3-12の通りであるが，このモデルには「製品の多角化の程度」と「海外売上高の比率」の2つの変数が登場する。

ストップフォードによれば，この2つの変数がともに10％以下のケースでは，国内事業部に加え，新たに国際事業部が設置される。しかしながら，海外売上高の比率と製品の多角化が上昇するにつれ，国内事業部と国際事業部という単純な組織構造は解体される。国際事業部の解体後は，海外売上高比率に比べ，製品の多角化が先行する高い企業では世界的製品別事業部制が採用され，製品の多角化の程度は低いが，海外売上高の比率が高い企業では地域別事業部制が採用される。ここで，地域別事業部とは，北米事業部，アジア事業部のように，特定地域における事業全体を利益責任単位とする事業部である。

しかし，さらにグローバル化が進展し，製品の多角化の程度と海外売上高比率の双方がある一定水準を超えると，新たな組織構造が必要になる。この段階

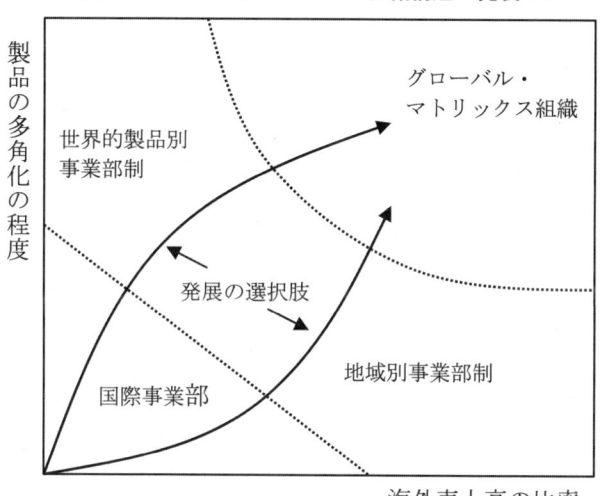

図3-12　ストップフォードによる組織構造の発展モデル

出所）Stopford, J. and L. Wells（1972）*Managing the Multinational Enterprises*. New York : Basic Books. より作成。

の新たな組織構造がグローバル・マトリックス組織である。

「製品の多角化」と「海外売上高比率」を変数とするストップフォードの組織論は，組織の環境適応モデルとして一定の説得力がある，しかし，何よりも事業のグローバル化の最終段階では，特定の構造に収斂すると想定する点は，現実的妥当性が疑わしい。マトリックス組織そのものが，必ず成功していない点はすでに述べた通りである。

5-2. I-R 分析

経営のグローバル化の結果，グローバル・マトリックス組織に収斂するというストップフォードの見解に対して，バーレットとゴシャールは事業の多様性を重視した組織論を展開している。

バーレットとゴシャールは，多国籍化（地域），多角化（事業），多様化（製品），多機能化（職能）といった複合的な要求に応えなければならないグローバル企業が，製品の多角化の程度や海外売上高の比率という単純な尺度によって，特定の組織構造に収斂するとは考えられないと指摘している。

バーレットらは，グローバル企業はグローバル統合（global integration）とローカル適合（regional adaptation）という2つの基本的な条件を満たすように組織構造が形成される点を重視する。この2つの条件を軸とした組織分析がI-R分析である。

バーレットらは，このI-R分析を日米欧の多国籍企業に適用し，グローバル企業の組織を，「マルチナショナル戦略」，「インターナショナル型組織」，「グローバル型組織」，「トランスナショナル型組織」に分類している（図3-13，表3-2）。

マルチナショナル型組織とは，事業遂行上の権限，能力，情報をグローバルに分散し，企業組織全体としては自律型組織の連合体という形をとる組織である。人の移動手段や通信手段が制限されていた20世紀前半までの多国籍企業

図3-13 I-R上の組織類系

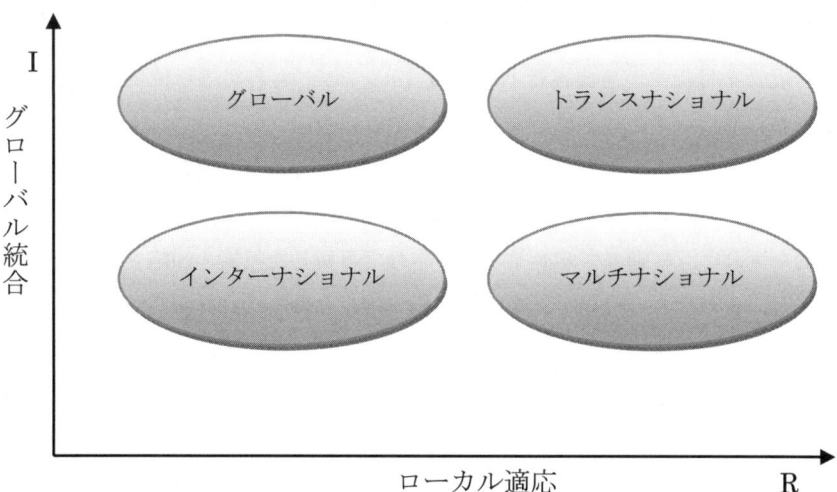

（縦軸）I　グローバル統合
（横軸）ローカル適応　R

- 左上：グローバル
- 右上：トランスナショナル
- 左下：インターナショナル
- 右下：マルチナショナル

出所）Barlett, C. and S. Ghoshal（1989）*Managing Across Borders: The Transnational Solution.* Harvard Business School Press, Boston, MA. より作成。

表3-2　バーレット，ゴシャールのよる組織構造の基本型

	能力と組織原理	海外事業の役割	知識の創造と普及
マルチナショナル型	・分散型 ・海外子会社には自律性が認められている。	・現地のビジネスチャンスを感知し，活用する。	・各組織単位内で知識を創造し，蓄積する。
インターナショナル型	・能力の中核部分は，中央に集中させ，その他の能力は分散する。	・親会社の能力を地域的に適応させ，活用する。	・中央で知識を創造し，海外の組織単位に移転する。
グローバル型	・中央集権的組織原理	・親会社の戦略を忠実に実行する。	・中央で知識を創造し，蓄積する。
トランスナショナル型	・分散，相互依存，専門化を重視する組織原理	・海外の組織単位ごとに役割を分担し，グローバルに統合された経営を実現する。	・共同で知識を開発し，グローバルに共有・活用する。

*）Barlett, C. and S. Ghoshal（1989）*Managing Across Borders: The Transnational Solution.* Harvard Business School Press, Boston, MA./Barlett, C. A. and S. Ghoshal（1992）*Transnational Management: Text, Cases, and Readings in Cross-border Management,* Irwin より作成。

の多くは，マルチナショナル型組織であった。マルチナショナル型組織では，海外子会社はそれぞれが現地市場におけるビジネス・チャンスを感知し，活用して成長を目指す。事業遂行上の知識（ナレッジ）も各組織単位内で開発・蓄積され，他地域の組織単位と共有されることはない。

　インターナショナル型組織は，本社を中心とする調整型連合体ともいうべき組織構造である。グローバリゼーションが先進国から途上国・地域へという一方的な流れとして進展する企業では，本社で蓄積した技術・知識を海外市場に移転し，それぞれの市場を効率的に開拓するための組織設計が必要になる。インターナショナル組織では，製品開発のみならず，経営管理やマーケティングのノウハウなども親会社に依存するため，親会社の戦略的役割はマルチナショナル型組織に比べはるかに大きくなる。

　今日でも，IT関連企業や医薬品メーカーでは，製品の現地適用より，本社の製品開発能力がグローバル市場における競争優位の決め手になるため，インターナショナル型組織をとる企業が少なくない。

　グローバル型組織は，インターナショナル型組織よりも，さらに中央集権的な組織である。現地適応ではなく，規格化された製品やサービスのグローバル市場への浸透戦略を採用する。すなわち，グローバル型組織では，グローバル市場を単一の市場とみなし，そうした市場において事業の効率性を最大化するため，親会社のグローバル戦略を遂行するため海外組織に対して厳格なコントロールを行う。

　トランスナショナル型組織は，①各組織に分散され，専門化した資源と学習能力が重視される，②相互に関連づけられた組織間での部品，製品，資源，人材，情報がグローバルにやり取りされる，③意思決定を共有しあう環境で調整と協力が求められる複雑なプロセスである，といった特徴をもつ組織である（図3-14）。

　トランスナショナル型組織は，バーレット，ゴシャールの実証研究から導かれた組織構造ではなく，上記の3つの組織構造を超える理念的な組織構造とし

企業と組織 | 第3章

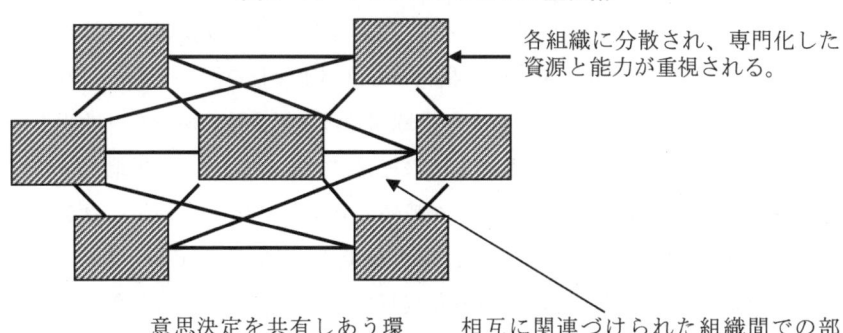

図3-14　トランスナショナル型組織

各組織に分散され、専門化した資源と能力が重視される。

意思決定を共有しあう環境で調整と協力が求められる複雑なプロセス。

相互に関連づけられた組織間での部品、製品、資源、人材、情報がグローバルにやり取りされる。

て提示されたものである。「専門化」と「調整」をキーワードにする組織であるが，このタイプの組織は伝統的な組織構造の延長線上で形成されるのではなく，戦略的提携，アウトソーシング，ライセンシングなどを駆使した事業活動のグローバル・ネットワーキングとして形成されると考えるのがより現実的である。

6. 地域適応と効率化のための組織作り

6-1. 地域統括会社

　バーレットやゴシャールの組織論からも明らかな通り，グローバル企業の組織問題は，グローバル統合とリージョナル適応という2つの戦略的課題にどのように取り組むかである。この戦略的要請に応える現実的なアプローチのひとつは，地域総括会社の設立である。地域統括会社は，製品，マーケティング，財務などの活動において地域適応のために高度の自律性を認められた本社機能を遂行する。

77

地域統括会社は，アメリカの巨大企業のグローバル戦略の一翼を担うものとして設立したのが始まりである。とくに1960年代以降，成長著しい欧州市場への進出を目指すアメリカ企業は，相次いで欧州子会社を設立した。こうした子会社を統括するために設立されたのが欧州地域統括会社であった。欧州地域統括会社の責任と権限は，① 欧州全域の経営に対する責任，② 現地人材の育成，③ 地域に適応するマーケティング戦略の立案と実行，④ 効率的ロジスティックスの設計，⑤ 長期的視野に立つ欧州戦略の立案，などであった。

　日本企業の地域統括会社は，1990年代以降本格化した。日本企業のグローバル拠点づくりが一定段階に達したこと，1993年におけるマーストリヒト条約の発効などにより欧州統合の動きが急進展したこと，さらにはアジア新興国の経済成長により，アジアにおける拠点づくりが活発化したことが背景にある。

　現実の地域統括会社は，現地の事業会社に対するサポート機能を中心とするものから，人事や財務に関して本社機能を有するものまで多種多様であるが，もっとも典型的な地域統括会社は持株会社の形態をとる。持株会社の設立によって，企業のグローバル戦略と地域適応戦略の同時追求が容易になるからである（図3-15）。

　持株会社形態による地域統括会社には，以下のような利点がある。

1) 経営戦略上のメリット

① 戦略と事業の分離

　戦略的な視点からヒト，モノ，カネという経営資源の調達と運用を立案し，実行することができる。

② 経営責任の明確化

　持株会社が支配する現地子会社は，それぞれが独立した利益責任単位として行動するため，その業績管理や責任の所在が明確になる。また，各子会社の事業リスクが他の事業会社へ波及することを防ぎ，リスクを子会社単位で遮断することが可能になる。

③ 組織再編の容易化

企業と組織 | 第3章

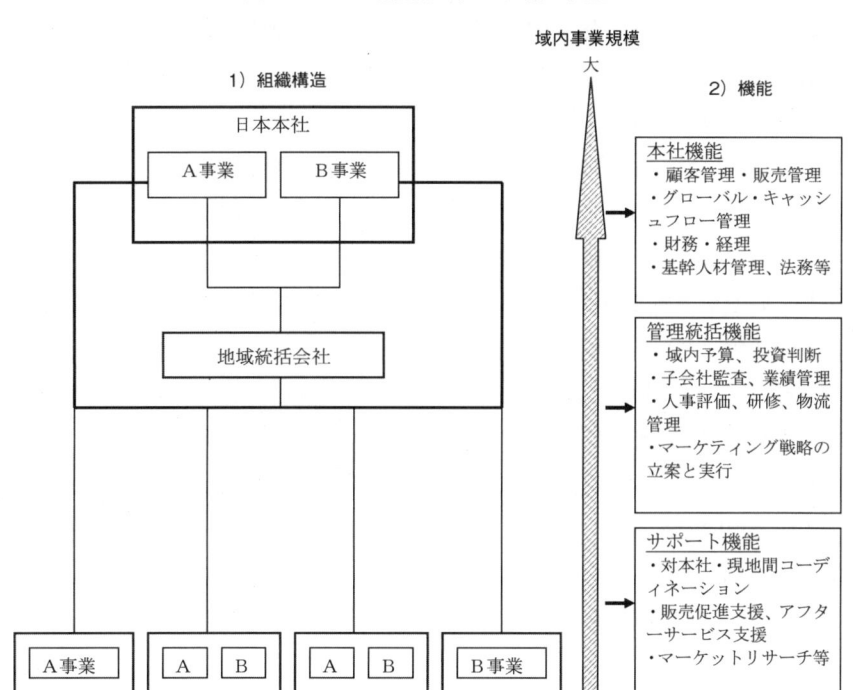

図3-15 地域統括会社の組織と機能

1）組織構造

```
        日本本社
    ┌─────────┐
    │ A事業 │ B事業 │
    └─────────┘
         │
    地域統括会社
    ┌──┬──┬──┬──┐
   A事業  A  B   A  B  B事業
   生産会社 販売会社 販売会社 生産会社
```

域内事業規模 大 ← → 小

2）機能

本社機能
・顧客管理・販売管理
・グローバル・キャッシュフロー管理
・財務・経理
・基幹人材管理、法務等

管理統括機能
・域内予算、投資判断
・子会社監査、業績管理
・人事評価、研修、物流管理
・マーケティング戦略の立案と実行

サポート機能
・対本社・現地間コーディネーション
・販売促進支援、アフターサービス支援
・マーケットリサーチ等

出所）三和総合研究所国際本部企業戦略室編（2000）『グローバル・ビジネス重点戦略ノート』ダイヤモンド社 p.97 より作成。

M&Aや事業譲渡等による大規模な組織再編には、法的手続、人的融合、あるいは関係者のコンセンサス獲得が障害になるが、持株会社形態をとることにより、子会社単位での合併または売却による撤退など、組織再編を機動的に行うことができる。

2）税務・資金調達上のメリット

海外に持株会社としての地域統括会社を設ける場合、経営戦略的なメリットに加え、子会社の損益通算により、税務上のメリットを享受できることがあ

る。

　しかしながら，持株会社形態をとる場合を含め，地域統括会社の設立がつねに最善の選択にはならないことにも留意しなければならない。とくに留意すべきは，以下の点である。
1) 地域統括会社は，コストセンターであるため，地域統括会社設立のメリットが設立による追加コストを上回ることを事前に検証する必要がある。
　一般的には，ある地域における事業規模が国内事業規模に匹敵する程度に成長しているか，あるいは近い将来において成長することが見込まれることが，地域統括会社の設立を正当化する条件になる。
2) 一定数以上の地域拠点を展開していることに加え，それぞれの拠点が同規模の事業を抱える拠点に成長していること。地域拠点の規模に大きな格差が残されている場合には，規模の大きな拠点に地域統括会社としての役割を担わせるのが合理的である。
3) 本社，地域統括会社，さらには各地域拠点間で明確なルールが事前に定められていないと，指揮命令系統が混乱し，かえって意思決定の機動性を損なうおそれがある。
　3) について補足すると，企業グループ全体としての情報システムや各組織単位の権限規程などの整備が求められる。さらに，地域統括会社が有名無実化することを回避するには，長期的視野に立った権限移譲の基本方針とルール作りが不可欠であるが，そのためには将来の事業戦略そのものが明確に策定され，各組織単位に共有されていなければならない。

6-2. シェアードサービスセンター (Shared Service Center)

6-2-1. シェアードサービスセンターの役割

　地域内グループ企業の戦略的機能の一元化を目的とする地域統括会社の設置とともに，グループ企業に共通するサービス部門業務の集中と効率化を目的と

するシェアードサービスセンター（SSC）の設置が活発化している。

SSCの活用も，アメリカの多国籍企業が先行していたが，1990年代末から日本企業の取り組みが活発化している。各子会社はコアビジネス，本社は戦略の策定と実行にそれぞれ専念する構想の下に，補助職能に属するサービス業務を一括処理する機能を担うのがSSCである。

SSCは，従来のサービス部門はコストセンターといった発想を超え，グループ企業を顧客とし，専門性の高い良質のサービスを低コストで提供することを目標にしている（図3-16）。

この目的を達成するためには，SSCのオペレーションにも競争原理を適用することが望ましい。したがって，SSCは独立採算制を採用し，グループ企業に対して提供するサービスの対価を徴収するのが本来のあり方である。独立

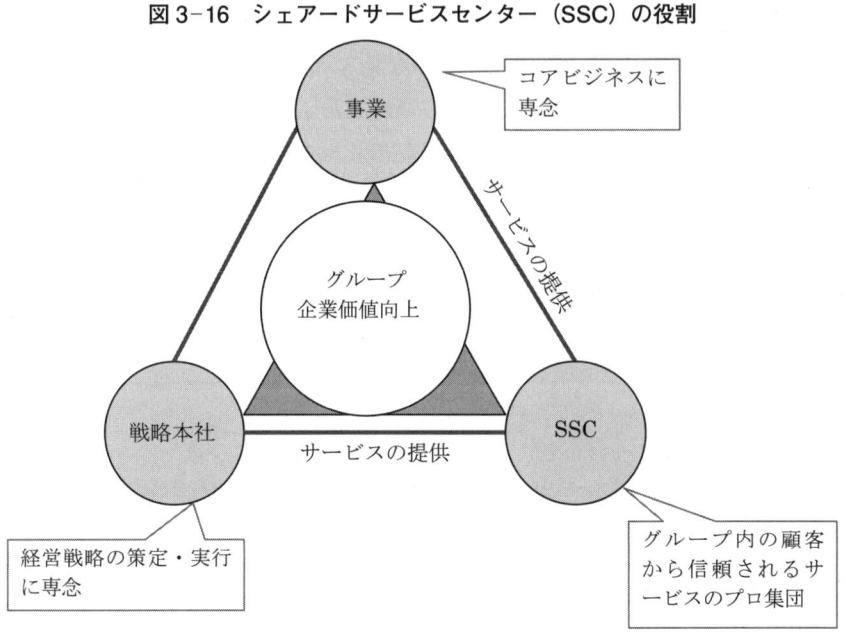

図3-16　シェアードサービスセンター（SSC）の役割

- 事業：コアビジネスに専念
- 戦略本社：経営戦略の策定・実行に専念
- SSC：グループ内の顧客から信頼されるサービスのプロ集団
- グループ企業価値向上
- サービスの提供

出所）オムロン株式会社資料より作成。

採算制を採用することは，サービス業務のコスト・パフォーマンスの向上に寄与するばかりでなく，この業務に従事する従業員のモチベーションを高め，専門家集団として育て上げることが期待されている。

近年は，SSCの設計と立ち上げのためのコンサルティング業務も注目を浴びるようになった。

6-2-2. シェアードサービスセンターによる集約化の対象となる業務

SSCの対象業務は，①業務量と規則性（定型・非定型）および業務遂行に必要な知識・専門性の観点から集約の必然性がある業務，②域内におけるグループ事業戦略上の要請から集約化が求められる業務，である（表3-3）。すなわち，各国の現地法人の独立性を以前と同じ水準に保つのであれば，バックオフィス的なサポートと一部のファイナンスサービスで十分である。他方，統括会社が地域本社化する場合には，グループ企業に共通するバックオフィス業務やファイナンスサービスの一元化が大きなコスト節約効果をもたらす可能性がある。

日本企業の現状では，SSC業務を分離せず，統括会社の一機能として集中

表3-3　SSCが提供する業務

財務的サービス (financial service)	1. 経営企画サポート 2. 財務管理代行業務 3. 経理業代行
インボイス発行，回収等の業務サービス (customer service)	1. 営業管理業務代行 2. 物流事務サポート 3. 顧客対応業務サービス 4. 原材料調達・集中購買業務代行 5. マーケティング支援
総務，人事，法務等の業務サービス (back office service)	1. 法務サービス 2. 情報システムのインフラ整備 3. 総務・人事労務管理 4. 人材教育・研修

するケースが多い。こうした組織設計は，SSC のあり方としては不完全であるが，統括会社への機能集中が図られ，域内組織体制がシンプルになるメリットはある。他方，アメリカ企業の場合，統括会社とは別に SSC を設立するケースが多く，しかも SSC そのものがビジネスとしても成功しているケースが多い。

アメリカ企業の状況を地域別にみると，アジアにおける SSC の設置は各国の法的規制の壁や人材の自由移動度の問題があり，機能の充実は進んでいない。しかし，欧州ではコンパック，ヒューレット・パッカード，ロックウェル，サン・マイクロシステムズなどのケースのように，本国と同様の機能をもつ SSC が少なくない。

SSC のメリットを十分に生かすためには，グループ企業の域内事業が一定規模以上に成長していることが前提になるが，さらに SSC 設置が大規模な組織再編を伴う場合に発生する資産のキャピタルゲイン課税，グループ企業内の取引と資金の流れの変更による移転価格税制など，税負担への影響を考慮しなければならない。

注

1) Peters, T. J., and R. H. Waterman, Jr.（1982）*In Search of Excellence*, Harper & Row.
2) A. D. Chandler（1962）*Strategy and Structure*, MIT Press
3) Tom Burns and George M. Stalker（1966）*Management of Innovation*（New edition）, New York: Tavistock Publications
4) ローレンス，P.R.，ローシュ，J. J.（高宮晋訳）『組織の条件適応理論』（産業能率大学出版部，1967 年）

第4章 企業と戦略

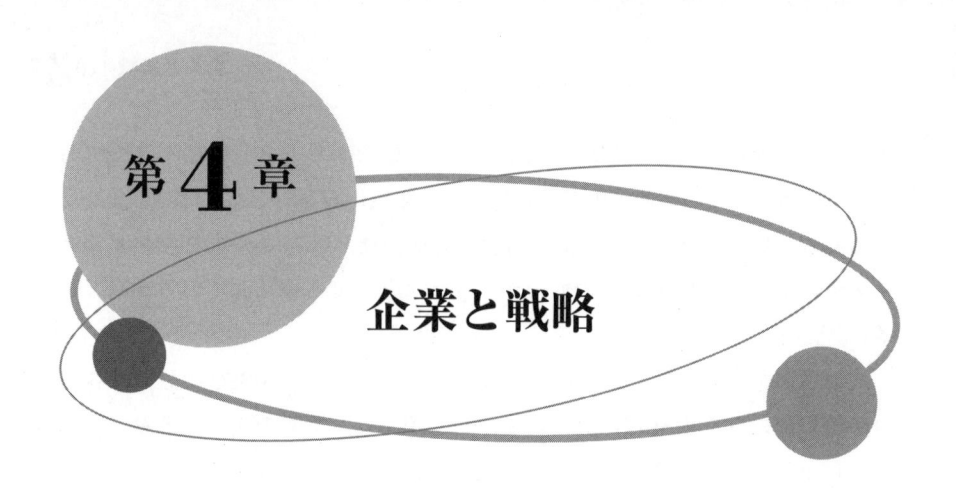

1. 経営戦略の定義と経営戦略論

1-1. 経営戦略の定義

　戦略（strategy）という言葉は,「将軍の軍団指揮」を意味するギリシア語のstrategosに由来している。経営学における戦略は, 持続的成長とそのための競争優位の確立に関する経営者の基本方針であり, 競争すべき事業領域（ドメイン）と動員すべき資源の選択, 参入や撤退の方式とタイミングの決定などの構想を含むものであり, 軍事用語としての戦略に相通ずるものがある。

　経営戦略をより具体的に定義すれば, 成長段階に応じた組織設計とその運用, 最適な事業ポートフォリオの構築, 事業上の競争優位を確立するための経営資源の獲得・蓄積・配分, などにかかわる経営の基本的な意思決定である, ということができるであろう。

　こうした基本的意思決定は, 組織の日常業務にかかわる意思決定とは本質的に異なるものである。日常業務にかかわる意思決定は, 戦略に対して戦術（tactics）という。換言すると, 経営戦略の本質は, 持続的成長を実現するための「重要な選択または変更を意図する決定」である。重要な選択や変更を含まない既存業務の改善や効率化の追求は, 経営戦略に従属する下位の意思決定で

ある。

　経営学の分野において，戦略という語を明示的に使用したのは，経営史家として名高いアルフレッド・チャンドラーである。チャンドラーは，戦略を「企業における長期的目標の決定と，その目標達成に必要な選択および資源配分」と定義した[注1]。また，ケネス・アンドリュースは，「戦略とは，意思決定のパターンである。それはまた，遂行すべき事業の範囲を定義し，経済的および人的組織のあり方を特定し，株主，従業員，顧客および地域社会への経済的・非経済的貢献の本質を決定する」と定義している[注2]。

　いずれの定義も，戦略は長期的な成果の達成を目的に，重要な経営資源の調達・配分・処分をともなうものであり，したがって企業の競争優位や成長力を左右する意思決定であることを示唆している。

　経営戦略の意義は，アンドリュースの経営戦略の策定プロセスを参照すると，わかりやすい（図4-1）。ここでは，自社が直面する競争上の「環境分析」，競争優位を確立するために利用可能な自社の「経営資源分析」から，目標とその達成のため複数の戦略代替案が導かれている。それら戦略代替案の評価と採否の決定が戦略意思決定である。

　図4-1には，さらに「経営者の価値観」と「社会的責任」という視点が示

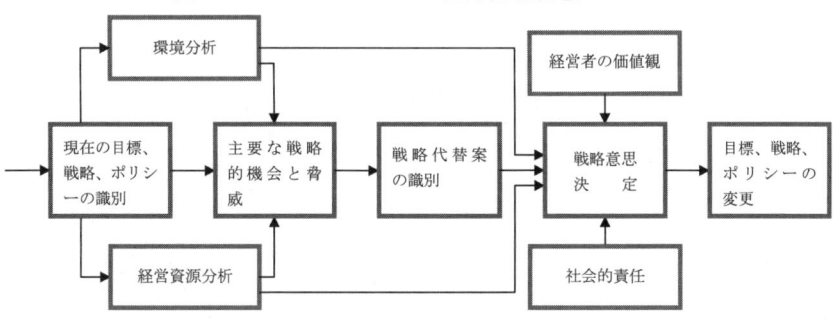

図4-1　アンドリュースの経営戦略策定プロセス

出所）Andrews（1971）より作成。

されていることに注意しよう。仮に，環境分析や経営資源分析からは同じ戦略代替案が導かれたとしても，経営者により異なる戦略意思決定を下す可能性があるのは，代替案の評価と採否の決定には経営者自身の価値観が強く影響するからである。ここで経営者の価値観とは，経営者の使命感，多様なステークホルダーへの配慮とその優先順位付け，リスクに対する態度などが含まれる。経営者の価値観は，ひとつの文化として組織に埋め込まれている。したがって，組織文化（corporate culture）が戦略意思決定にも影響を与えると言い換えることもできる。企業の社会的責任は，顧客や地域住民などのステークホルダーへの配慮を重視する経営者の価値観や組織文化によって果たされるものである。

1-2. 経営戦略論の分類

経営戦略という言葉を使うまでもなく，企業の誕生以来，経営者は利益の最大化ないしは事業的成功のための明確な方針を打ち出していた。スタンダード・オイルのトラストやM&Aによる市場支配を目的とした事業の水平的および垂直的統合，カーネギースチールによる大規模生産によるコスト優位の確立，デュポンの独自の研究開発による市場創造，などはその例である。しかしながら，個別の成功例や失敗例の集積から，一般法則を導くことはできない。同様の成功や失敗が別の状況でも起こるとは限らないからである。

そこで，より広い妥当性を主張できる戦略の論理を求めて，経営学としての戦略論が研究されるようになった。研究対象としての戦略論は，科学性とともに経営の実践において有効性を検証できる具体性を備えていなければならない。1980年に発表されたマイケル・ポーターの競争戦略論[注3]が経営戦略論研究の画期と考えられているのは，それが産業組織論をベースにした科学性を備えるとともに，戦略策定に利用可能な具体性を備えていたからである。

ポーターによる競争戦略論の発表以降，それを補う形で，あるいはまったく別の視点からさまざまな戦略論が発表されるようになった。ヘンリー・ミンツ

バーグは，経営戦略論の文献を渉猟し，分析した結果を踏まえ，戦略論が共有するキーワードを「5つのP」として提示している。「5つのP」は，それぞれ計画（Plan），パターン（Pattern），ポジショニング（Positioning），パースペクティブ（Perspective），策略（Ploy）である。

ミンツバーグによれば，計画（Plan）は将来にむけてどのような行動をとるべきかを示す方針であり，パターン（Pattern）は，企業の過去の行動に連続性が観察できることをいう。ポジショニング（Positioning）は，ある事業領域に自社を位置付け，競争優位を確立するための戦略である。差別化戦略，集中戦略，コストリーダーシップ戦略は，ポジショニング戦略の代表例である。パースペクティブ（Perspective）は，企業の基本理念である。ソフトバンクの「デジタル情報革命を通じて，人々が知恵と知識を共有することを推進する」は，パースペクティブの好例である。策略（Ploy）は，競争相手の裏をかくための計略である。

以上の「5つのP」のうち，ミンツバーグは，とくに計画（Plan）に関連して，戦略には計画的戦略と創発的戦略の2つがありうることに注目している。計画的戦略は，明確な目標の達成を意図する戦略であるが，創発的戦略は明確に意図されたものではないが，ひとつひとつの行動が組織内に集積され，学習を繰り返すことによって，一定の成果をもたらす。計画的戦略は，経営者のリーダーシップによって決定され，創発的戦略は現場のミドル・マネジメントや従業員の協働によって作られる，ということもできる。

戦略には，計画的戦略と創発的戦略の2つの戦略がありうることから，ある目標が達成されるかどうかは，必ずしも事前の計画の科学性や精密性には依存しない（図4-2）。創発的戦略では，現場の人々にある程度の行動や意思決定の自由を与え，ボトムアップ的に成長ポテンシャルを引き出すことが望ましい。

ミンツバーグは，「5つのP」のキーワードを軸に，その重点の置き方によって経営戦略論を表4-1の10のスクールに分類できるとしている。しかし，

図4-2 計画的戦略と創発的戦略

意図された戦略は実現したか？

	Yes	No
実現した戦略は成功したか？ Yes	計画的成功 （合理性の勝利）	創発的成功 （学習の勝利）
実現した戦略は成功したか？ No	計画の失敗 （一見効率的であるが効果なし）	すべてが失敗 （再度挑戦）

出所）ヘンリー・ミンツバーグ(齊藤嘉則監訳)『戦略サファリ』東洋経済新報社，1999年p.63に加筆。

　現実の企業の経営戦略は，より柔軟であり，特定のスクールを拠りどころに立案・実行されることはない。さらに，10のスクールは，相互に排除的なものではなく，強調点の違いを浮き彫りにするものである。例えば，デザイン・スクールやアントレプレナー・スクールは，程度の差こそあれすべての戦略思考の出発点である。また，エンバイロンメント・スクールやコンフィギュレーション・スクールは，プラニング・スクールやポジショニング・スクールの核心となる戦略思考である。

　さらに，ラーニング・スクール，コグニティブ・スクール，カルチャー・スクールは，経営資源重視の戦略論（リソース・ベースト・ビュー）や知識経営論として論じられることが多い。そこで，以下では，実務的にも支持されている戦略論を，プラニング・スクール，ポジショニング・スクール，リソース・ベースト・ビューに大別し，その有効性と限界を述べることにしたい。

表 4-1 ミンツバーグによる経営戦略論の 10 分類

デザイン・スクール（design school）	コンセプト構想プロセスとしての戦略形成
プラニング・スクール（planning school）	計画策定プロセスとしての戦略形成
ポジショニング・スクール（positioning school）	分析プロセスとしての戦略形成
アントレプレナー・スクール（entrepreneur school）	ビジョン創造プロセスとしての戦略形成
コグニティブ・スクール（cognitive school）	認知プロセスとしての戦略形成
ラーニング・スクール（learning school）	創発的学習プロセスとしての戦略形成
パワー・スクール（power school）	交渉プロセスとしての戦略形成
カルチャー・スクール（culture school）	集合的プロセスとしての戦略形成
エンバイロンメント・スクール（environment school）	環境への反応プロセスとしての戦略形成
コンフィギュレーション・スクール（configuration school）	変革プロセスとしての戦略形成

出所）Henry Mintzberg（1998）*Strategy Safari*, Free Press（邦訳『戦略サファリ』東洋経済新報社，1999年）より作成。

2. プラニング・スクール

2-1. 戦略計画モデル

　プラニング・アプローチは，全社的な目標達成のための経営資源の調達と運用の方針を示す計画ないしはシナリオ作りを経営戦略の課題ととらえるアプローチである。戦略の表明としての計画は，組織構成員の活動を目標に向けて誘導するための明確性と具体性を備えるとともに，経営者の価値観や自社の存在理由を直截に反映するものでなければならない。

　プラニングとしての経営戦略をもっとも理解しやすい形でまとめたものとして，戦略計画の立案プロセスを「前提条件」，「計画作成」，「実行とレビュー」の3段階で構成するジョージ・スタイナーの戦略計画モデルがある（図4-3）。

「前提条件」としては，自社の存在理由，経営者の価値観に加え，自社分析のフレームワークが示されている。また，「計画作成」は，作成すべき計画として戦略計画，中期計画，短期計画をあげ，それぞれの計画が含むべき項目を明示している。さらに，各計画はレビューと評価を通して，新たな計画形成のためのフィードバックが行われることを示している。このモデルのように，環境分析を含む前提条件からスタートし，戦略計画→中期計画→短期計画，と順次下位のレベルの計画に落とし込む計画形成手法をトップダウン型手法という。

スタイナーのモデルは，他の戦略論に比べ技巧的，形式的という難点があるが，現実の戦略立案過程に活用できる実用性を備えており，その有効性は今日でも失われていない。

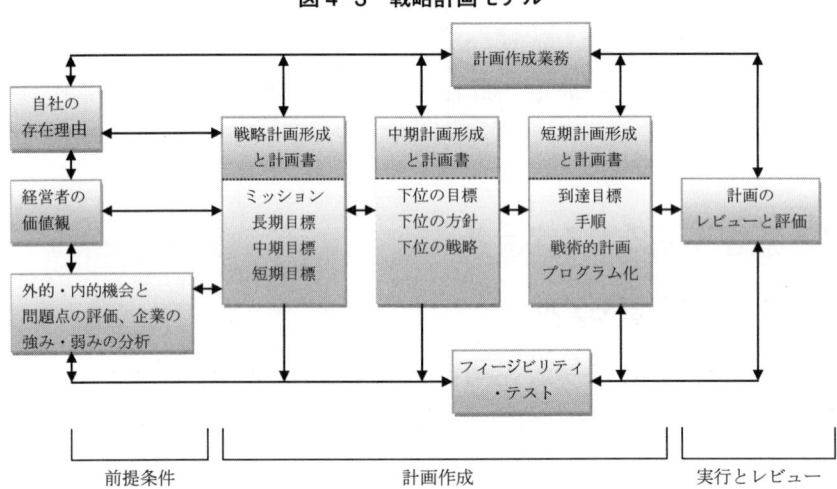

図 4-3 戦略計画モデル

出所）Steiner, G. A. *Top Management Planning*, New York Macmillan, 1969 より作成。

2-2. SWOT 分析

スタイナーの戦略計画モデルが前提条件とする「外的・内的機会と問題点の

評価，企業の強み・弱みの分析」については，SWOT分析が戦略立案における基本ツールになっている。SWOT分析は，アルバート・ハンフリーが1960年代から70年代にかけてのスタンフォード大学の研究プロジェクトにおいて，企業分析の基本ツールとして提唱したものである。

　SWOT分析は，戦略計画作成の前提となる自社分析と経営環境分析の双方を含むものであり，戦略計画策定の前提としてのみならず，アナリストによる企業分析に利用されることの多い分析ツールである。

　SWOT分析は，企業の成長力を左右する要因を「企業の内部要因」と「企業の外部要因」に分け，それぞれの要因について「プラス要因」と「マイナス要因」を特定する（図4-4）。

　「強み」，「弱み」，「機会」，「脅威」には，それぞれ以下のような内容が含まれる。

① 強み：目標達成に貢献する組織・技術・組織構成員の優秀性，高い財務的余裕度等
② 弱み：目標達成の障害となる組織・技術・組織構成員の欠如，乏しい財務的余裕度等
③ 機会：目標達成に有利に働く外部環境の存在あるいは外部環境の好転の可能性
④ 脅威：目標達成に不利に働く外部環境の存在あるいは外部環境の悪化の可能性

　「企業の内部要因」は，経営資源の分析が中心になるが，有力企業との戦略提携や効率的なサプライチェーンの形成も，「プラス要因」として作用する「企業の内部要因」とみなすことができる。逆に，目標達成に必要な経営資源の不足のほか，市場シェアや認知度の低さ，重要顧客との関係の悪化，などは「マイナス要因」として作用する「企業の内部要因」である。

　「企業の外部要因」は，市場の成長率の加速や減速，市場への新規参入，新技術の登場，顧客の嗜好の変化，製品価格の変化，原材料価格の変動や供給の

図4-4 SWOT分析

	プラス要因	マイナス要因
企業の内部要因	強み (Strengths)	弱み (Weaknesses)
企業の外部要因	機会 (Opportunities)	脅威 (Threats)

過不足，為替相場の変動，規制の強化，などが含まれる。また，とくに成長産業や衰退産業では，大規模なM&Aにより競合企業の状況が劇的に変化することも「企業の外部要因」の変化である。

　注意すべきことは，グローバリゼーションやIT革命は，「企業の外部要因」の変化を加速したことである。例えば，新興国市場の高成長は，先進国企業にとっては「プラス要因」として作用する「機会」であるが，大規模投資をともなう海外メーカーの新規参入を誘発するため，「企業の外部要因」は短期間で変化する。また，書籍や新聞の電子化の流れは出版社や新聞社にとって新たな「機会」になるが，コア技術の変化や戦略提携の展開次第では，自社の「脅威」となる可能性もある。

　したがって，有効なSWOT分析を行うためには，製造，販売，マーケティング，研究開発などの各部門から選抜されたチームで取り組む必要がある。

　SWOT分析を踏まえ，以下の問に対する解答を用意することが戦略立案になる。

① 「強み」をさらに強化するために，何をなすべきか。
② 「弱み」を解消するために，何をなすべきか。
③ 「機会」を最大限に活用するために，何をなすべきか。
④ 「脅威」を取り除くために，何をなすべきか。

　これら4つの問に対する解答は，相互に整合的でなければならず，同時に戦略に明確な優先順位付けがなされていなければならない。また，すべての計画について財務的な裏付けが必要である。

　なお，環境分析は，自社が属する産業や市場の分析に先立ち，PEST分析と呼ばれるよりマクロ的な分析が行われることがある（図4-5）。とくに，新興国などカントリー・リスクを無視できない海外市場の分析が計画形成に大きな

図4-5　PEST分析

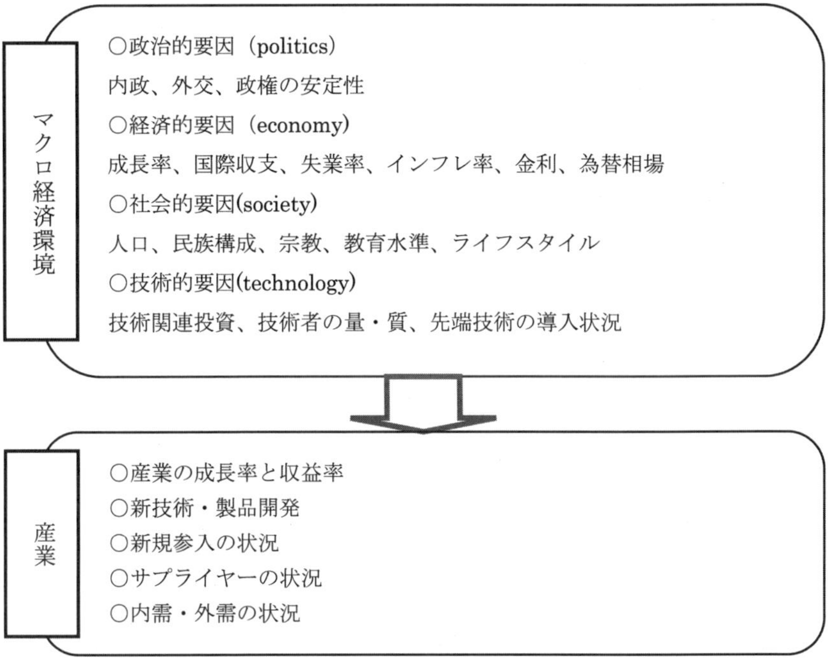

マクロ経済環境
- ○政治的要因（politics）
  内政、外交、政権の安定性
- ○経済的要因（economy）
  成長率、国際収支、失業率、インフレ率、金利、為替相場
- ○社会的要因(society)
  人口、民族構成、宗教、教育水準、ライフスタイル
- ○技術的要因(technology)
  技術関連投資、技術者の量・質、先端技術の導入状況

産業
- ○産業の成長率と収益率
- ○新技術・製品開発
- ○新規参入の状況
- ○サプライヤーの状況
- ○内需・外需の状況

影響を与える場合には，PEST 分析が不可欠である。

2-3. アンソフの成長ベクトル

戦略計画作成のための前提条件の分析ツールである SWOT 分析に対して，将来に向けた成長計画の拠り所となるのがアンソフの成長ベクトルである（図4-6）。

アンソフは，企業の成長の方向（ベクトル）として，「製品」と「市場」の2軸を設定する。この2軸をさらに「製品」と「市場」を「既存」と「新規」に区分すると，市場浸透，製品開発，市場開拓，多角化という4つの成長戦略を導くことができる。この4つの成長戦略は，企業の持続的成長の基本的方向を示唆することから，成長ベクトルと呼ばれている。

製品の軸を中心にみると，既存の市場における売上高の成長やシェアの引き上げを目指す市場浸透戦略（market penetration）と既存の市場に新規の製品を投入して競争優位を追求する製品開発戦略（product development）がある。自動車メーカーの場合，販売店の増設などの営業力強化や広告宣伝による訴求活

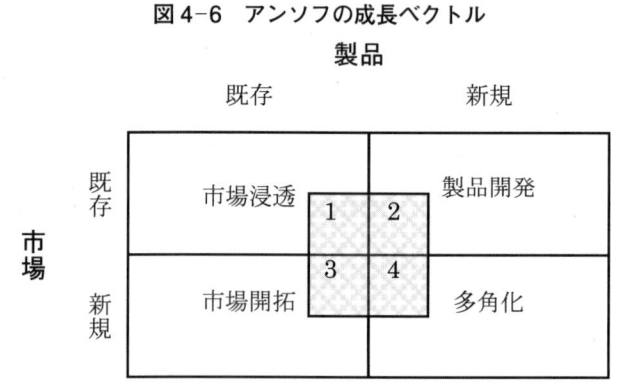

図4-6 アンソフの成長ベクトル

	製品	
	既存	新規
市場 既存	市場浸透　1　2	製品開発
市場 新規	市場開拓　3　4	多角化

出所）H. Igor Ansof（1965）*Corporate Strategy: Analytical Approach to Business Policy For Growth and Expansion*, New York: McGraw-Hill. より作成。

動は市場浸透戦略であり，既存の自動車市場にハイブリッド車や低価格の小型車を投入して買い替えを促すのは製品開発戦略である。

つぎに，市場の軸についてみると，既存製品の市場を新たに開拓する市場開拓戦略（market development）と新規の製品やサービスを投入して市場を創造する多角化戦略（diversification）がある。自動車メーカーが新興国市場を開拓するのは市場開拓戦略であり，新たな収益源として金融ビジネスを強化するのは多角化戦略である。

2-4. シナジー効果と多角化戦略

アンソフの成長ベクトルは，企業はどのような市場をターゲットに，どのような製品・サービスを投入すべきかを戦略的決定の中心に据えているため，製品―市場ポートフォリオ分析とも呼ばれている。製品と市場からなるポートフォリオに関連して，アンソフが重視するのがシナジー効果（synergy effect）である。シナジーは，もともと生物間の共生関係を意味する生物学の用語であるが，経営学では「相乗効果」の意味で使われている。アンソフは，シナジー効果を4つに分類し，戦略計画におけるシナジー効果の分析の重要性を指摘している（図4-7）。

製品開発戦略の例を考えてみよう。新製品の開発は，あらたな収益をもたらすとともに，追加的な費用を発生させるが，全社的な利益に対する貢献度は新製品投入による収益と費用の差額にはならないと考えられる。例えば，新製品開発のために導入した新技術が，既存製品の生産コスト削減にも活用されて，既存製品の市場浸透に寄与する可能性がある。また，新製品に対する顧客の高い評価が既存製品の評価や認知度を高め，全社的な利益の成長に寄与するケースもある。異なる事業間に生ずるこうした波及効果が，シナジー効果である。同様に，ある新興国市場を開拓する過程で蓄積した経営管理技術が他の新興国市場の開拓にも活用できれば，市場開拓戦略のシナジー効果が期待できる。

図 4-7　4 つのシナジー効果

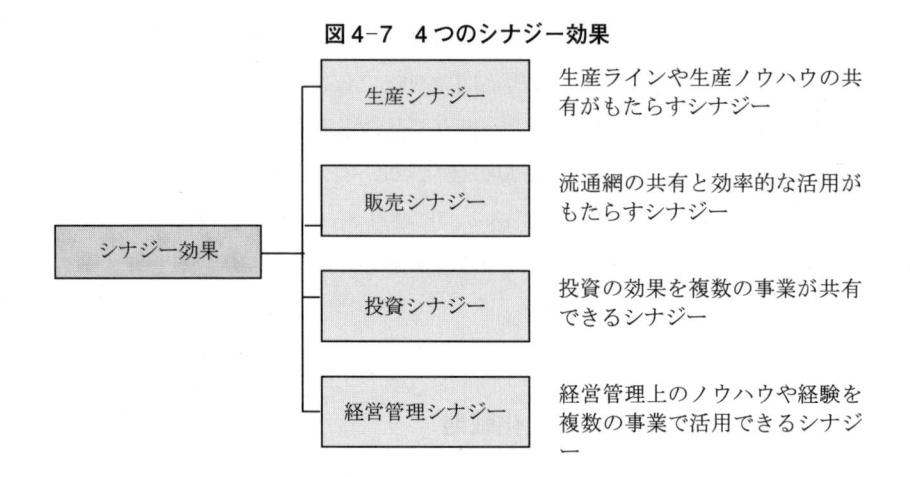

```
                    ┌─ 生産シナジー ──── 生産ラインや生産ノウハウの共
                    │                   有がもたらすシナジー
                    │
                    ├─ 販売シナジー ──── 流通網の共有と効率的な活用が
                    │                   もたらすシナジー
シナジー効果 ───────┤
                    ├─ 投資シナジー ──── 投資の効果を複数の事業が共有
                    │                   できるシナジー
                    │
                    └─ 経営管理シナジー ─ 経営管理上のノウハウや経験を
                                         複数の事業で活用できるシナジ
                                         ー
```

　シナジー効果の戦略的な意義を，とくに多角化戦略に関連させてまとめておこう。

1）シナジー効果が働らけば，多角化戦略は有効である。既存事業のためのインフラや既存事業で獲得した顧客の評価ないしはロイヤルティは，新事業における競争にも有利に作用するからである。

　逆に，シナジー効果が働かない多角化は，全社的な利益を引き下げるおそれがある。すなわち，シナジー効果には，正のシナジー効果と負のシナジー効果がありうる。負のシナジー効果が働くケースとしては，新事業にともなうキャッシュの流出が流入をはるかに上回り，既存事業に対する投資の余裕度を失うケース，新事業の失敗が既存事業に対する評価を失墜させるケース，新事業のための経営管理手法の変更が，全社的な経営管理の混乱を引き起こすケース，などが考えられる。

2）シナジー効果が働く多角化は，経営資源にあらたな進化の方向性を与え，経営資源の活性化につながる可能性がある。専業戦略を志向すると，戦略思想が防御的になり，環境変化への適応力を弱めるという指摘もある。

3）多角化のために新事業へ参入する企業は，最善の参入タイミングを選ぶこ

とができる。ある事業に参入するために新たに起業するケースに比べ、既存事業の経営資源や市場における認知を利用できる企業は、新規参入そのものは相対的に容易なため、参入のタイミングを戦略的に遅らせて新規事業のポテンシャリティをより正確に判断し、リターンを高めるとともに、リスクを軽減することができる。

　ここで、戦略計画とシナジー効果の関係を数値例で示してみよう。表4-2は、企業は事業aと事業bという2つの既存事業を抱えているが、戦略計画では第3期に新事業cへの参入を計画している、と仮定している。

　戦略計画の対象期間は3年であるが、それぞれの事業部は計画期間中2つの既存事業と新事業cを表4-2のようなネット・キャッシュフロー（キャッシュの流入額－キャッシュの流出額）をもたらすと予想している。戦略計画の策定過程では、各事業の予想ネット・キャッシュフォーを積み上げ、さらに一定の割引率を適用して現在価値に引き直し、全社的な予想値を求める。しかしながら、シナジー効果を考慮すると、計画期間中のネット・キャッシュフロー合計額（$C_1 + C_2 + C_3$）は1,080（= 300 + 430 + 350）にはならない。正のシナジー効果が働けば、各事業の単純な合計額は全社的なパフォーマンスを過小評価することになり、負のシナジー効果が働けば過大評価することになるからである。

　この例のように、シナジー効果が働く場合、各事業の積み上げ計算から全社的な予想値を導くことができないため、戦略計画の策定段階では、正のシナジ

表4-2　3つの事業のネット・キャッシュフロー

	第1期	第2期	第3期	合　計
既存事業a	100	100	100	300
既存事業b	100	150	180	430
新事業c	0	0	350	350
a + b + c	C_1	C_2	C_3	$C_1 + C_2 + C_3$

ー効果が働くことが検証されていなければならない。検証結果次第では，新規事業の開始時期を繰り上げる，または繰り下げるという選択肢も検討しなければならない。

いうまでもなく，多角化戦略のための投資の規模が大きくなるにつれ，既存事業との間で働くシナジー効果の評価いかんにより，全社的なパフォーマンス予想は大きく左右される。しかも，シナジー効果の大きさは，経営環境によっても変化するため，多角化戦略の中長期的なパフォーマンス予想はきわめて難しく，そのことが経営にあらたなリスク要因を加えることにもなる。

この点について，多角化戦略研究のパイオニアであるリチャード・ルメルトは，全社的なパフォーマンスの改善につながる多角化は「関連型多角化」であるとし，「非関連型多角化」に対しては否定的な評価を下している（図4-8）。

しかし，多角化の意思決定においてシナジー効果の測定以上に重要なことは，図4-3にも表れた前提条件としての「自社の存在理由」や「経営者の価値観」との整合性である。「自社はどのような会社でありたいのか？」という問に対する経営者の解答が，多角化の前後において同等の説得力をもちうるような意思決定でなければならない。

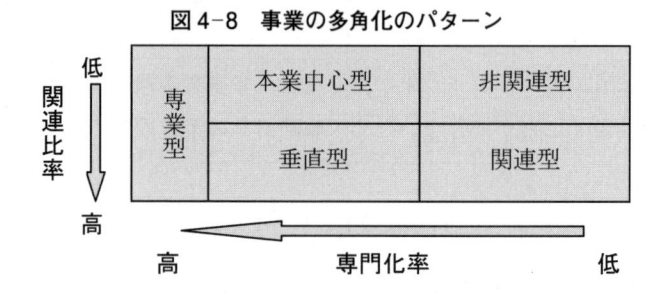

図4-8 事業の多角化のパターン

関連比率 低↓高	専業型	本業中心型	非関連型
		垂直型	関連型

← 専門化率
高　　　　　　　　　　低

2-5. プロダクト・ポートフォリオ・マネジメント（PPM）——

アンソフの成長ベクトルは，4つの成長戦略を提示しているが，成長戦略に

対応して所与の経営資源をどのように配分すべきかは、明らかにしていない。成長戦略と経営資源とのかかわりについて、重要な指針を与えてくれるのがボストン・コンサルティング・グループ（BCG）のプロダクト・ポートフォリオ・マネジメント（PPM）である。

BCGは、実証研究の成果から、累積生産量が2倍になるごとに単位当たり生産量が一定比率で低下する法則（経験曲線効果）に注目し、量的指標としての市場シェアと市場成長率を重視する。企業の経営資源の配分は、この2つの量的指標を基準に行うべきだという主張がPPMである。

PPMでは、市場シェアと市場成長率を基準に、企業の事業は「花形」（Stars）、「金のなる木」（Cash Cow）、「問題児」（Question Marks）、「負け犬」（Dogs）の4つに識別し、そのれぞれの事業とキャッシュフローとの関係から、成長戦略のあり方を明らかにするものである（図4-9）。

なお、横軸の「相対的市場シェア」は、事業上競合する企業のうち、市場シェア首位の企業のシェアに対する自社のシェアの倍率である。例えば、市場シェア首位の企業のシェアが0.6、自社のシェアが0.4ならば、相対的市場シェアは0.67（＝0.4/0.6）である。自社が市場シェアで首位のときは、市場シェア2位の企業と比較する。例えば、自社のシェアが0.6、市場シェア2位の企業のシェアが0.4のとき、相対的市場シェアは1.5（＝0.6/0.4）である。したが

図4-9　プロダクト・ポートフォリオ・マネジメント

市場成長率	高	☆ 花　形	問題児 ?
	低	¥ 金のなる木	負け犬 ×
		高　　　　1.0　　　　低	
		相対的市場シェア	

って，相対的市場シェアが1を超えるとき，自社の市場シェアが首位であることを意味する。

「花形」は，相対的市場シェアと市場成長率がともに高い事業であり，企業にとってはもっとも魅力のある事業である。しかし，市場成長率が高い事業は，市場の競争も激しいため，企業は高いシェアを維持するため，新規の設備投資，流通網の整備，広告宣伝などの目的で積極的にキャッシュを投じなければならない。したがって，流入するキャッシュから流出するキャッシュを差し引いたネット・キャッシフローは小さなプラスか，あるいはマイナスの可能性がある。

「花形」は，いずれ成熟化して，成長率は低下し，「金のなる木」になる。市場成長率は衰えても，市場の規模は大きいため，相対的市場シェアが維持されている限り，「金のなる木」は潤沢なキャッシュをもたらす。他方で，新規の投資や広告宣伝のためにキャッシュを投じる必要がないため，「金のなる木」のネット・キャッシュフローは大きなプラスになる。

「問題児」は，市場成長率は高いが，相対的市場シェアが小さな事業である。こうした「問題児」に積極的に投資して，「花形」に変えることが事業戦略の基本になる（図4-10，表4-3）。したがって，PPMは，あらゆる事業は成長期からやがて衰退期に入るというプロダクト・ライフサイクル（PLC）を乗り越えて，全社的な成長を持続するための戦略であるということもできる（図4-12）。

持続的成長のための好循環となるプロダクト・ポートフォリオに対して，悪循環になるのが図4-11のケースである。このケースでは，「花形」が潤沢なキャッシュをもたらす「金のなる木」にならず，相対的市場シェアが低下して「問題児」になるケースである。この悪循環のケースでは，事業の成熟化により市場成長率が衰えると，「負け犬」に転落する。

PPMの考え方からすると，企業の持続的成長のためには，絶えず「花形」を育て，将来，それを「金のなる木」として維持することによって潤沢なキャ

企業と戦略 第4章

図4-10 プロダクト・ポートフォリオの好循環

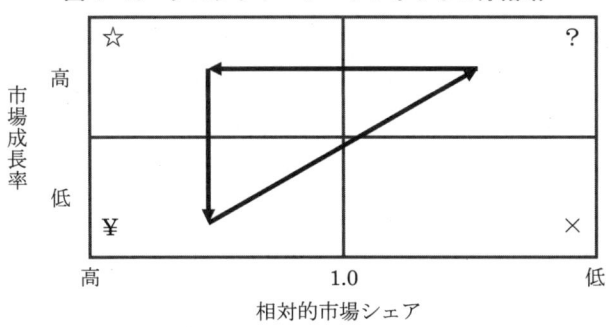

（縦軸：市場成長率 高／低、横軸：相対的市場シェア 高／1.0／低）
☆ → ？
¥   ×

図4-11 プロダクト・ポートフォリオの悪循環

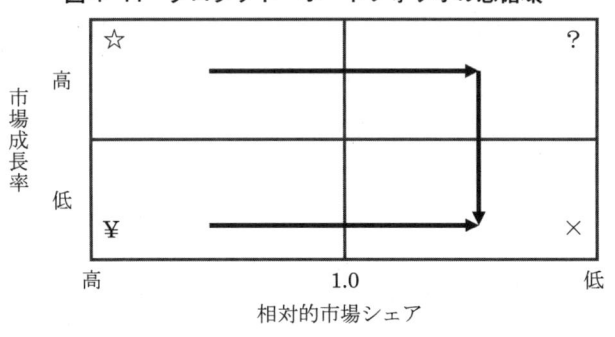

（縦軸：市場成長率 高／低、横軸：相対的市場シェア 高／1.0／低）
☆ → ？
¥   ×

図4-12 プロダクト・ライフサイクル（PLC）

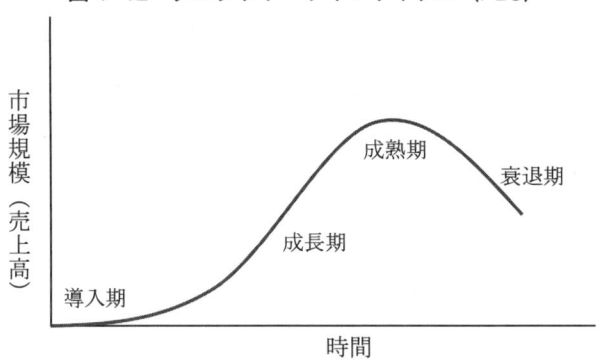

（縦軸：市場規模（売上高）、横軸：時間）
導入期 → 成長期 → 成熟期 → 衰退期

表4-3 PPMと事業戦略

	事業戦略	事業の収益性	投資の方針	ネット・キャッシュフロー
花 形	維持/増大	高い	大きい	小さなプラス or 小さなマイナス
金のなる木	維持	高い	小さい	大きなプラス
問題児	(a) 増大	低い or マイナス	非常に大きい	大きなマイナス
	(b) 収穫/撤退	低い or マイナス	投資しない	プラス
負け犬	収穫/撤退	低い or マイナス	投資しない	プラス

ッシュを獲得し，次の「花形」を育てるための投資をしなければならない。

　PPMが，とくに数値的な基準として相対的市場シェアをとりあげる点については，いくつかの問題点が指摘されている。例えば，相対的市場シェアに代えて投資利益率（ROI）を基準にすべきだという主張もある。相対的市場シェアの高さとROI，したがって事業の魅力度とは必ずしも相関しないからである。

　しかしながら，客観的な基準を設けて自社事業の優劣を識別し，それをキャッシュフローに関連させて事業ポートフォリオの再編方針を明確化するのは戦略計画の第一歩である。この視点から，「負け犬」をスピンオフ（事業売却）し，そのキャッシュを「問題児」に投下するという戦略的発想が生まれる。有力企業の経営計画の中に，より精緻化した形でPPMを活用する例が多くみられるのも，この分析フレームワークの有効性が失われていない証である。

2-6. ビジネススクリーン

　PPMをより精緻化した分析フレームワークとして，アメリカのGEとマッキンゼー社が共同開発したビジネススクリーン（business screen）がある。ビジネススクリーンは，「市場の魅力度」と「自社の競争上の地位」という2軸について，3段階で自社の戦略事業単位（SBU）を評価し，投資の方針を決定

する（図4-13，表4-4）。

ビジネススクリーンの分析により，①「市場の魅力度」の評価が「高」または「中」であり，しかも「自社の競争上の地位」が「強い」ケース，②「市場の魅力度」の評価が「高」であり，しかも「自社の競争上の地位」が「強い」

図4-13　GEのビジネススクリーン

		自社の競争上の地位		
		強い	中	低
市場の魅力度	高	積極的投資	積極的投資	選択的投資
	中	積極的投資	選択的投資	収穫撤退
	低	選択的投資	収穫撤退	撤退

表4-4　自社の競争上の地位と産業の魅力度の判定尺度

自社の競争上の地位	
販売力	知名度，顧客のロイヤルティ，宣伝力，販売網，流通支配力
技術力	特許，ノウハウ，生産技術，品質，デザイン，補修力
資源力	資金，人材，原材料確保力，有力な提携先
収益力	売上高利益率，総資本回転率，限界利益，キャッシュフロー
競争力	市場シェア
市場の魅力度	
ライフサイクル	成長期，成熟期，衰退期
市場要因	規模，成長率，安定性，細分化の度合い
競争状態	参入および撤退の状況，参入難易度，垂直統合の状況
収益性	利益率，原価率
労働生産性	一人当たり付加価値生産額，付加価値に占める賃金の割合
環境条件	公害，労働安全性，環境保護規制

または「中」のケースは，積極的に投資を行うべきである。

他方，「市場の魅力度」および「自社の競争上の地位」のどちらも「低」のケースでは，撤退して資金を回収すべきである。

PPMと同じように，ビジネススクリーンも市場の成長性や収益力，または自社の競争上の有利な地位から大きなキャッシュの流入を期待できるSBUを獲得するとともに，将来のキャッシュの流入源となりうるSBUを選別して投資を行い（選択的投資），一部のSBUについては撤退のタイミングを見極めながら，当面のキャッシュの流入を加速する。

ビジネススクリーンは，PPMに比べ，SBUの評価手法がはるかに現実的であり，また統計学的手法を取り入れて，評価手法をさらに精緻化できる利点があるため，多くの企業の経営計画にも応用されている。

3. ポジショニング・スクール

3-1. ポジショニング・スクールとポーターの戦略論

「ポジショニング」は，自社のポジションを決定することである。ポジショニング・アプローチによれば，企業が競争優位を確立し，持続的成長を実現するためには，自社を最適な環境に位置づけることが，戦略の要になる。最適な環境とは，企業の目的達成に対する支持力が強く，障害が最も少ない産業ないしは市場である。PEST分析に示される通り，政府の規制や政治動向も産業ないしは市場に影響を与え，企業のパフォーマンスを左右する。

競争相手が存在しないか，少数である産業，法令やその他の規制で新規参入から守られている産業は，企業の目的達成に対する支持力が強い産業の例である。逆に規制がなく，新規参入も容易で，買い手の交渉力の強い産業は企業の目的達成に対する支持力が弱い産業の例である。

ポジショニング・アプローチは，マイケル・ポーターの戦略論と同一視され

ているが，ポーターの戦略論の基礎になるのは産業組織論である。そこで，まず産業組織論の基本的な分析フレームワークである SCP パラダイムについて説明しよう。

SCP パラダイムとは，産業の市場構造（structure）が市場行動（conduct）を規定し，市場行動が市場成果（performance）を決定するという考え方である（図 4-14）。あらゆる産業は，1 社が市場を完全に支配する完全独占と，多数の企業が参入し，すべての企業が市場価格を所与として行動する完全競争を対極に，さまざまな構造を抱えている。そうして，1 社あるいは少数の企業が市場を支配するケースでは，市場成果の指標である利潤率が高いと考えられる。

ポジショニング・アプローチによれば，高い成果をもたらす構造を備えた市場を選択することが戦略の第一歩であるが，ポーターは市場の構造を分析するツールとしてファイブフォース・モデル（Five-force Model）を提示している（図 4-15）。

ファイブフォースとは，企業の成果ないしは利益に影響を与える 5 つの脅威である。ファイブフォースとして，「競合企業」，「サプライヤーの交渉力」，「顧客の競争力」に加え，「新規参入の脅威」，「代替品の脅威」という 2 つの脅威に注目している点にポーターの産業組織論的な知見が活かされている。この 2 つの脅威が強い市場は，産業組織論的にはコンテスタブルな市場

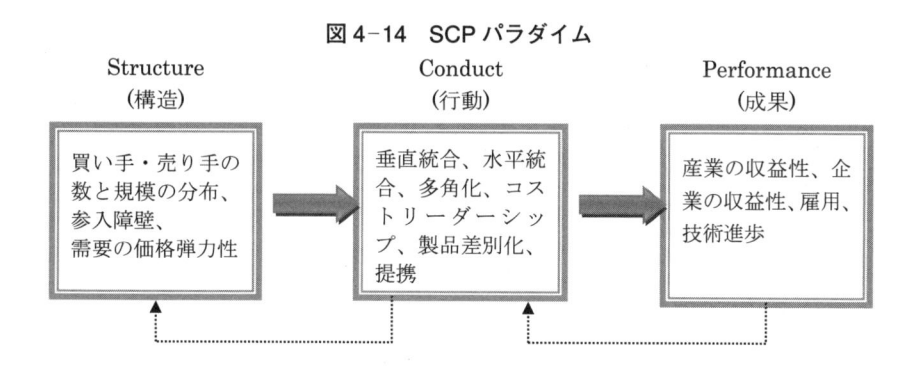

図 4-14 SCP パラダイム

Structure（構造）	Conduct（行動）	Performance（成果）
買い手・売り手の数と規模の分布、参入障壁、需要の価格弾力性	垂直統合、水平統合、多角化、コストリーダーシップ、製品差別化、提携	産業の収益性、企業の収益性、雇用、技術進歩

図4-15 ポーターのファイブフォース・モデル

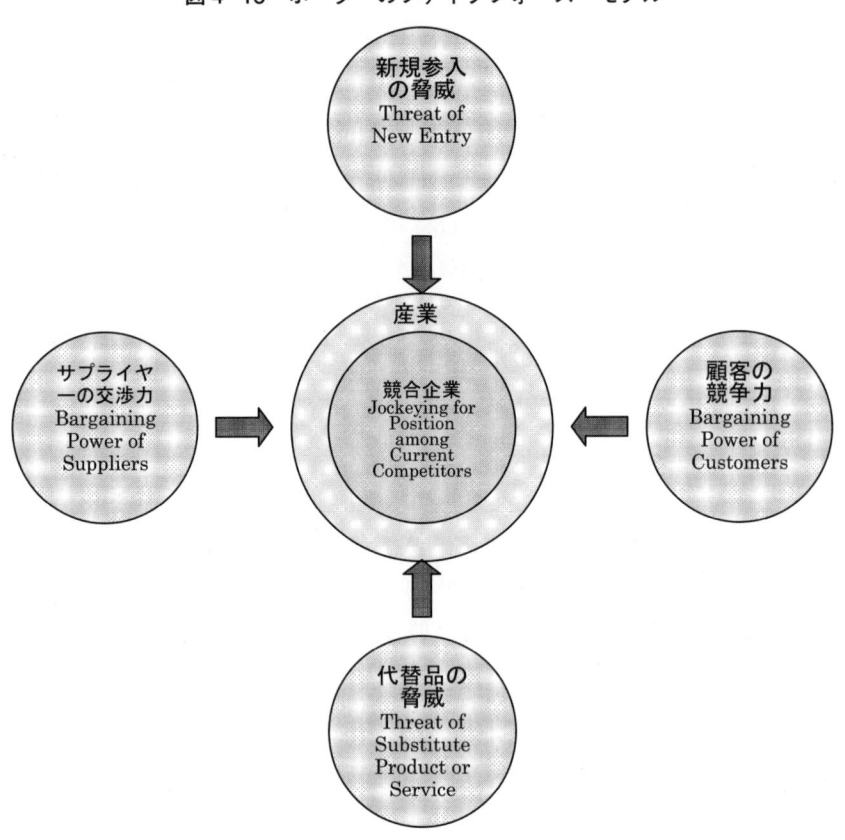

- 新規参入の脅威 Threat of New Entry
- サプライヤーの交渉力 Bargaining Power of Suppliers
- 産業 競合企業 Jockeying for Position among Current Competitors
- 顧客の競争力 Bargaining Power of Customers
- 代替品の脅威 Threat of Substitute Product or Service

(contestable market) と呼ばれている。1企業が産業を支配する場合，独占企業は高価格を設定して利潤率を引き上げることができるが，高利潤率は新規参入を誘発するため，独占企業といえども価格設定のフリーハンドをにぎることにはならない。

3-2. ファイブフォースの強弱

ポジショニング・アプローチでは，ファイブフォースのそれぞれが産業の利益率にどの程度の影響を与えているかを分析することが，戦略立案の基本になる。以下では，各フォースについて，自社の利益に与える脅威の度合いを左右する要因を明らかにしたい。

(1) 産業内の競合企業

産業内の競合企業の競争は，価格競争や差別化を中心に行われる。競争の強弱は以下のような要因に左右される。

① 同一規模の競合企業が多数存在し，しかも製品の差別化が難しい場合には，競争は激化する。
② 産業の成長率が低い場合には，市場シェアをめぐる競争が激化する。
③ 固定費が高く，製品のライフサイクルが短い場合には，投下資本を早期に回収しようとする誘因が働くため，競争は激化する。
④ 生産能力が大規模化する産業では，競争が激化する。半導体や薄型テレビ用パネル製造などはその例である。
⑤ 撤退障壁が高い場合には，競争は激化する。特定の産業に特殊的な資産を抱えている産業では，たとえROI（投資利益率）がマイナスであっても，撤退は巨額の埋没費用を発生させるため，企業は撤退を回避するからである。

①の「同一規模の競合企業が多数存在」するケースとは，産業の集中度が低いケースであり，市場が競争的かどうかを判断する基本的な尺度になる。その数値的尺度として，独占禁止法の運用上利用されているハーフィンダール指数（HI）またはハーフィンダール・ハーシュマン指数（HHI）がある。ここではHIの計算式を示しておこう。

S_i は，同一の製品を生産する企業それぞれの市場シェアである。

$$HI = \sum_{i=1}^{n} S_i^2$$

$$0 < HI \leq 1$$

いま,同一製品を生産する企業がA,B,Cの3社であるとし,それぞれの市場シェアを,A = 0.5, B = 0.4, C = 0.1, であると仮定すると,HIは次のようになる。

$$HI = 0.5^2 + 0.4^2 + 0.1^2 = 0.42$$

HIが小さな値をとるほど,市場は競争的であり,1社独占の場合に,HI = 1となる。

(2) 新規参入の脅威

企業は,同一産業内の競合企業との競争ばかりでなく,新規参入者との競争の脅威にもさらされている。新規参入の脅威度は,参入障壁の高さに依存する。以下で述べるような参入障壁が高い産業では,新規参入の脅威は軽減される。しかし,参入障壁の高い産業でも,産業内の企業を他産業の企業が買収して参入するようなケースでは,競合企業数は不変でも,競争状態は大きく変わることがある。

参入障壁の高低は,次のような要因によって決定される。

1) 規模の経済

規模の経済が働く産業は,参入障壁が高い。規模の経済とは,生産量の大きさが,製品1単位当たりのコストを低下させる効果をいう。規模の経済が働く産業では,大規模な設備投資を行うか,コスト面での不利を覚悟するか,のいずれかを選択しなければならない。化学,鉄鋼,自動車,医薬品,通信などは,規模の経済が強く働くため,新規参入は極めて難しい産業である。

2) 差別化

食品,医薬品,化粧品,自動車などのように,ブランド・イメージやメーカーに対する信頼感など,価格以外の要素が消費者の選択に影響を与える場合は,新規参入者が顧客を獲得することは困難である。

3) 投資資金

鉄鋼,化学,石油精製,医薬,エレクトロニクスなどのいわゆる装置産業

は，参入のための投資資金が大きい。また，医薬品やエレクトロニクスのように，リスクの高い研究開発投資が必要な産業は，新規参入は困難である。

4）流通チャネルへのアクセス

新規参入者は，製品やサービスの流通チャネルを確保しなければならないが，卸売チャネルや小売のチャネルが限られており，また既存企業による流通チャネルへのコントロールが強いとき，新規参入は困難になる。

5）政府の規制

政府が特定産業への新規参入を制限したり，もしくは実質的に禁止したりする場合がある。その代表的な手段が許認可制である。金融業，陸運事業，酒類販売，通信事業，電力事業などがある。

(3) サプライヤーの交渉力

サプライヤー（供給業者）は，取引の流れの上流（アップストリーム）に位置する企業である。したがって，下流（ダウンストリーム）に位置する最終顧客への販売価格の中から，納入先企業と利益を奪い合う関係にある。サプライヤーの交渉力が強ければ，納入先企業の仕入れコストは上昇し，その利益を圧迫する。サプライヤーの交渉力が強いのは，以下のケースである。

1）少数のサプライヤーが供給を支配しているケース。

2）供給する製品やサービスの独自性が高く，あるいは少なくとも競合製品と明確に差別化されているケース。

3）サプライヤーにとって，納入先企業の重要度が低いケース。納入先企業の重要度が高い場合には，その企業の成長性がサプライヤーの成長性を左右するため，サプライヤーの交渉力は弱くなる。

4）納入先企業の利益率が低いケース。納入先企業の利益率が低い場合には，サプライヤーは納入先企業から有利な条件を引き出すことが難しくなる。

5）サプライヤーが納入する製品が納入先企業の製品の質に大きな影響を与えないケース。この場合には，納入先企業はもっぱら価格に着目してサプライヤーを選別するからである。

(4) 顧客の交渉力

取引には，顧客が個人であるケース（B2C）と，顧客が企業であるケース（B2B）の2形態がある。例えば，鉄鋼メーカーと自動車メーカーの取引は，B2Bである。多くのB2Bでは，相対（あいたい）で条件交渉が行われるため，企業間の力関係が取引条件に強く反映される。次の場合，顧客の交渉力は強くなる。

1) 少数の顧客が製品を大量購入するケース。部品メーカーや鉄鋼メーカーと自動車メーカー，家電メーカーと量販店のケースが代表例である。

2) 顧客が購入する製品が標準化されているケース。顧客はいつでも他のサプライヤーの製品に切り替えることができるから，交渉力は強化される。

3) サプライヤーが納入する製品が顧客のコストに大きな影響を与えるケース。この場合には，顧客はより有利な条件を求めてサプライヤーを選別する。

4) サプライヤーが納入する製品が顧客の製品の質に大きな影響を与えないケース。この場合には，顧客はもっぱら価格に着目してサプライヤーを選別する。

(5) 代替品の脅威

代替製品や代替サービスが登場すると，価格に上限が生じ，産業の収益ポテンシャルが押さえ込まれてしまう。製品やサービスの質を向上させるか，差別化を図らなければ，高い成長率は期待できない。外食産業に対する中食産業（持ち帰り弁当など），対面取引に対するネット取引（ネット金融取引，オンライン・ショッピング）などは代替品の例である。

競争上，最も注目すべき代替製品は以下の2つのケースである。

1) 自社が属する産業の製品をコスト・パフォーマンスで上回る代替製品が登場するケース。CDやDVD販売に対するネット配信，鉄道に対する長距離バス，書籍に対する電子ブック，などがその例である。

2) 収益性が高い産業が他産業に代替製品を投入するケース。高い収益性と技術力を梃子に，高品質・低コストの代替品を投入することができるからであ

る。

3-3. ポーターの競争戦略の類型

　競争戦略論の課題は，以上に述べたSCPパラダイムにおける構造の分析を踏まえて，自社の行動を決定することである。ポーターによれば，この行動に関する戦略には，大別してコストリーダーシップ戦略と差別化戦略がある。そうしてポーターは，そのどちらかひとつを選択すべきであり，2つの戦略を同時追求することは誤りである，と指摘している。

(1) コストリーダーシップ戦略

　規模の大きな市場を対象に，低コスト・低価格を武器に競争優位を獲得する戦略である。市場の拡大期に規模の経済と経験曲線効果を活用して，コスト削減を図り，大きな市場シェアを狙う戦略である。経験曲線効果とは，累積生産量が増加するにつれ，組織や組織構成員が経験やノウハウを蓄積する結果，単位当たりの生産コストが低下する効果である。また，自社の他事業とのシナジー効果が働けば，より大幅なコスト削減が可能になる。

　しかし，現代企業のコストリーダーシップ戦略は，規模の経済や経験曲線効果のみで語ることはできない。まず，ポーターのバリューチェーン（Value Chain）を応用したコストリーダーシップ戦略を考えてみよう。バリューチェーンは，どの活動が企業にとって付加価値の主な源泉になっているかを特定するための分析フレームワークである（図4-16）。

　コストリーダーシップ戦略により競争優位を獲得するには，魅力的な市場を選択し，規模の経済を追求することに加え，それぞれの市場に適合的な活動の連鎖を設計し，購買活動からサービスに至る諸活動をコントロールするシステムを確立しなければならないのである。

　バリューチェーンを構成する5つの活動は，それぞれ価値を生み出すが，各活動に資源が投入されるため，コストが発生する。各活動が生み出した価値の

図 4-16 バリューチェーン

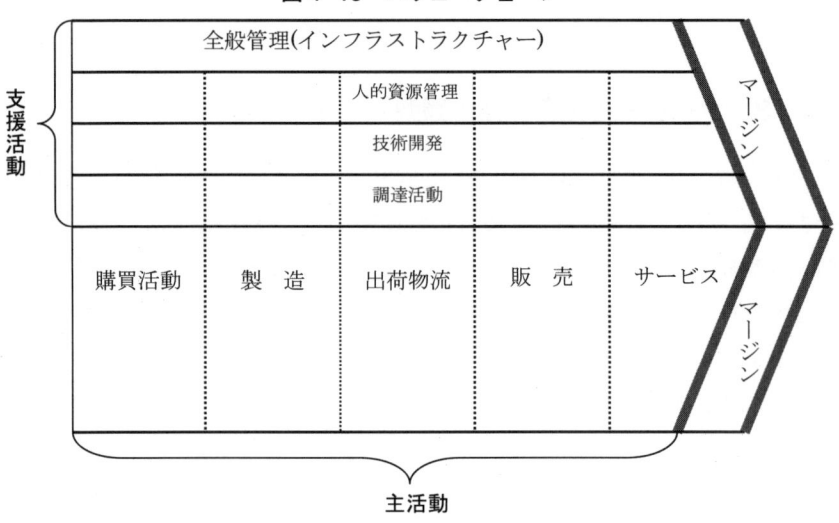

支援活動	全般管理(インフラストラクチャー)					マージン
		人的資源管理				
		技術開発				
		調達活動				
	購買活動	製　造	出荷物流	販　売	サービス	マージン

主活動

合計からコストを控除したものが，企業に帰属するマージン（利益）にほかならない。したがって，戦略的なコスト削減とは，このマージンが最大になるように，5つの活動をコントロールすることである。例えば，メーカーにとって，製造と販売後の対顧客サービスという2つの活動のマージン貢献度がもっとも大きく，購買活動や出荷物流のそれが相対的に低い場合には，これらの活動に投入する自社経営資源を抑制し，活動の一部を他企業にアウトソースするという選択が検討されなければならない。こうしたアプローチにより，企業活動全体としてコスト・パフォーマンスを高めることができる。

バリューチェーンと類似するものに，サプライチェーン・マネジメント（SCM）がある。バリューチェーンが一企業内における活動の連鎖であるのに対して，サプライチェーンは，複数の活動を受け持つ企業があたかも一社であるかのように活動を調整し，全体として低コストと機会費用の最小化を実現する活動の連鎖である（図4-17）。SCMの成功例としてよく知られているのは，

図 4-17 サプライチェーン・マネジメント（SCM）

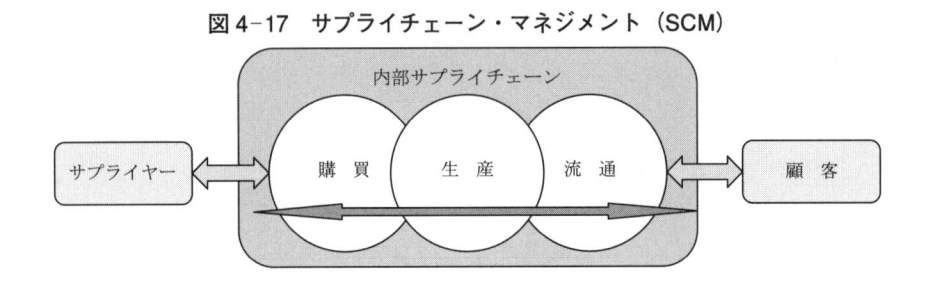

```
                    内部サプライチェーン
サプライヤー ⇔  購買  生産  流通  ⇔  顧客
```

アメリカの大型小売店 Wal-Mart と日用雑貨の P&G との SCM や PC メーカー Dell Inc. と部品メーカーとの SCM であるが，家具メーカーのイケア（スウェーデン），日本のファーストリテイリングも SCM の活用によって急成長を実現した好例である。

　低コストで効率的かつグローバルな SCM を構築することを可能したのが，IT 革命の大きな成果である。言い換えると，IT 革命により規模の経済の意味が変わった。

　コストリーダーシップ戦略により競争優位を獲得するためには，なによりも自社の事業を支える主要活動の価値とコストの分析からスタートしなければならない。これがバリューチェーン分析であるが，同時に自社の活動と同様の活動をもっとも効率的に遂行するベスト・プラクティスにも関心を払わなければならない。

　この点について，ポーターのファイブフォース・モデルに対して，バリー・ネイルバフとアダム・ブランデンバーガーは，『コーペティション経営』（1997年）において価値相関図（value net）を提示している（図 4-18）。

　ファイブフォース・モデルに登場するプレイヤーは，すべて自社の利益を脅かす存在であるが，価値相関図では，「補完的企業」が登場する。補完的企業は，自社の価値創造に協力的な立場に立ちうる戦略的パートナーである。今日のコストリーダーシップ戦略は，戦略的パートナーとしての補完的企業との連携の可能性を視野に置く戦略でなければならない。

図4-18 バリューネット

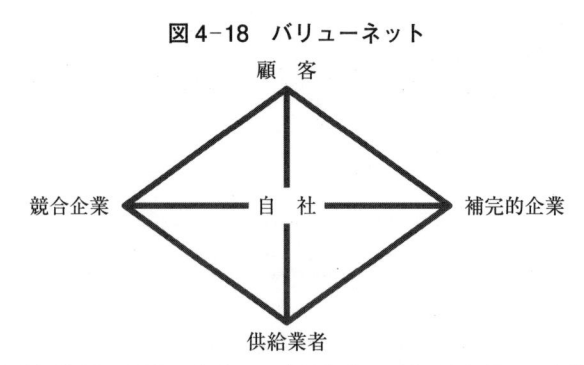

```
          顧　客
          ／＼
         ／　　＼
        ／　　　　＼
競合企業 ←―― 自　社 ――→ 補完的企業
        ＼　　　　／
         ＼　　／
          ＼／
         供給業者
```

出所）Barry J. Nalebuff, Adam M. Brandenburger (1996) *Co-opetition*. NY：Harper Collins Pubisher Ltd. より作成。

(2) 差別化戦略

　差別化戦略は，比較的大きな市場を対象に，製品やサービスにユニークな価値を付与し，継続的な優位性を実現する戦略である。ユニークな価値とは，製品の設計，仕入，生産，流通，販売などの活動連鎖において生み出される特異な訴求力である。自動車産業では，ベンツ，BMW，アウディなどは，差別化戦略により成功を収めたメーカーである。高価格であるが，高級感，性能の信頼性，安全性を訴求して，顧客の支持を獲得している。

　しかし，製品の高い信頼性や性能などがもたらす製品そのものの価値（製品価値）は，訴求力のひとつにすぎない。表4-5のように，製品やサービスに対して顧客が認識するすべての価値が訴求力になりうる。日本マクドナルドが「居心地の良さ」をキーワードに2010年から展開を始めた新世代デザイン店舗は，サービス価値や従業員価値を高めることで，価格競争ではなく，差別化による競争優位を狙う戦略である。

　消費財の取引であるB2Cのみならず，企業間取引であるB2Bの取引でも，差別化戦略は基本的な戦略である。特異な技術を駆使した部品や製品を供給し，他社の価値創造に貢献することにより，自社の価値連鎖が買い手の価値連鎖に組み込まれるように行動することも差別化戦略のひとつである。セラミッ

表 4-5　顧客価値の構成要素

製品価値	製品そのものの価値（信頼性，性能，稀少など）
サービス価値	製品に付随したサービスの価値（メインテナンス，問い合わせに対する対応，サービスが提供される空間）
従業員価値	従業員の対応やパーソナリティ，態度などによる価値
イメージ価値	企業イメージ，ブランドイメージによる価値

出所）フィリップ・コトラー（大川修二・恩蔵直人訳）『コトラーのマーケティング・コンセプト』（東洋経済新報社，2003年）より作成。

クコンデンサやセラミックフィルタ，センサー部品製造の村田製作所，フォトマスクや特殊光学レンズ製造のHOYAは，B2Bにおける差別化戦略に成功した事例である。

(3) コストリーダーシップ戦略と差別化戦略の両立可能性

ところで，以上のような差別化戦略はコストリーダー戦略と相対立する戦略だろうか。ポーターは，この2つの戦略は両立しないと指摘していることはすでに述べた通りである。しかし，ポーターのこの主張に対しては，W.チャン・キムの戦略論が有力な反論を提起している。

キムは，差別化と低コストにはトレードオフが生まれることを認め，多くの企業がわずかな差別化を行うために多大なコストをかけて利益を圧迫してきたと指摘している。しかし，差別化と低コストを同時追求する戦略もあるとし，そのような戦略をブルーオーシャン戦略と呼んでいる。この戦略の本質は，需要サイドに働きかけて，市場を創造することにある。ブルーオーシャン戦略に対して，コスト削減やバリューチェーンの再設計など，供給サイドに働きかけるコストリーダーシップ戦略は，レッドオーシャン戦略である（図4-19）。

キムは，ブルーオーシャン戦略により需要サイドに働きかけ，新たな市場を作り出すには，表4-6の4つの問に答えるアクションが必要であるとしている。

キムによれば，多くの企業にとって，差別化戦略とコストリーダーシップ戦

図 4-19 ブルーオーシャン戦略とレッドオーシャン戦略

ブルーオーシャン戦略	レッドオーシャン戦略
競争のない市場を作り出す、あるいは発見する	既存市場を対象にする
競争しない	競争する
新たな需要を創造する	既存の需要を奪い合う
低コストと差別化の同時実現	低コスト化か差別化かの二者択一
需要サイド	供給サイド
収益逓増の法則	収穫逓減の法則

出所) W.チャン・キム，レネ・モボルニュ（有賀裕子監訳）『ブルー・オーシャン戦略』（ランダムハウス講談社，2005年）より作成。

表 4-6 ブルーオーシャン戦略のための 4 つの問

付加する	業界標準である製品・サービスが備えていない要素のうち，新たに付加する要素は何か？
取り除く	業界標準である製品・サービスが備えている要素のうち，取り除くべき要素は何か？
増やす	業界標準である製品・サービスと比較して，大幅に増やすべき要素は何か？
減らす	業界標準である製品・サービスと比較して，大幅に減らすべき要素は何か？

略は，異なる競争戦略の選択肢というよりは，同一の製品やサービスについて講じた戦略の 2 段階にすぎなかった。

すなわち，第 1 段階では企業は製品やサービスの高機能化，高品質化を目指して競争を始めるが（差別化戦略の追求），この競争はやがて機能や品質の均一

化現象をもたらす。この状況でも，新たな機能や高品質をアピールする新製品やサービスが投入され続けるが，コスト増に見合う顧客価値が生み出されることはない。その結果，製品やサービスの収益力は低下して，企業の業績を圧迫する。企業は収益力を挽回するため，コスト削減をめぐる競争を再開する。これが競争戦略の第2段階としてのコストリーダーシップ戦略である。

　キムは，ブルーオーシャン戦略の成功にとって，「市場の境界を引き直す」ことの重要性を指摘し，そのために，① 代替産業に学ぶ，② 業界内の他の戦略グループから学ぶ，③ 買い手の新しいグループに目を向ける，④ 補完財や補完サービスを見渡す，⑤ 製品やサービスの機能志向と感性志向という2つの志向の切り替えの可能性を検討する，⑥ 将来について明確なビジョンをもつ，という6つのアプローチを提示している。

　「市場の境界を引き直す」戦略が打ち立てられないと，差別化戦略もコストリーダーシップのいずれも収益力の低下しかもたらさないであろう。

　「市場の境界を引き直す」とは，製品・サービスのコンセプトや市場の再定義を行うことにほかならないが，より具体的には，これまでアメリカ，日本，欧州など消費者の嗜好や消費環境が同質化した先進国で形成された製品・サービスのコンセプトや市場の定義を見直すことである。

　21世紀に入り，世界の製品・サービス市場に占める新興国市場のウエイトが急上昇したのみならず，先進国市場においても消費者の嗜好やライフスタイルが多様化して，伝統的な製品・サービスのコンセプトや市場定義が有効性を失いつつある。こうした変化に対応して，製品・サービスや市場の再定義が求められているのである。

　中国のハイアール，インドのマルチウドヨグ，タタモーターズなどは，家電や自動車市場において新たな製品のコンセプトを打ち立てて，成功を収めたメーカーである。

　トヨタ自動車が2002年に発表したIMVプロジェクトも，自動車のコンセプト見直しと市場の再定義を志向した戦略である。IMVプロジェクトは，新興

国市場を含むグローバルな最適生産と出荷体制を構築するとともに，新興国市場の多様なニーズに合わせた新興国向け専用車の生産計画である。プラットフォームは，ひとつであるが，ピックアップ，ミニバン，SUV の 3 タイプについて計 5 種類のボディタイプを用意し，各国での仕様は現地のニーズに対応しながら確定する。

　一定の構造をすでに備えた市場においては，差別化戦略とコストリーダーシップが競争優位のための選択肢であるとしても，構造そのものが未確定な市場における成長戦略は，「市場を作り出す」，「新たな需要を創造する」ことでなければならない。

4. リソース・ベースト・ビュー

4-1. コア・コンピタンス論

　1980 年代以降，プラニング・スクールやポジショニング・スクールとはパラダイムを異にし，経営資源の分析とその蓄積過程を重視する戦略論が提唱されるようになった。このような戦略論が誕生した背景は，2 つある。第 1 は，経営のグローバリゼーションと IT 革命により経営環境が変化し，あらゆる産業のパフォーマンスに大きな影響を与えたことである。

　グローバリゼーションと IT 革命は，新たな競合企業の登場を促したのみならず，産業内のサプライヤーと買い手の力関係，代替品の可能性にも著しい変化をもたらした。その結果，静態的な構造分析にもとづく戦略計画やポジショニングの決定では，持続的な競争優位を確立することができないと認識されるようになった。同一産業に属する企業のパフォーマンス格差が拡大しつつある状況も，とくにポジショニング・スクールの威信を低下させた。

　第 2 は，時代背景的な理由であって，1980 年代後半において世界市場におけるプレゼンスを高めた日本企業の競争力を分析する過程で，経営資源の蓄積

過程を重視する戦略論が展開されるようになった。したがって，経営資源重視の戦略論は，短期的な利益の最大化に関心を集中し，プレゼンスを低下させたアメリカ企業の戦略に対する批判と表裏の関係にあった。本章では，以上のような問題意識にもとづく戦略論を一括してリソース・ベースト・ビュー（Resource Based View：RBV）と呼ぶことにする。

リソース・ベースト・ビューのひとつの出発点は，ハメルとプラハラドのコア・コンピタンス（core competence）論である。コア・コンピタンスとは，「顧客に特定の利益をもたらす経営資源の集合体」である。ハメルとプラハラドは，アメリカのフェデラル・エクスプレスのケースについて，「物流（メタ企業力）―パッケージ追跡力（コア・コンピタンス）―バーコード技術（構成スキル）」がそうした経営資源の集合体であるとみなしている。そのほかに，ホンダのエンジン技術，ソニーの小型化技術，シャープの薄型ディスプレイ技術をコア・コンピタンスの例としてあげている。

ただし，ハメルとプラハラドは，コア・コンピタンスとコア・ビジネスを区別している。コア・ビジネスに固執すると，自社のビジネスの範囲を狭め，新しい競争の場をつかむ可能性を放棄するおそれがあると指摘していることは，コア・コンピタンスの本質を理解するうえで注意すべき点である。したがって，戦略性を欠いたリストラクチャリングには否定的であり，むしろコア・コンピタンスを基盤に多角化を進めることはリスクを軽減し，すぐれた実践例を事業部間で共有することにつながる，と指摘している。

ハメルとプラハラドは，市場でリーダーであり続けるためには，自社のコア・コンピタンスの不断の点検と産業の再定義が不可欠であるとしている。標準的な競争戦略論が重視するコスト削減のための規模の縮小やビジネス手法の再構築などによる効率化のみでは，産業の定義そのものが変化する将来においてリーダーであり続けることができないからである（図4-20）。

ハメルとプラハラドは，持続的優位を確保するために経営者が解答すべき7つの問を用意している（表4-7）。それぞれの問は，時間軸にそって「現在に

図 4-20　3つの競争優位源泉

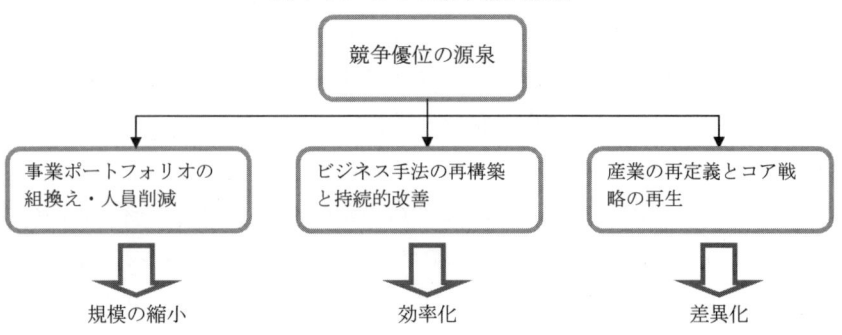

```
                    競争優位の源泉
        ┌───────────────┼───────────────┐
  事業ポートフォリオの    ビジネス手法の再構築     産業の再定義とコア戦
  組換え・人員削減        と持続的改善            略の再生
        ↓                    ↓                    ↓
      規模の縮小             効率化              差異化
```

出所) Gary Hamel, C. K. Prahalad（1994）, *Competing for the Future*. Boston MA: Harvard Business Scool Press, p.15. より作成。

表 4-7　持続的競争優位のための問い

現在に関する問い	将来（5～10年後）に関する問い
どのような顧客をターゲットに財・サービスを提供しているのか？	将来は，どのような顧客をターゲットに財・サービスを提供するのか？
どのようなチャネルを利用して，顧客に財・サービスを提供しているのか？	将来は，どのようなチャネルを利用して顧客に財・サービスを提供するのか？
現在の競争相手は誰か？	将来の競争相手は誰か？
現在の競争優位の源泉は何か？	将来の競争優位の源泉は何か？
現在の利益源泉は何か？	将来の利益源泉は何か？
自社に独自性を付与するスキルやケイパビリティは何か？	将来において自社に独自性を付与するスキルやケイパビリティは何か？
現在，どのような最終財市場に参入しているか？	将来は，どのような最終財市場に参入することになるのか？

出所) Gary Hamel, C. K. Prahalad（1994）*Competing for the Future*. Boston MA：Harvard Business School Press , pp.16-17. より作成。

関する問い」と「将来に関する問い」の2つ問いで構成されている。

　経営トップが，「将来に関する問い」について解答を用意していない場合，あるいはその解答が実質的に「現在に関する問い」に対する解答と同じならば，企業はリーダーとして生き残る可能性はほとんどない，とハメルとプラハ

ラッドは指摘している。現在,企業がリーダーであるとしても,今後10年間で市場そのものが大きく変化する可能性が高いからである。その意味で,持続的（sustaining）なリーダーシップというものはありえず,リーダーシップの本質そのものを繰り返し定義し直す必要がある。

4-2. バーニーのリソース・ベースト・ビュー

(1) 4つの資本

バーニーは,企業の持続的成長やパフォーマンスは,ポジショニングではなく,経営資源の優劣によって決まる,と主張する。競争が激しく,Wal-Mart, Amazon, Dell Inc. など収益的な魅力度は低い産業に位置しながらも,高い収益力を獲得している企業があるのは,経営資源ないしはケイパビリティ（capability）に格差があるからだと考えられる。ケイパビリティは,企業の持続的成長や高いパフォーマンスに寄与する経営資源の独自能力である。

バーニーは,まず経営資源を「すべての資産,能力,情報,ナレッジなど,企業がコントロールし,企業の持続的成長に寄与するすべてのもの」と定義し,これを次の4つの資本として類型化している。

① 財務資本（financial capital）

財務資本は,戦略を構想し,実行するうえで企業が利用できる金銭的資源である。株主の出資金である資本金,銀行からの借入金,内部留保された利益などが主な財務資本である。

② 物的資本（physical capital）

物的資本とは,企業が所有する工場,設備,物流システムなどである。

③ 人的資本（human capital）

人的資本は,人材育成プログラム,組織構成員であるマネジャーの経験,知性,人間関係,洞察力などが含まれる。

④ 組織資本（organizational capital）

人的資本は組織構成員を経営資源としてとらえるのに対して，組織資本は個人の集合体である組織そのものを資本としてとらえる。公式・非公式の計画・管理・調整のシステム，企業内部における集団間の非公式な関係，自社と他社との関係などが組織資本に含まれる。優れた企業は，自社の経営手法に対する社会の肯定的評価を組織資本として活用し，労働市場，流通ネットワーク，顧客グループへの有利なアクセスを獲得しているため，組織資本は人的資本とは別の資本としてとらえるのである。

　バーニーは，4つの資本の中でも，とくに人的資本と組織資本を重視し，この2つの資本がケイパビリティを生み出す要素として，自社独自の経験，サプライヤーとの緊密な関係，顧客との密接な関係，従業員との密接な関係，をあげている。バーニーの説明によれば，トヨタ自動車のケイパビリティはサプライヤーとの緊密性，ソニーや本田技研工業のケイパビリティは顧客との緊密な関係によってもたらされた顧客ロイヤリティである。

(2) VRIO フレームワーク

　バーニーのリソース・ベースト・ビューは，次のような前提に立っている。第1に，「企業は経営資源の集合体であり，それぞれの企業の経営資源は異質である」という前提である。この前提は，企業の経営資源の異質性（resource heterogeneity）の前提と呼ばれている。

　第2に，「経営資源のなかには，その複製のためのコストが極めて大きいか，供給が非弾力的なものがある」という前提である。この前提は，経営資源の移転困難性（resource immobility）の前提と呼ばれている。

　かりに，①企業が有利な事業機会を創造することのできる経営資源を保有しており，②その経営資源を保有する企業が少数であり，③その経営資源を複製するコストが極めて高いか，供給が非弾力的である，という条件が満たされれば，当該経営資源は企業の競争優位の潜在的源泉となる。

　バーニーは，経営資源の分析を競争優位性の判定に適用するために，VRIOフレームワークを提示している（表4-8）。このフレームワークは，企業の経

企業と戦略 第4章

表 4-8　VRIO フレームワーク

---

1. 経済価値（value）に対する問い
　企業の保有する経営資源ないしはコンピタンス（ケイパビリティ）は，企業が外部環境における脅威（threats）や機会（opportunities）に対処することを可能にするか？
2. 希少性（rarity）に関する問い
　その経営資源を保有する企業は，少数であるか？
3. 模倣（imitability）に関する問い
　その経営資源を保有していない企業は，その経営資源の獲得または開発に大きなコストを負担することになるであろうか？
4. 組織（organization）に関する問い
　経済価値，希少性，模倣困難性の条件を満たす経営資源を効率的に活用するために最適な組織であるか？

営資源に対する4つの問で構成されている。

1）経済価値に関する問い

　ある企業の経営資源に強みがあるためには，企業が保有する経営資源を活用することによって外部環境における機会（opportunities）を捉え，脅威（threats）を無力化することができなければならない。

　超小型のエレクトロニクス製品をデザインし，製造販売するソニーの経営資源や，サブストレート（substrates，酵素の作用により化学反応を引き起こす物質），コーティングや接着剤で培った3Mの経営資源は，経済価値の高い経営資源である。

2）希少性に関する問い

　経済価値はあっても多くの競合企業が保有する経営資源は，競争優位の源泉にはなりにくい。ネットオークションやインターネット証券取引のシステム，POSシステムは，経済価値のある経営資源であるが，多くの企業が保有しているため，このシステムを構築しただけでは競争優位の源泉にはなりにくい。

　もっとも，多くの競合企業が保有する経営資源は，それが無価値なものであることを意味しない。経済価値はあるが希少でない経営資源は，業界における均衡状態を生み出し，企業の生存を保障するものと考えられる。この均衡の下では，特定の1社が他社に対して競争優位に立つことはないが，企業が生き残

る条件になる。また，市場が成長すれば，各企業の利益も増加する。

3) 模倣困難性に関する問い

経済価値があり，かつ希少な経営資源が競争優位の源泉になるのは，経営資源の模倣が不可能であるか，不完全に模倣可能 (imperfectly imitable) な場合である。模倣困難な経営資源を最初に獲得した革新的企業は，持続的競争優位 (sustainable competitive advantage) を手に入れることができる。

優れた経営資源を模倣することが困難である理由として，バーニーは「特異な歴史的条件」(unique historical conditions) をあげている。この主張は，ある企業が優れた経営資源を獲得・開発・活用する能力を獲得したのは，その企業が「いつどこにいたか」に依存する，という考え方にもとづいている。いったんその時点や歴史が経過してしまうと，他の企業が模倣することは時間的またはコスト的に困難になる。なぜならば，そうした経営資源を獲得するためには，過ぎ去った時間をもう一度再現しなければならないからである。こうした不利益を「時間圧縮の不経済」(time compression diseconomies) と呼ぶ。

4) 組織に関する問い

経済価値があり，希少で模倣困難な経営資源をもつ企業は，そうした経営資源を効率的に活用する組織を有していなければならない。組織に関する問いは，「自社が保有する経営資源の潜在的ポテンシャルを最大限に発揮するように組織されているか？」という問いである。

組織を構成するさまざまな要素が，この問いに対して重要な意味をもつ。主な要素として，指揮・報告系統，マネジメント・コントロール・システム，報酬体系などがある。これらの要素は，単独では競争優位の源泉にはならないため，補完的な経営資源およびケイパビリティ (complementary resources and capabilities) と呼ばれている。

(3) VRIO フレームワークの適用

価値 (V)，希少性 (R)，模倣可能性 (I)，組織 (O) に関する問いをもとに，経営資源がもたらすパフォーマンスを判定するために，以下のような分析表を

利用できる。この分析表は，表4-9の経営資源のケイパビリティに関する4つの問い（VRIOフレームワーク）で構成されている。

企業が持続的競争優位を確保し，標準を上回る財務的パフォーマンスを獲得できるのは，これら4つの問に対する解答が"Yes"の場合である。

表4-9　VRIOフレームワーク

経営資源のケイパビリティは，

価値があるか	希少性はあるか	摸倣コストは大きいか	組織的に活用されているか	競争優位の意味合い	財務的パフォーマンス
No	No	No	No	競争劣位	標準を下回る
Yes	No	No	No	競争均衡	標準
Yes	Yes	No	No	一時的競争優位	標準を上回る
Yes	Yes	Yes	Yes	持続的競争優位	標準を上回る

出所）Jay B. Barney（2002）*Gaining And Sustaining Competitive Advantage*, Upper saddle River, NJ: Prentice Hall. より作成。

5.　創発戦略と経営者の役割

以上のように，経営戦略論は，プラニング・スクール，ポジショニング・スクール，リソース・ベースト・ビューの3類型に大別できるが，今日ではゲーム理論的アプローチなど，精緻な戦略論も登場するようになった。

しかしながら，ゲーム理論などの数理的理論を応用した戦略論は，明確な枠組みをもつ個別の戦略課題を解くことに役立っても，企業はいかに持続的な競争優位を築くべきかという問いに解答を与えることはない。

この点について，戦略には「意図された戦略」と「実現した戦略」という2つの戦略があるというミンツバーグの指摘は重要である。ここで「意図された戦略」とは，経営者や本社の戦略スタッフが事前に構想した戦略であり，「実現した戦略」は事後的に観察される企業の行動パターンである。「意図された

戦略」以外に「実現した戦略」がありうるのは，企業の組織は意図せずとも環境に柔軟に適応し，戦略を創発する能力を備えていると考えられるからである。したがって，企業の持続的成長を実現するために，戦略を創発する能力をいかに組織に埋め込むか，という問いそのものが戦略論のテーマになりうる。こうした視点からの戦略論を創発戦略論という。

　創発戦略論は，もともとプラニング・スクールに対するアンチテーゼとして提唱された。プラニング・スクールがトップダウン型の戦略論であるのに対して，創発戦略はボトムアップ型の戦略論である。創発戦略では，現場のミドル・マネジメント以下の組織構成員のイニシアティブを引き出して，それを結集し，さらに進化させる仕組みを構築することが焦点になる。分析の科学性と計画を貫く論理の一貫性を重視するプラニング・スクールに対して，創発戦略論では組織の設計と人材育成に焦点を合わせる。

　なお，創発戦略を得意としてきたはずの日本企業では，近年，ミドル・マネジメントのイニシアティブによる創発の推進力が低下したという見解があることに注意したい。「選択と集中」を掲げるリストラクチャリングでは，ミドル・マネジメントのイニシアティブよりも個別事業の評価・選択が最優先テーマであり，期間を区切った評価になじまない創発への関心を希薄化させたことが一因である。しかしながら，ミドル・マネジメントのイニシアティブを引き出すことの重要性は，環境の変化が加速する状況において，ますます高まるといわざるをえない。ボトムアップの視点を欠いた戦略論からは，企業の持続的成長の構想が生まれることはないであろう。

　もっとも，ボトムアップ型戦略の重要性を強調することが，経営者の役割を軽視することであってはならない。むしろ創発戦略は，経営者の役割の再評価につながらなければならない。

　戦略形成において経営者が果たす役割は，一言でいえば戦略的意図（strategic intent）を明確に示すことである。例えば，日本の小松製作所はアメリカの建設機械メーカー・キャタピラーを，キャノンはゼロックス，ホンダは

フォードを超えることを目標にした。このように明確に設定された目標が，戦略的意図である。

　ここで戦略的意図とは，単なる野心（ambition）ではなく，以下のようなプロセスを伴うものでなければならない。
① 勝利の本質について，組織の関心を集中する。
② 組織の目標と目標達成の価値観を組織構成員に伝え，動機づける。
③ 個人とチームが貢献できる可能性を明確にする。
④ 環境変化に応じて，業務を再定義して戦略的意図への熱意を持続させる。
⑤ 経営資源の配分について，戦略的意図との整合性を常に確認する。

　戦略的意図の提唱者であるハメルとプラハラッドによれば，「自社の業績の達成度を測る物差しは何か？」と問えば，アメリカの大部分の経営者は「株主価値」と答える。しかしながら戦略的意図を持つ経営者は，「グローバル市場においてリーダーシップを握ること」と答える。このような戦略的意図を持続することによって，「グローバル市場におけるトップの座をいかに獲得するか，獲得したトップの座をいかに守るか」という目標に向け，組織と組織構成員のエネルギーを集中させることができる。

　短期的な財務目標の達成のみに関心を集中させる経営者からは，グローバル市場でリーダーシップを獲得するための戦略が生まれることはない。困難な目標を達成する力があるという自信を組織メンバーに共有させ，時間をかけて組織構成員の努力を結集させることこそ経営者の戦略的役割といわなければならない。そのことによって，組織構成員のイニシアティブが引き出され，創発のメカニズムが活かされるのである。

注

1) Alfred D. Chandler (1962) *Strategy and Structure: Chapters in the History of the American Industrial Enterprise.* Cambridge, MA : MIT Press
2) Kenneth R. Andrews (1971) *The Concept of Corporate Strategy. Homewood,* Ill: H. Dow Jones-Irwin.
3) Porter, M.E. (1980) *Competitive Strategy,* Free Press, New York.

第5章 企業を読み解くための会社法

1. 会社法の歴史

　第2章でみたように，戦前の日本の会社法はドイツ法の影響を強く受け，株式会社における株主の支配権を絶対視し，会社のすべての重要な意思決定は株主の意思によることとした。とくに，1938年の改正前商法では，取締役は株主でなければならないと規定し，会社の支配権と所有権は一致すべきものとしていた。

　戦後は，アメリカ法の強い影響を受けて1950年に大改正を行い，「所有と経営の分離」を制度化した。改正のポイントは，取締役会と代表取締役制度を導入するとともに，その権限を強化したことである。この改正により，会社の経営者である取締役は，株主総会で選任され，取締役会が選定した代表取締役が業務を執行することとなり，資本と分離された経営権が確立されることになった。さらに，財務面でも授権株式制や資本準備金，利益準備金の制度が導入され，資金調達や資本蓄積が容易にできるようになった。同時に，株主権の強化のため，少数株主権，株式買取請求権などが規定された。

　その後，取締役の行動のチェックシステムを強化する目的で，大会社について証券取引法の監査制度が整備されたことを受け，1974年には商法においても，監査役の権限の強化や会計監査人制度の導入など，監査制度に関する大改

正が行われた。さらに，1981年の改正では，株主総会の活性化を図るために，株主の提案権，取締役等の説明義務，監査制度の強化，株主権の行使に関する利益供与の禁止などに関する規定が置かれた。

2000年以降は，改正の頻度はさらに高まったが，とくに注目されるのは，コーポレート・ガバナンス（企業統治）の強化のための改正と財務活動に関わる改正である。前者に関連する改正としては，監査役の任期を4年とし，とくに2001年の改正において大会社については社外監査役の資格要件を厳格化し，監査役の半数以上は社外監査役であることが要求されることになった。また，財務活動に関わる改正としては，自己株式（金庫株）関連規定の大幅な見直しが行われ，自己株式の取得・保有の目的・数量や保有期間に関する規制が撤廃された。さらに，額面株式の廃止，公募増資手続の緩和などの改正が行われた。

以上のような度重なる改正を経て，2005年7月には，会社法制全般について現代化を図るべく，商法から独立した新法典として会社法が制定された。会社法は，2006年5月から施行されている。

会社法の重要な改正点は，第1に，株式会社と有限会社をひとつの会社類型（株式会社）として統合するとともに，あらたに合同会社制度を導入した。第2に，経営に機動性と柔軟性を付与するため，合併，会社分割などの組織再編行為についての要件緩和や略式再編制度の新設等を行い，さらに剰余金分配の回数制限の見直し，取締役会かぎりでの配当の決定を認める規定を新設した。

第3に，会社経営の健全性を高めるため，大会社における内部統制システムの構築を義務化し，会計監査人設置の範囲を拡大した。

以上の改正に加え，会社法は，すべての株式について譲渡制限を設けている株式会社（全部株式譲渡制限会社）とそれ以外の株式会社に区別して，それぞれに異なる規制に服すこととした。前者の株式会社を非公開会社という。この規制により，非公開会社である非大会社（資本金の金額が5億円未満かつ負債総額が200億円未満の会社）は，取締役会を設置しない機関設計も認められることとなった。また，こうした取締役会非設置会社では，株主総会は一切の事項

を決議できる万能の機関とするなど,注目すべき規定も設けられた (295 Ⅰ)。要するに株式会社は所有と経営の分離の実態に即した機関設計が可能になったのである。

2. 会社の形態

会社法は,会社形態として株式会社,合名会社,合資会社,合同会社の4つを認めており,株式会社以外の3形態の会社を持分会社と呼んでいる(表5-1)。

1) 株式会社

株式会社の株主は,会社債権者に対して出資額を限度に責任を負い,それを超えて会社債権者には一切の責任を負わない。出資は,金銭その他の財産によることを原則とし,労務出資や信用出資は認められない。

株式会社では,1株1議決権を原則とする株主総会で選任された取締役が取締役会を構成し,経営上の意思決定を行う。取締役会は,その決定を執行する機関として代表取締役を選定する。このような機関設計により,株式会社の所有と経営は制度的に分離されている。

株主は,株式を譲渡することにより投下資本を回収できるのが原則であり,これを株式の自由譲渡性という。会社法は,株式の自由譲渡性を原則とするが,一定の方法により譲渡性を制限することも認めている。

表5-1 会社法上の会社の類型

	株式会社
持分会社	合名会社
	合資会社
	合同会社

2）合名会社

合名会社は，出資者である社員全員が会社の債権者に対して無限の人的責任を負う会社である。民法上の組合に似ているが，合名会社の各社員は会社債務の全額について連帯責任を負う半面，債権者に対してまず会社資産から弁済を受けるように求めることができる。出資の形態は，金銭その他の財産の出資のほか，労務出資，信用出資が認められている。

合名会社では，全社員がそれぞれ業務を執行し，会社を代表するが，定款で別段の定めをすることができる。持分の譲渡も可能であるが，全社員の同意が必要である。

3）合資会社

合資会社は，会社債権者に対して有限責任を負う社員と無限責任を負う社員からなる会社である。有限責任社員は，定款に記載された出資の額を限度に責任を負う。

合資会社における業務執行と会社代表は，合名会社の場合と同様である。持分の譲渡には，全社員の同意を必要とするのが原則であるが，業務を執行しない有限責任者社員の持分の譲渡は，業務を執行する全社員の同意があればできる。

4）合同会社

合同会社は，アメリカのLLC（limited liability company）をモデルにした会社形態であり，出資者の人的なつながりが強い企業組織を前提にしながらも，出資者全員の有限責任をみとめるところに特徴がある。

この点で，合同会社は株式会社に似ているが，株式会社と違って決算公告の義務がなく，会計監査人を設置する必要もない。合同会社は，少数の出資者がみずから経営する閉鎖的会社であることが想定されているからである。

以上の4形態の会社の中で，株式会社は数の上で圧倒的であるだけでなく，大規模な会社が株式会社以外であることは例外的である（表5-2）。有限責任制と持分（株式）の自由譲渡性という特徴を備えた会社は株式会社だけであ

企業を読み解くための会社法 | 第5章

表5-2　形態別・資本金階級別法人企業数

(平成20年度)

資本金 形態	1億円未満	1億円以上 10億円未満	10億円以上	合計
株式会社	2,478,769	22,155	6,737	2,507,661(96.3)
合名会社	4,614	0	0	4,614(0.2)
合資会社	25,155	17	1	25,173(1.0)
合同会社	11,778	44	9	11,831(0.5)
その他	52,195	1,226	665	54,086(2.1)

注)　カッコ内は全会社数に占める構成比（％）
出所)　国税庁統計より作成。

り，それ以外の会社形態では，リスクのある事業への資本投下のため，不特定多数の出資者から資本を調達することが不可能だからである。

3. 株式制度

　株式とは，株式会社における出資者である株主の地位を細分化して均等な割合的単位にしたものである。株主の地位が割合的単位に細分化される結果として，多くの人々がその資力に応じて株主として出資することが可能になる。同時に，株主が投下した資本を回収するために，株式を譲渡することが容易になる。

　株式の基本的性格は，その均一性である。株式の均一性により，それぞれの株主は所有する株式数に応じた権利をもつことになる。しかし他方で，株式を1株未満に細分化することはできない（株式の不可分性）。

　株式制度についても，近年，注目すべき改正があった。第1に，2001年の商法改正以前には，額面株式と無額面株式とを認めていた。額面株式は，額面のある株式，すなわち定款において1株の金額の定めがあり，その金額（株金額）が株券にも表示される株式である。他方，無額面株式は，株券に株金額の

133

記載がなく，単に株式数のみが記載される株式である。

2001年の商法改正以前には，会社は額面株式と無額面株式の両方を発行することもできたが，多くの会社は額面株式のみを発行していた。2001年の商法改正では，額面株式制度そのものを廃止したため，株式会社が発行する株式はすべて無額面株式となった。

第2に，2004年の商法改正は，株券不発行制度を新設し，定款で定めれば，株券を発行とすることを認めた。株券不発行制度を導入した理由は，上場会社株式のように高度な流動性が必要な会社については保管振替制度[注1)]を利用してペーパレス化を進めるとともに，株主が固定的な中小会社については，株券の流動性を重視する必要がないからである。

2006年に施行された会社法は，旧商法における株券不発行を例外とする扱いを逆転させた。すなわち，会社は原則として株券を発行しないものとし，定款の定めがある場合に限り，株券を発行することとした。

4. 株主の権利

(1) 自益権と共益権

株主の権利は，自益権と共益権に分類できる（図5-1）。自益権は，株主が会社から経済的な利益を受け取ることを目的にした権利であり，剰余金配当請求権，残余財産分配請求権，株式買取請求権がある。

株主が株主総会に出席して行使する議決権は共益権である。共益権は，会社の経営に参加する権利ということができる。株主総会決議取消請求権や取締役等の違法行為差止請求権のように会社の運営を監督是正する権利も共益権である。

(2) 単独株主権と少数株主権

株主の権利には，1株の株主でも行使できる権利（単独株主権）と発行済株式総数の一定割合以上または議決権の一定割合以上か一定数以上を所有する株

図5-1 株式の自益権と共益権

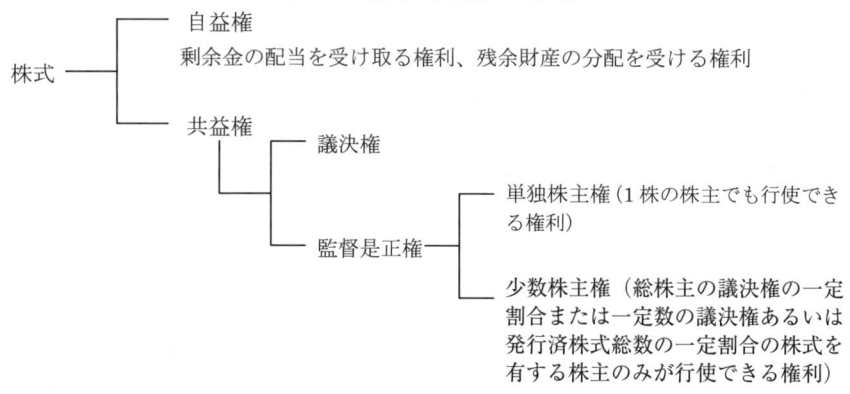

```
株式 ─┬─ 自益権
      │    剰余金の配当を受け取る権利、残余財産の分配を受ける権利
      │
      └─ 共益権 ─┬─ 議決権
                 │
                 └─ 監督是正権 ─┬─ 単独株主権（1株の株主でも行使でき
                                │    る権利）
                                │
                                └─ 少数株主権（総株主の議決権の一定
                                     割合または一定数の議決権あるいは
                                     発行済株式総数の一定割合の株式を
                                     有する株主のみが行使できる権利）
```

出所）弥永真生（2009）『リーガルマインド会社法（12版）』（有斐閣）p.27

表5-3 主な少数株主権

議決権・株式数の要件	保有期間の要件	権利の種類
総株主の議決権の1％以上または300個以上	行使前6カ月	提案権
総株主の議決権1％以上	行使前6カ月	総会検査役選任請求権
総株主の議決権の3％以上または発行済株式総数の3％以上	要件なし	帳簿閲覧権，検査役選任請求権
総株主の議決権の3％以上	要件なし	取締役等の責任軽減への異議権
総株主の議決権の3％以上または発行済株式総数の3％以上	行使前6カ月	取締役等の解任請求権
総株主の議決権の3％以上	行使前6カ月	総会招集権
総株主の議決権の10％以上または発行済株式総数の10％以上	要件なし	解散判決請求権

主のみが行使できる権利（少数株主権）とがある（図5-1，表5-3）。自益権はすべて単独株主権である。しかし，共益権には議決権のような単独株主権と，監督是正権のように単独株主権と少数株主権を含むものがある。

(3) 株主権と単元株制度

　株主権との関係で重要な制度に，単元株制度がある（会社法188Ⅰ）。単元株とは，1個の議決権に対応する株式数である。発行済株式総数と株主数が大きな会社にとって，1株株主にも株主総会での議決権を認め，総会の招集通知と添付書類を送付することは，大きな事務負担になる。このような事務負担を回避する方法として，会社は株式併合を行い，複数の株式を1株にまとめることができる。しかし，株式併合を強制することは，膨大な事務処理を強いることになるため，会社法は単元株制度を採用したのである。

　単元株制度を採用するかどうかは，会社の自由であるが，採用する場合は，1単元に相当する株数を定款で定める（ただし，1,000株を超えることはできない）。単元株制度を採用しない会社の場合，1株に1個の議決権が与えられる。単元株制度は，株式の議決権に関する制度であるから，配当を受け取る権利は影響を受けない。配当の決定は，単元株制度の採否に関わらず，1株当り何円という形で行われる。

　証券取引所における1売買単位も，原則として1単元株数である。東京証券

表5-4　上場会社の1単元株数（東京証券取引所）

(2009年末)

1単元の株式の数	上場会社数			
	東証1部	東証2部	マザーズ	合計
単元株式制度の適用なし	88	27	159	274
10株	18	1	2	21
50株	12	1	—	13
100株	801	172	18	991
500株	31	11	—	42
1,000株	734	240	4	978
合計	1,684	452	183	2,319

出所）東京証券取引所『東証要覧』(2010年) より作成。

取引所上場会社についてみると，1単元を100株とする会社が最も多く，1単元1,000株の会社がこれに続いている（表5-4）。

(4) 株主平等原則と種類株式

株主は，所有する株式の数に応じて平等な取り扱いを受ける。これを，株主平等の原則という。

株主平等の原則に対する例外として，会社法は，第1に，定款により権利の内容が異なる種類の株式の発行を認めている。会社法が，権利の内容が異なる複数の種類の株式（種類株式）の発行を認める理由は，資金調達手段の多様化の要請にこたえるとともに，会社の支配形態についても多様な選択肢を提供するためである。ただし，会社法は種類株式を表5-5の9つの内容に関するものに限定している（会社法108条Ⅰ）。

第2に，非公開会社（全部株式譲渡制限会社）は，剰余金配当，残余財産分配請求権，議決権について株主ごとに異なる取り扱いをする旨を定款で定めることができる。こうした株式も，株式会社と社債に関する規定との関係では，会社法は「内容の異なる種類」の株式（属人的種類株式）とみなしている（109Ⅱ・Ⅲ）。

種類株式を発行するには，各種類の株式の発行済株式総数と内容について一定の事項を定款で定めなければならない。

(5) 株式の譲渡

株主にとっては，会社が解散する例外的な場合を除き，株式を売却することが投下資金を回収する方法であるから，株式の自由譲渡性を保障する必要がある。したがって，会社法も株式の自由譲渡性を原則として認めているが，法律や定款により譲渡性に制限を加えることができる。会社法が子会社による親会社株式の取得を禁止しているのは，法律による自由譲渡性に対する制限である（会社法135条Ⅰ，会社法施行規則3Ⅳ）。

他方，定款により株式の譲渡を制限する場合は，すべての株式について譲渡を制限する場合と，一部の種類の株式の譲渡について会社の承認を必要とする

表5-5 9つの種類株式

配当についての優先株式	普通株式に対して，配当について優先的な扱いを受ける株式である。業績不振な会社は，優先株を発行することにより資金調達の多様化を図ることができる。
残余財産の分配についての優先株式	会社の清算時に残余財産の優先的な分配を受ける株式である。
議決権制限株式	株主総会の承認を要する事項の全部または一部について議決権を持たない株式である。配当に期待し，経営参加には関心のない株主のニーズに応えた株式である。議決権制限株式は，発行済株式総数の2分の1を限度に発行が認められている。
譲渡制限株式	譲渡について，総会または取締役会の承認を要する株式である。株主総会または取締役会の承認を要すると定款で定めるのが原則であるが，譲渡の承認権を代表取締役などに与えることもできる。
取得請求権付株式	株主が会社に対して株式の取得（買取り）を請求できる株式である。典型例は，優先株式に取得請求権が付与されている場合，優先株主がこの権利を行使して，普通株式への転換を請求できるケースである。会社は，普通株式を対価に優先株式を買い取ることになる。
取得条項付株式	会社側が株式の取得権をもつ株式である。会社は，現金や社債を対価に株主から株式を強制的に買い上げることができる。普通株式を対価に優先株式を買い上げることも可能であるから，優先株式を強制的に普通株式に転換させることができることになる。
全部取得条項付株式	株主総会の決議により，会社がその全部を取得できるような株式である。
拒否権付株式	株主総会や取締役会が決議すべき一定の事項について，株主が拒否権を持つ株式である。黄金株式とよばれることもある。
取締役・監査役の選解任権付株式	取締役・監査役の選解任権付株式を持つ株主の決議だけで取締役や監査役を選任または解任できる。

場合がある（会社法107Ⅰ⓵，108Ⅰ④）。制限の仕方は，取締役会設置会社では譲渡について取締役会の承認を必要とし，取締役会設置会社以外では株主総会の承認を要するとするのが原則であるが，定款で代表取締役等の承認を要件とすることもできる。

5. 株式会社の機関設計

5-1. 多様な機関設計

　現代の株式会社では，株主は会社の所有者であっても，株主が自ら経営に参加することは，多くの場合期待できない。そのため，会社法は，株主は株主総会において経営の基本事項を決定し，それ以外の事項の決定と経営の執行を委任するために取締役を選任することとしている。典型的な株式会社では，複数の取締役が取締役会を構成し，取締役会は代表取締役を選定する。代表取締役は業務を執行し，対外的には会社を代表する。

　他方，株主総会は取締役の選任権と解任権によって取締役を監督するほか，単独株主権または少数株主権を行使して取締役の業務執行を監督是正する権限を与えている（前掲表5-3，図5-1）。さらに一定の会社では，取締役の職務の執行を監査する機関として，株主総会は監査役を選任する。

　いずれにせよ，現代の株式会社は「所有と経営の分離」を前提として，経営を監視するための機関が不可欠である。経営の意思決定の迅速性を重視しつつ，その意思決定が会社の所有者である株主の利益を損なわない仕組みを設計することは，コーポレート・ガバナンス（企業統治）の問題として議論されている。

　しかしながら，現代の株式会社には規模や経営と所有の分離の程度において一律に議論できないほどの格差があることも無視することができない。例えば，前掲の表5-2によれば，250万を超える株式会社のうち，資本金が10億円上の株式会社は全体の0.3％を占めるにすぎず，99％の会社は資本金の額が

図5-2 所有と経営の一体と分離
1）小規模な会社（多くは非上場会社）

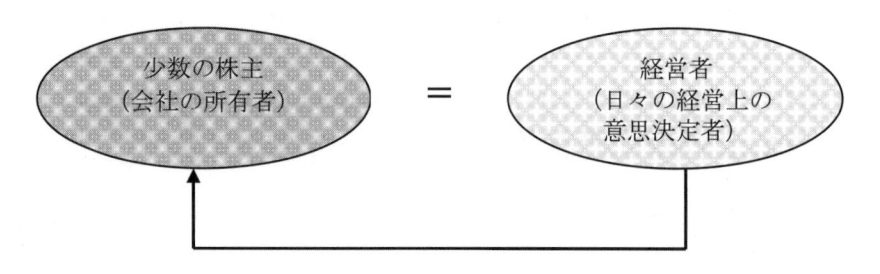

少数の株主
(会社の所有者) ＝ 経営者
(日々の経営上の意思決定者)

> 経営者の多くは、創業者またはその家族の一員であり、大株主(会社の所有者)でもある。

2）大規模な会社（上場会社など）

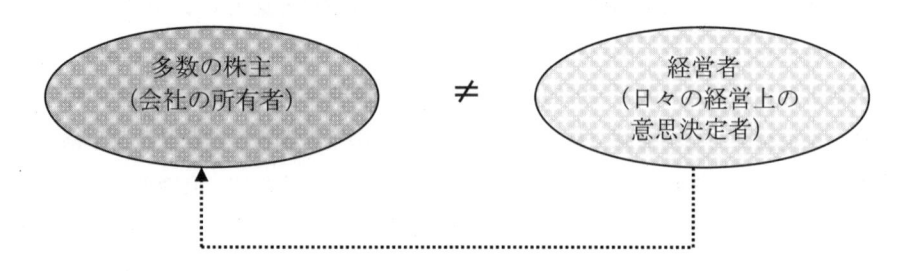

多数の株主
(会社の所有者) ≠ 経営者
(日々の経営上の意思決定者)

> 経営者は株主総会で選任された専門的経営者であり、自社の株式をわずかしか保有していない。

1億円未満である。また，株式が市場で取引される上場会社は，4,000社に満たない。しかも，資本金の額が小さな会社は，ごく少数の株主によって所有され，株主が同時に経営者を兼ねていることが多い（図5-2）。

このような事実に照らすとき，すべての株式会社に画一的な機関設計を要求することは，実態にそぐわない過剰規制になるおそれがあるばかりでなく，株式会社形態による起業の障害にもなりかねない。そこで，会社法は，株式会社の所有と経営の分離に関する実態に則し，機関設計にも多様な選択肢を付与することとした。

会社法は，機関設計について，以下のような閉鎖性基準と規模基準の2つの基準を設けている。

1）閉鎖性基準

閉鎖性基準では，発行するすべての株式に譲渡制限が付されている会社を非公開会社といい，それ以外の会社を公開会社という（会社法2⑤）。したがって，会社法における公開会社は上場会社の意味で使用されることのある「公開会社」とは意味が全く違う。非公開会社は全部株式譲渡制限会社であり，公開会社はそれ以外の会社といったほうがわかりやすいかもしれない。

閉鎖性基準は，会社法の制定に伴い，有限会社法を廃止し，閉鎖的会社制度である有限会社制度を株式会社制度に吸収したことに配慮して導入された基準である。

2）規模基準

最終事業年度の貸借対照表上の資本金の額が5億円以上または負債の合計額が200億円以上の会社を大会社とし，それ以外の会社と区別している（会社法2⑥）。

以上の閉鎖税基準と規模基準から，株式会社は4つに類型化できる（図5-3）。

以上の4類型をもとに，会社法が認める機関設計の選択肢は表5-6と図5-4の通りである。

図 5-3　株式会社の 4 類型

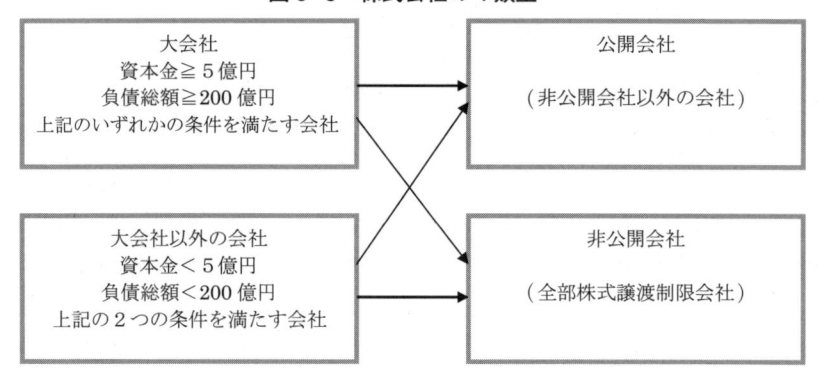

```
┌─────────────────────────┐      ┌─────────────────────────┐
│         大会社           │      │         公開会社         │
│    資本金≧5億円         │      │                         │
│   負債総額≧200億円       │      │   (非公開会社以外の会社)  │
│ 上記のいずれかの条件を満たす会社│      │                         │
└─────────────────────────┘      └─────────────────────────┘

┌─────────────────────────┐      ┌─────────────────────────┐
│      大会社以外の会社     │      │        非公開会社        │
│    資本金＜5億円         │      │                         │
│   負債総額＜200億円       │      │  (全部株式譲渡制限会社)   │
│ 上記の2つの条件を満たす会社 │      │                         │
└─────────────────────────┘      └─────────────────────────┘
```

図の4類型のうち、株式会社としての典型的特徴（所有と経営の分離、株式の自由譲渡性）を備えているのは、大会社である公開会社である。

1）非公開会社である非大会社

非公開会社である非大会社は，取締役だけで，取締役会を置かない機関設計が認められている。旧商法では，株式会社は3人以上の取締役をもって構成する取締役会が必置の機関であったことと大きく異なる点である。

また，取締役会を設置した場合には，監査役を置くのが原則であるが，非大会社である非公開会社は，監査役に代えて会計参与を置くことができる。会計参与は，会社法が新たに設けた会社機関であるが，取締役と共同して計算書類等を作成する。会計参与は，公認会計士・監査法人または税理士・税理士法人でなければならない（333 I）。会計参与は，どのような機関設計を選択した場合でも，任意に置くことができる。また，監査役や監査役会に代えて後述の三委員会制を選択できる。

2）非公開会社である大会社

非公開会社である大会社では，会計監査人は必置の機関である。監査役または監査役会に代えて，三委員会制を選択することができる。

表 5-6　株式会社の機関設計の選択肢

閉鎖性基準 \ 規模基準		非大会社	大会社
非公開会社	取締役会非設置会社	① 取締役 ② 取締役＋監査役 ③ 取締役＋監査役＋会計監査人	⑩ 取締役＋監査役＋会計監査人
非公開会社	取締役会設置会社	④ 取締役会＋会計参与 ⑤ 取締役会＋監査役 ⑥ 取締役会＋監査役会 ⑦ 取締役会＋監査役＋会計監査人 ⑧ 取締役会＋監査役会＋会計監査人 ⑨ 取締役会＋三委員会＋会計監査人	⑪ 取締役会＋監査役＋会計監査人 ⑫ 取締役会＋監査役会＋会計監査人 ⑬ 取締役会＋三委員会＋会計監査人
公開会社		⑭ 取締役会＋監査役 ⑮ 取締役会＋監査役会 ⑯ 取締役会＋監査役＋会計監査人 ⑰ 取締役会＋監査役会＋会計監査人 ⑱ 取締役会＋三委員会＋会計監査人	⑲ 取締役会＋監査役会＋会計監査人 ⑳ 取締役会＋三委員会＋会計監査人

3) 公開会社である非大会社

3人以上の取締役をもって構成する取締役会が必置の機関である。監査役または監査役会に代えて，三委員会制を選択することができる。

4) 公開会社である大会社

「所有と経営の分離」が行われている典型的な株式会社である。取締役会と会計監査人が必置の機関であるが，監査役会に代えて三委員会制を選択することができる。

図5-4 株式会社の機関設計例

<もっとも単純な機関設計>

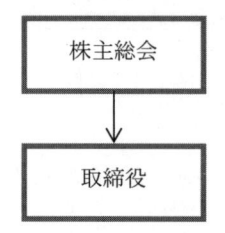

```
株主総会
  ↓
取締役
```

<大会社である公開会社の機関設計(1)>

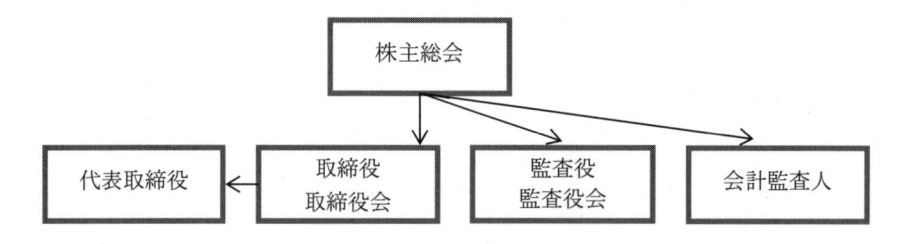

```
              株主総会
       ↙        ↓        ↘
代表取締役 ← 取締役   監査役   会計監査人
           取締役会  監査役会
```

<大会社である公開会社の機関設計(2)>

```
              株主総会
                ↓           ↘
執行役    ← 取締役           会計監査人
代表執行役   取締役会
         ↙    ↓    ↘
    指名委員会 監査委員会 報酬委員会
```

144

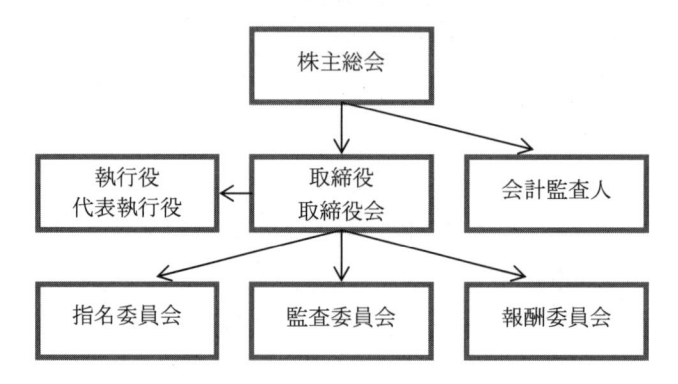

5-2. 大会社である公開会社の機関設計

　コーポレート・ガバナンスのあり方が問われるのは，大会社である公開会社の場合である。市場で株式が取引される上場会社は，大会社である公開会社の典型である。そこで，以下では，大会社である公開会社について，監査役会設置会社と委員会設置会社に分けて，株式会社の基本的な機関設計と権限を説明しよう。

〈監査役会設置会社〉

(1) 株主総会と権限

　株主総会は，株主の総意によって会社の意思を決定する機関である。株主は，会社の所有者である以上，株主総会はすべての事項を決定できるはずである。会社法も，取締役会設置会社以外の会社では，株主総会は一切の事項を決議できる万能の機関であるとしている（295 Ⅰ）。しかし，取締役会設置会社では，経営に関する多くの事項の決定は取締役会に委ねられており，株主総会は会社法と定款が規定する事項に限り決議することができる（295 Ⅱ・Ⅲ）。会社法は，取締役会設置会社における株主総会の権限を表5-7の事項に限定している。

　株主総会における株主の議決権の数は，1株につき1個の議決権である（308 Ⅰ）。単元株制度を採用している場合には，1単元について1個の議決権が与えられる（308 Ⅰ）。

　株主総会における議決権は，株主自身が総会に出席して行使するのが原則で

表5-7　取締役会設置会社における株主総会の法定権限

① 取締役・監査役等の会社機関の選任・解任に関する事項
② 会社の組織変更（定款変更，合併，会社分割等，解散等）
③ 株主の重要な利益に関する事項（株式併合，剰余金配当等）
④ 取締役会に委ねたのでは，株主の利益が害されるおそれが高いと考えられる事項（取締役の報酬等）

ある。ただし，議決権を有する株主が1,000人以上の会社は，書面投票制度を採用しなければならない（298Ⅱ）。

　書面投票を採用する場合，株主総会の招集通知時に，①議決権の行使の参考となるべき事項を記載した参考書類，②株主が議決権を行使するための書面（議決権行使書面），を交付する。電子メール等の電磁的方法での招集通知を承諾した株主については電磁的記録で作成した電磁的方法で提供してもよい（301）。

　株主総会における決議は，その要件は決議事項により異なる。

1）普通決議

　原則として，議決権を行使できる株主の議決権の過半数を有する株主が出席して（定足数），出席した株主の過半数を以て決議する（309Ⅰ）。定足数は，定款をもって加減できるが，役員の選任決議・解任決議は重要な事項であるから，定款の規定をもってしても，定足数を議決権の3分の1未満に引き下げることはできない（341）。

2）特別決議

　定款の変更，会社の合併，事業譲渡，第三者に対する株式の有利発行等，一定の重要な事項の決議については，議決権を行使できる株主の議決権の過半数を有する株主が出席し，その出席株主の議決権の3分の2以上の多数で決定する（309Ⅱ）。特別決議のための定足数は，定款により3分の1まで軽減できる。

3）特殊決議

　特殊決議は，特別決議以上に厳重な要件の決議である。特殊決議には，①議決権を行使できる株主の半数以上，かつ当該株主の議決権の3分の2以上の賛成が必要な場合（309Ⅲ），②総株主の半数以上で，総株主の議決権の4分の3以上の賛成が必要な場合（309Ⅳ）がある。

　株式譲渡制限を定款で定める場合は①の例であり，非公開会社の定款変更を行う場合が②の例である。

(2) 取締役会と権限

取締役会は，取締役の全員をもって構成し，業務執行に関する会社の意思を決定し，かつ取締役の職務執行を監督することを権限とする機関である。公開会社では，取締役会は必置の機関である。また，取締役は3人以上でなければならない（331 Ⅳ）。

公開会社では取締役会が必置の機関であることから，取締役制度そのものの意味が非公開会社とは異なっている。すなわち，非公開会社では，取締役は業務執行機関であり，会社を代表する機関である。しかし，公開会社では，取締役は取締役会の構成員にすぎず，業務執行機関ではない。

したがって，取締役が業務執行を行い，または会社を代表するには，取締役会からそのような権限を与えられなければならない。業務執行権を与えられた取締役を業務執行取締役，業務執行権と会社を代表する権限を与えられた取締役を代表取締役という。後述の委員会設置会社では，業務執行の決定権限は取締役会に属するが，会社を代表するのは代表執行役である（表5-8）。

取締役会は，① 会社の業務執行の決定，② 取締役の職務の執行の監督，③ 代表取締役の選定および解職，を職務とする（362 Ⅱ）。

取締役会が決議すべき①の業務執行としては，以下の事項がある（362 Ⅳ）。
① 重要な財産の処分および譲受け
② 多額の借財
③ 支配人その他重要な使用人の選任および解任
④ 支店その他重要な組織の設置，変更および廃止
⑤ 社債の募集

表5-8 会社代表の機関と業務執行の決定

	会社代表	業務執行の決定
取締役会設置会社	代表取締役	取締役会
取締役会非設置会社	取締役	取締役の過半数
委員会設置会社	代表執行役	取締役会

⑥ 取締役の職務の執行が法令及び定款に適合することを確保するための体制その他株式会社の業務の適正を確保するために必要なものとして法務省令で定める体制の整備
⑦ 定款規定にもとづく取締役等の責任の一部免除

　⑥の体制は，後述の内部統制システムである。以上の事項以外にも，会社法が取締役会の決議事項と定めている事項は多数ある。また，法定事項以外についても取締役会で決定できるが，取締役会は招集によって会合する会議体であるため，日常的事項の決定は代表取締役等に委ねられている。

　なお剰余金の配当は，株主総会決議により行われるが（454 I），公開会社である大会社では，一定の条件の下で，取締役会の権限とすることができる。すなわち，会計監査人設置会社かつ監査役会設置会社および委員会設置会社は，定款で定めることにより，剰余金配当を株主総会ではなく，取締役会の権限とすることが認められている。ただし，会計監査人設置会社かつ監査役会設置会社では，定款で取締役の任期を1年と定めることが条件になる。

(3) 監査役会と権限

　委員会設置会社以外の大会社で公開会社である会社は，監査役会を置かなければならない（328 I）。監査役会は，3人以上の監査役をもって構成するが，その半数以上は社外監査役でなければならない（335 Ⅲ）。社外監査役とは，過去にその会社または子会社の取締役，会計参与，執行役または支配人その他使用人なったことがない者である。

　監査役会は，すべての監査役で組織し，以下の業務を行う（390 I・Ⅱ）。
① 監査報告の作成
② 常勤の監査役の選定および解職
③ 監査の方針，会社の業務及び財産の状況の調査その他の監査役の職務の執行に関する事項の決定

　②の常勤監査役とは，会社の営業時間中，原則として，その会社の監査役としての職務を行うものをいう。換言すると，他に常勤の職を有しない者であ

る。

　また，会計監査人の選任・解任・不再任の議題への同意，会計監査人の報酬等の決定等への同意，なども監査役会の権限とされている。

(4) 会計監査人

　会計監査人は，計算書類等の監査をする者である。大会社と委員会設置会社は，会計監査人を置かなければならないが（327 Ⅳ・328 Ⅱ），それ以外の会社では，設置は任意である。会計監査人は，公認会計士または監査法人でなければならない（337 Ⅰ）。会計監査人の選任は，株主総会の普通決議で行う（329 Ⅰ）。任期は，1年である（338 Ⅰ）。

　会計監査人は，会社の計算書類（435 Ⅱ）およびその付属明細書，臨時計算書（441 Ⅰ），連結計算書類（441 Ⅰ）を監査する（396 Ⅰ）。会計監査人は，計算書類等の監査について，会計監査報告書を作成しなければならない（396 Ⅰ・会社法施行規則 110・会社計算規則 154）。

〈委員会設置会社〉

　取締役会と会計監査人を置く会社は，定款の定めにより委員会設置会社になることができる（326 Ⅱ）。委員会設置会社は，業務執行や監査・監督の仕組みが他の機関設計をとる会社とは大きく異なる（前掲図5-4参照）。

　第1に，取締役会の役割は，経営の重要事項の決定と委員会構成員および執行役の選任その他の監督機能が中心になり，監査・監督の基本的機能は指名委員会，監査委員会，報酬委員会という3つの委員会が担う。

　第2に，監督と執行が明確に分離され，業務執行は執行役が担当する。執行役とは，取締役会決議により委任された業務執行の決定をし，業務執行をする会社機関である（418）。その任期は1年であるが，取締役が執行役を兼務することも認められている。委員会設置会社では，取締役の任期も1年である。

　また，執行役が一人の場合は，その者が対外的代表権を持つ代表執行役になるが，執行役が複数いる場合には取締役会が代表執行役を選任する（420 Ⅰ）。

委員会設置会社では，以下の3つの委員会を設置する。各委員会は，取締役会決議で選定した取締役である委員3人以上で構成するが，その過半数は社外取締役でなければならない。社外取締役とは，株式会社の取締役であって，その会社または子会社の業務執行取締役もしくは執行役または支配人その他の使用人でなく，かつ過去にその会社または子会社の業務執行取締役もしくは執行役または支配人その他の使用人となったことがないものである（2⑮）。

1）指名委員会（404Ⅰ）

指名委員会は，株主総会に提出する取締役および会計参与の選任・解任に関する議案の内容を決定する。

2）監査委員会（401Ⅱ）

監査委員会は，執行役等（執行役，取締役，会計参与）の職務の執行の監督をし，監査報告書を作成する。また，株主総会に提出する会計監査人の選任・解任および会計監査人を再任しないことに関する議案の内容を決定する。

監査委員会は，監査役および監査役会と同じ権限を有する。しかし，監査役および監査役会の権限には，取締役の職務執行が法令や定款に適合しているかどうかを監査（適法性監査）する権限は含まれるが，その妥当性について監査（妥当性監査）する権限は含まれないと考えられている。監査委員会には，妥当性監査の権限が与えられている（405-407・408）。

3）報酬委員会（404Ⅲ）

報酬委員会は，執行役等の個人別の報酬等の内容を決定する。執行役が支配人その他の使用人を兼ねているときは，その支配人その他の使用人の報酬等の内容についても決定する。

5-3. 内部統制システム

取締役会の決議事項とされている内部統制システムは，会社の業務の有効性および効率性，財務報告の信頼性，および法令順守（コンプライアンス）が達

表5-9 内部統制システムの概要

取締役会設置会社
① 取締役の職務の執行にかかわる情報の保全および管理に関する体制
② 損失の危険の管理に関する規程その他の体制
③ 取締役の職務が効率的に行われていることを確保するための体制
④ 使用人の職務の執行が法令および定款に適合することを確保するための体制
⑤ 会社ならびにその親会社および子会社からなる企業集団における業務の適正を確保するための体制

取締役会・監査役設置会社
取締役会設置会社に関わる①〜⑤に加えて以下の事項が含まれる。
⑥ 監査役がその職務を補助すべき使用人を置くことを求めた場合におけるその使用人に関する事項
⑦ ⑥の使用人の取締役からの独立性に関する事項
⑧ 取締役および使用人が監査役に報告をするための体制その他の監査役への報告に関する体制
⑨ その他監査役の監査が実効的に行われることを確保するための体制

成されるように設計された組織的取り組みである。会社法は，すべての大会社に内部統制システムの構築を義務づけるとともに，基本方針の決定は取締役会が行わなければならないとした。内部統制システムにかかわる決定ないし決議の内容は，後述の事業報告に記載しなければならない。表5-9は，会社法施行規則が定める内部統制システムである。

内部統制システムについては，会社法に加え，金融商品取引法にも規定されている。しかし，会社法と金融商品取引法では，内部統制の対象範囲や内部統制の主体について重要な違いがある（図5-5）。

1）適用対象会社の相違

会社法の内部統制システムの構築は，すべての会社に義務づけているのに対して，金融商品取引法の内部統制システムは上場会社のみに適用される。

2）内部統制の対象範囲

会社法の内部統制が全社的な内部統制事項に及ぶのに対して，金融商品取引法の内部統制は財務報告にかかわる事項に限定されている。

図5-5 会社法と金融商品取引法による内部統制システム

(a) 法律が適用される会社の範囲の差異　　　　(b) 保護される利害関係者の範囲の差異

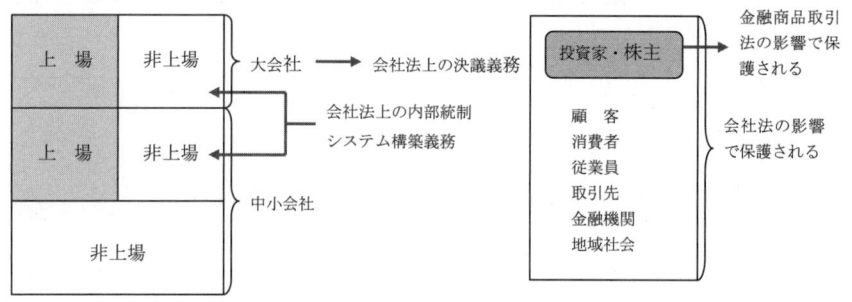

```
┌─────┬─────┐
│ 上場 │ 非上場 │──大会社 ──→ 会社法上の決議義務
├─────┼─────┤         ┐
│ 上場 │ 非上場 │──────┤  会社法上の内部統制
├─────┴─────┤         ┘  システム構築義務
│           │──中小会社
│   非上場   │
└───────────┘
```

投資家・株主 ── 金融商品取引法の影響で保護される

顧客
消費者
従業員
取引先
金融機関
地域社会
── 会社法の影響で保護される

上場会社＝金融商品取引法の適用
出所）鳥飼重和「情報センサー　会社法の解説〈3〉内部統制について(その1)」(2006年8月号)より作成。

3）内部統制の主体

会社法上の内部統制は，対象範囲が全社的な内部統制事項に及ぶことから，取締役会が内部統制の主体になる。他方，金融商品取引法上の内部統制は，財務報告に対する信頼性を確保することが目的である。そこで金融商品取引法は，内部統制の主体を代表取締役と定め，代表取締役が財務報告に関わる内部統制の整備・運用を評価・報告することとした。

5-4. 上場会社の機関設計の状況

上場会社は，典型的な公開会社である大会社である。したがって，会社の機関設計は，監査役会設置会社（取締役会＋監査役会＋会計監査人）か委員会設置会社（取締役会＋三委員会＋会計監査人）のいずれかである。

東京証券取引所「東証上場会社コーポレート・ガバナンス白書2009」によれば，東証上場会社のうち，委員会設置会社を選択している会社は，全体の2.3％と極めて少ない。日本の株式会社は，長く監査役制度により運営されてきたこと，委員会設置会社における三委員会の構成員の過半数は社外取締役であることが要求されること，などが機関設計に影響しているものと考えられ

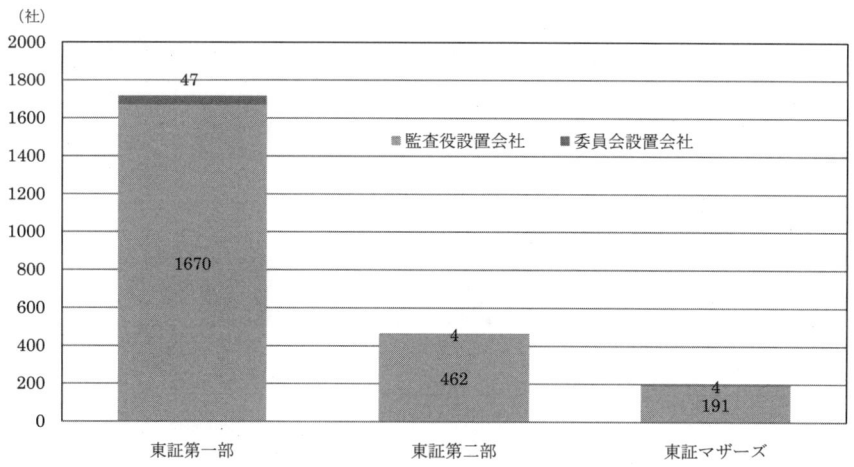

図5-6　東証上場会社の機関設計

（社）縦軸、東証第一部：監査役設置会社 1670、委員会設置会社 47；東証第二部：監査役設置会社 462、委員会設置会社 4；東証マザーズ：監査役設置会社 191、委員会設置会社 4。

出所）東京証券取引所「東証上場会社コーポレート・ガバナンス白書2009」より作成。

る。

　ただし，市場区分別に委員会設置会社を選択している会社の割合をみると，第一部上場会社は委員会設置会社の割合がやや高い（図5-6）。また，連結ベースの従業員数，売上高および連結子会社数が大きな会社ほど，委員会設置会社を採用する会社が多い。

　注目すべきことは，外国人株式所有比率が高い会社に，委員会設置会社が多いという点である。すなわち，外国人株式保有比率が30％以上である会社の割合は，委員設置会社では32.7％であるのに対して，監査役会設置会社では8.4％にすぎない。他方で，外国人株式所有比率が10％未満である会社の割合は，委員会設置会社では全体の21.8％であるが，監査役会設置会社では56.7％である（図5-7）。

　以上の関係を市場別でみると，東証第一部上場会社の委員会設置会社割合が最も高く，次いで東証マザーズの割合が高い。このことは，外国人株式所有比率が30％を超える会社の割合は，東証第一部上場会社，東証マザーズ上場会

図5-7 外国人株式保有比率と機関設計（％）

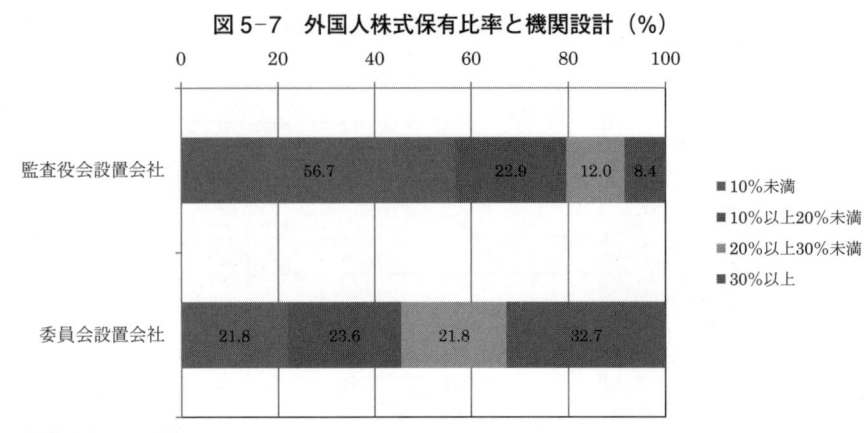

監査役会設置会社: 56.7 / 22.9 / 12.0 / 8.4
委員会設置会社: 21.8 / 23.6 / 21.8 / 32.7

■10％未満
■10％以上20％未満
■20％以上30％未満
■30％以上

出所）図5-6に同じ。

図5-8 取締役の人数

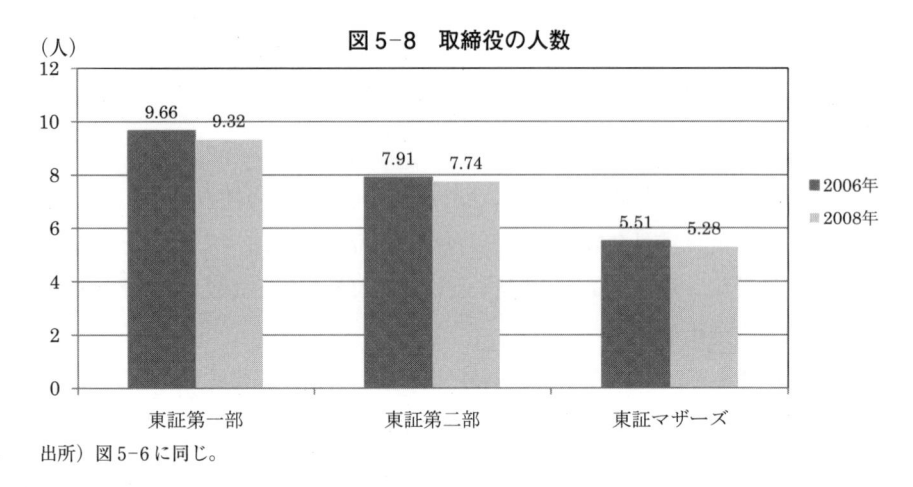

東証第一部: 9.66（2006年）, 9.32（2008年）
東証第二部: 7.91（2006年）, 7.74（2008年）
東証マザーズ: 5.51（2006年）, 5.28（2008年）

出所）図5-6に同じ。

社，東証第二部上場会社の順であることと関連している。

元来，会社法の委員会設置会社制度は，アメリカの上場会社のガバナンス構造を参考に導入されたものであることから，外国人株式所有比率の高い上場会社は，アメリカ型の機関設計が外国人投資家の支持をより得やすいものと判断していることを窺わせる。

また，図5-8は取締役の人数に関する統計である。取締役の人数は，趨勢的に減少しているが，2008年における東証上場会社平均で8.68名であった。これを市場別にみても，各市場の上場会社とも取締役の人数は趨勢的に減少している。

　上場会社において取締役の人数が減少した理由としては，業務監査と業務執行を分離するアメリカ型のコーポレート・ガバナンスの影響が考えられる。業務執行と業務監査を明確に分離するアメリカ型のコーポレート・ガバナンスを取り入れる例としては，1998年にソニーが執行役員制度を導入して以来，これに追随する会社が増加し，同時に業務監査機関としての取締役会の構成員数を減少させる動きが顕著になった。

　さらに，2002年の商法改正では，アメリカ型コーポレート・ガバナンスを制度化した委員会等設置会社を導入し，新会社法も監査役会設置会社とともに委員会設置会社を認めたことは，前述の通りである。しかし，監査役会設置会社においても，社内的には執行役員を置き，取締役を少人数にとどめる改革を進めた上場会社が少なくない。

　なお，白書によれば，外国人株式所有比率による分類との関係では，この比率が高いほど，取締役の人数が増加する傾向が認められる。しかし，これは外国人株式所有比率が取締役の人数に直接影響しているのではなく，この比率が高い会社は比較的規模の大きな会社が多いことに起因するものと考えられる。

　また取締役について，社外取締役を選任している会社は，2008年において東証上場会社の約45％であり，監査役会設置会社においても44％と半数近い上場会社が社外取締役を選任している。

　社外取締役の1社当たりの平均人数は，東証上場会社平均では0.86人である。これを監査役会設置会社および委員会設置会社の区分でみると，前者の社外取締役平均数は0.86人，後者のそれは4.47人であり，どちらの区分の会社も社外取締役数はわずかながら増加している。

　委員会設置会社について会社法は，各委員会において委員の過半数が社外取

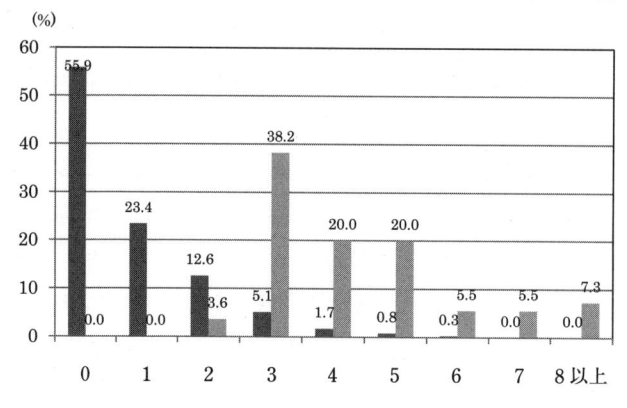

図 5-9 社外取締役の人数（2008 年）

(%)

	監査役会設置会社	委員会設置会社
0	55.9	0.0
1	23.4	0.0
2	12.6	3.6
3	5.1	38.2
4	1.7	20.0
5	0.8	20.0
6	0.3	5.5
7	0.0	5.5
8以上	0.0	7.3

出所）図 5-6 に同じ。

締役であることを義務づけているが，監査役会設置会社においても社外取締役を自発的に選任する会社は多いことが窺える[注2]。

監査役会設置会社の社外取締役の選任状況・人数については，筆頭株主の株式所有比率が低くなるほど社外取締役を選任している会社の比率は低くなり，社外取締役の人数も少ない傾向が認められる。

これは，筆頭株主の所有比率が高くなるほど，社外取締役を置くことで，取締役会の中立性をアピールするためとも解釈することができる。他方で，筆頭株主の所有比率が高くなるほど，社外取締役に占める親会社・関係会社の出身者の割合が高くなる傾向が認められるため，それらの者が社外取締役に選任される結果，社外取締役選任の比率や人数を高めている可能性があると，白書は指摘している。

6. 会社の計算と計算書類

6-1. 計算書類と計算書類等

　会社法は，株式会社の計算についても詳細な規制を設けている（431-462）。株式会社の計算に関する規制の目的は，分配可能額の計算と会社の財務内容の開示である。

　合名会社や合資会社では，計算も会社の自治に委ねられている。その理由は，全社員または一部の社員が会社債権者に対して無限責任を負うため，会社財産の確保を通して会社債権者を保護する必要がないからである。

　他方，株式会社は，会社財産のみが会社債権者に対する唯一の担保になることから，会社債権者保護のために会社財産を維持しなければならない。同時に，会社債権者が会社の財政状態や経営成績を正しく把握できるよう情報開示を義務づける必要がある。

　このような目的を達成するため，株式会社には，①貸借対照表，損益計算書，株主資本等変動計算書，個別注記表，②事業報告，③付属明細書，の作成を義務づけられている（435Ⅱ，会社計算規則59Ⅰ）。①の書類を計算書類，計算書類に②，③を加えたものを計算書類等という。

　また株式会社は，定時株主総会の終結後遅滞なく貸借対照表（大会社では貸借対照表と損益計算書）を官報または日刊紙で公告する（440Ⅰ，会社計算規則164・176）。貸借対照表等の公告は電子公告によることができる（440Ⅲ，会社計算規則175）。ただし，金融商品取引法上の有価証券報告書の提出会社は，決算公告の義務は免除される（440Ⅳ）。計算書類の概要は，表5-10の通りである。

　計算書類のうち，個別注記表は財務諸表等規則（連結注記表は連結財務諸表規則）によって要求される注記を記載する。ただし，会計監査人設置会社を除く公開会社でない会社は，重要な会計方針に関する注記，株主資本等変動計算書

表 5-10　会社法上の計算書類

貸借対照表	貸借対照表は、事業年度末における会社の財政状態を明らかにする。資産の部、負債の部、純資産の部からなり、借方には資産が記載され、貸方には負債（法律上の債務と将来の費用に備える引当金を含む）と純資産（株主資本、評価・換算差額等、新株予約権）が含まれる。
損益計算書	損益計算書は、一定の期間に企業が獲得した利益または被った損失を算定する過程を収益と費用に区分して表示し、会社の経営成績を明らかにする。
株主資本等変動計算書	株主資本等変動計算書は、各事業年度における純資産の部の項目の変化を示す。資本金、資本準備金、利益準備金、その他資本剰余金、その他利益剰余金および自己株式の増減を示す。配当の回数規制が廃止されたこと、剰余金の配当の決定が取締役会に委ねられる場合があることを理由に導入された。
個別注記表	個別注記表は、貸借対照表、損益計算書および株主資本等変動計算書により、会社の財産または損益の状態を正確に判断するために必要な事項を記載する。

に関する注記およびその他の注記を記載すれば足りる（計算書類規則98 Ⅱ①）。また、会計監査人設置会社以外の公開会社は、継続企業の前提に関する注記、持分法損益等に関する注記および連結配当規制会社に関する注記を要しない（会社計算規則98 Ⅱ②）。会計監査人設置会社であっても、大会社や有価証券報告書提出会社でもない会社は、持分法損益等に関する注記を要しない（会社計算規則98 Ⅱ③）。

なお、「継続企業の前提に関する注記」は、事業を継続可能であるとの判断であり、ゴーイング・コンサーン（going concern）の前提とも呼ばれている。監査基準の改定等により、2003年3月期から、継続企業の前提に関して経営者と会計監査人が検討を行うことを義務づけた。経営者と会計監査人が検討する事象または状況としては、債務超過等の財務指標、債務返済の困難性等の財務活動、主要取引先の喪失等の営業活動、その他多額の損害賠償負担の可能性やブランドイメージの著しい悪化などである。

会社法は、2002年の商法改正により導入された連結計算書類を引き継いだ

(444Ⅰ)。すなわち，会計監査人設置会社では，法務省令の定めるところにより，連結計算書類を作成できるが，その作成が義務付けられているのは，大会社であって，有価証券報告書提出会社に限られている（444Ⅲ）。

　連結会計制度は，情報提供の内容を充実させるために導入されたものであって，剰余金配当規制は引き続き単体の貸借対照表が基準になる。しかし，単体ベースの剰余金の額が連結ベースの剰余金の額より大きい場合には，分配配当額からその差額を控除して連結ベースの剰余金を基準にすることができる（会社計算規則2Ⅲ72）。この制度を採用した会社を連結配当規制適用会社という。逆に連結ベースの剰余金が大きい場合に，単体ベースの剰余金を増やすことはできない。

6-2. 事業報告

　会社法は，旧商法の営業報告書に代えて，事業報告の作成を義務づけた（435）。事業報告は，一定の事業年度中における会社またはその子会社を含む

表5-11　公開会社の事業報告の概要

1. 基　本	①会社の状況に関する重要事項 ②内部統制システムの決定または決議があるときは，その決定または決議の内容
2. 公開会社の特則	①会社の現況に関する事項 ②会社の役員に関する事項 ③会社の株式に関する事項 ④会社の新株予約権等に関する事項
3. 会計参与設置会社の特則	契約内容の概要
4. 会計監査人設置会社の特則	①会計監査人の氏名または名称・報酬 ②会計監査人の解任または不再任の方針 ③責任限定契約を締結している場合は，その内容の概要
5. 株式会社の支配に関する基本方針	財務及び事業の方針の決定を支配する者のあり方に関する基本方針

企業集団の状況を記載する報告書である。ただし，計算書類とその付属明細書の内容となる事項は，事業報告の記載事項にならない。

会社法施行規則によれば，事業報告の基本的な記載内容は次の2点である。
① 会社の状況に関する重要な事項
② 内部統制システムの整備についての決定または決議があるときは，その決定または決議の内容

以上の基本的な記載事項に加えて，会社法施行規則は，会社の機関設計や株式の譲渡制限の有無に応じて詳細な規定を設けている（表5-11）。

表5-11の「5.株式会社の支配に関する基本方針」は，会社が「財務及び事業の方針の決定を支配する者のあり方に関する基本方針」を定める場合に，その内容を事業報告で開示することを義務づけた会社法施行規則にもとづくものである（118③）。会社法施行規則のこの規定は，買収防衛策の開示を義務づけるものであり，「不適切な者によって会社の財務及び事業の方針の決定が支配されることを防止するための取り組み」などが開示される。

6-3. 剰余金の配当

会社が解散すれば，会社財産は残余財産として株主に分配されるが，継続企業としての会社は利益の一部を株主に分配し，残りを内部留保して再投資する。会社利益の分配を受ける株主の権利を剰余金配当請求権という。

剰余金配当請求権は，株主の基本的な権利のひとつであるが，配当可能な剰余金をどのように定めるかは，会社債権者と株主の利害調整の問題として，会社法の計算規定の中でも中心的な意味をもつ。この点について会社法は，純資産の額が資本金の額に達しない場合は，会社は剰余金配当を行うことができないとし，さらに，資本準備金と利益準備金の合計額が資本金の4分の1に達するまでは，剰余金配当により減少する剰余金の額の10分の1は資本準備金または利益準備金に組み入れなければならないと定めている（会社法445 Ⅳ）。旧

図 5-10　株主資本と配当の財源規制

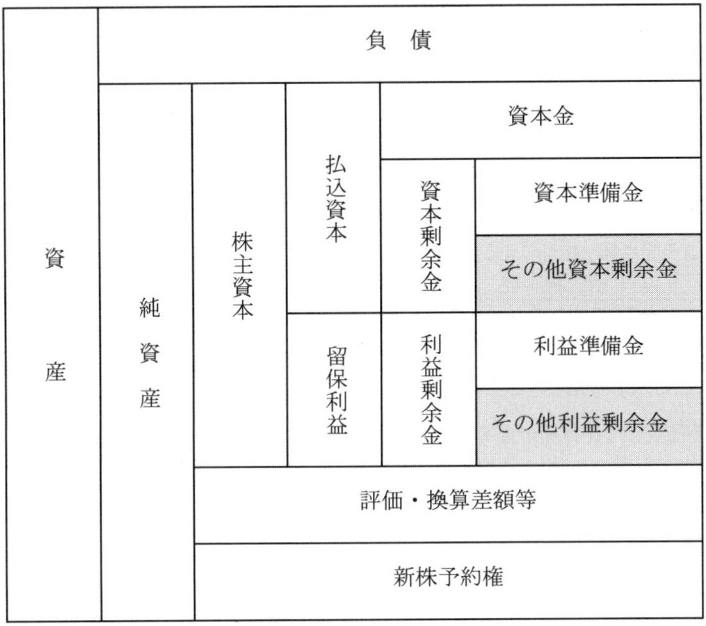

資産	負債			
	純資産	株主資本	払込資本	資本金
				資本剰余金 → 資本準備金
				資本剰余金 → その他資本剰余金
			留保利益	利益剰余金 → 利益準備金
				利益剰余金 → その他利益剰余金
		評価・換算差額等		
		新株予約権		

　商法と大きく異なる点として，会社法は，事業年度中何回でも，剰余金分配（配当，自己株式の有償取得等）を行うことを認めた。さらに，配当については，金銭以外の現物配当も認めた。

　剰余金配当の決定について会社法は，① 会計監査人設置会社かつ監査役会設置会社は，取締役の任期を 1 年と定めれば，また ② 委員会設置会社は，定款の定めることにより，取締役会の決議だけで剰余金の配当を行うことを認めた。しかし，現物配当をおこなうについて，株主に対して金銭分配請求権を認めない場合には，株主総会決議が必要である（309 Ⅱ①）。

　剰余金の配当は，配当可能額の範囲内で行わなければならない。配当可能額は，貸借対照表上の「その他資本剰余金」と「その他利益剰余金」の合計額によって大枠が与えられる（図 5-10）。ただし，配当可能額は，これらの剰余金

表 5-12　剰余金の額の算定

最終事業年度末の貸借対照表の剰余金
＋決算後に生じた以下の加算項目 ・自己株式処分差益（差損は減算） ・資本金の減少額（資本準備金とした額を除く，資本金減少差益のみ） ・準備金の減少額（資本金とした額を除く，準備金減少差益のみ）
－決算後に生じた次の減算項目 ・消却した自己株式の帳簿価額（消却に剰余金が充当されたので減算） ・剰余金の配当（配当に伴う準備金への組入額も次項に含まれて減算） ・会社計算規則が規定する額（資本金・準備金への組入額ほか）
＝配当の効力発生日の剰余金

出所）桜井久勝『財務会計講義（第10版）』中央経済社，2009年 p.279

から，自己株式（会社が保有する自社の株式）の帳簿価額や，最終事業年度の末日後に自己株式を処分した場合には，その自己株式の対価の額，およびそのほか会社計算規則が定める各勘定科目に計上した額の合算額を減算した額である（461 Ⅱ①③④⑥）（表5-12）。

具体的には，最終事業年度末の末日における資産額と，自己株式の帳簿価額合計額を合計した金額から，負債の額，資本金と準備金の額の合計額，および法務省令で定める各勘定科目に計上したものの合計を合算した額を減算し，さらに①最終事業年度の末日後に自己株式を処分した場合には，その自己株式の対価の額からその自己株式の帳簿価額を控除して得た額，②最終事業年度の末日後に資本金の額を減少した場合には，その減少額（準備金額を増加させた額を除く），③最終事業年度の末日後に準備金の額を減少させた場合には，その減少額（資本金額を増加させた額を除く），をそれぞれ加算する。

以上の合計金額から，①最終事業年度の末日後に自己株式の消却をした場合には，その自己株式の帳簿価額，②最終事業年度の末日後に剰余金の配当をした場合には，配当財産の帳簿価額の総額，③会社計算規則が定める各勘定科目に計上した額の合計額，をそれぞれ減算する。

7. 会社法と組織再編

7-1. 合併

　合併とは，2つ以上の会社が契約により一つの会社となることをいう。2つの会社の間に支配従属の関係が成立するものの，両社が法的には単独の会社として存続する買収とは性格を異にする。

　規模の経済性の享受，ブランド力の強化，成長事業への集中と不採算事業からの撤退，重複する間接部門の削減による生産性の向上，財務体質の改善など

図5-11　合併の2形態
＜新設合併＞

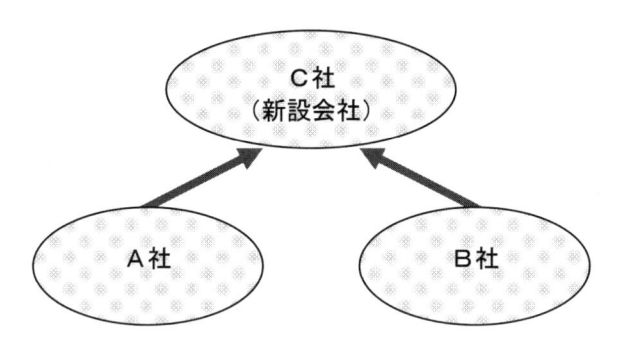

A社、B社の株主にC社の株式が交付される。

＜吸収合併＞

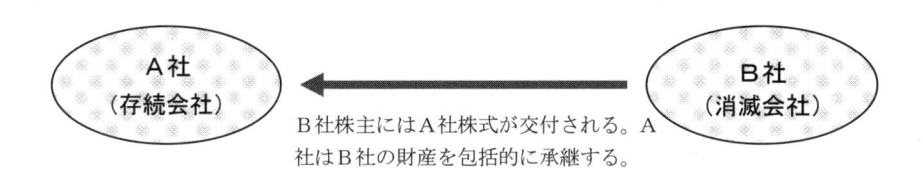

B社株主にはA社株式が交付される。A社はB社の財産を包括的に承継する。

を目的に，合併は組織再編のもっとも一般的な手法として広く利用される。

合併には，新設合併と吸収合併の2形態がある（図5-11）。また，2007年5月には，三角合併が解禁された。

(1) 新設合併と吸収合併

新設合併では，合併の当事会社双方が消滅し，消滅会社の財産は新設会社に包括的に承継される（会社法2 28）。消滅会社の株主は，持株数に応じて新設会社の株式等の交付を受ける。

他方，吸収合併では，合併の当事会社の1つが存続し，存続会社が消滅会社の財産を承継し，消滅会社の株主には，存続会社の株式等が交付される（会社法2 27）。

実際の合併の多くは，吸収合併であり，新設合併はまれである。当事会社の双方が消滅する新設合併では，営業上の免許や認許可を新設会社が再取得する必要があること，不動産の移転登記や会社登記のための登録免許税の負担が大きくなることなどがその理由である。

近年の新設合併の例としては，2003年9月の三越の合併がある。この合併では，当時の株式会社三越とその子会社4社（名古屋三越，千葉三越，鹿児島三越，福岡三越）の5社が解散し，新「株式会社三越」を設立した。

会社法上，合併には当事会社双方の株主総会の特別決議による承認が要求されるが，例外的に株主総会の決議が不要なケースもある。すなわち，存続会社が消滅会社の議決権総数の90％以上を所有している場合は，消滅会社の株主総会決議は不要である（略式吸収合併）。また，存続会社が消滅会社の株主に対して交付する合併対価の総額が存続会社の純資産の20％以下である場合には，存続会社の株主総会決議は不要である（簡易吸収合併）。

(2) 三角合併

旧商法では，消滅会社の株主に交付する対価は，存続会社または新設会社の株式でなければならないとしていた。しかし，会社法は吸収合併の場合において，存続会社の株式ではなく，現金その他の財産を交付することを認めた。こ

図 5-12　三角合併の仕組み

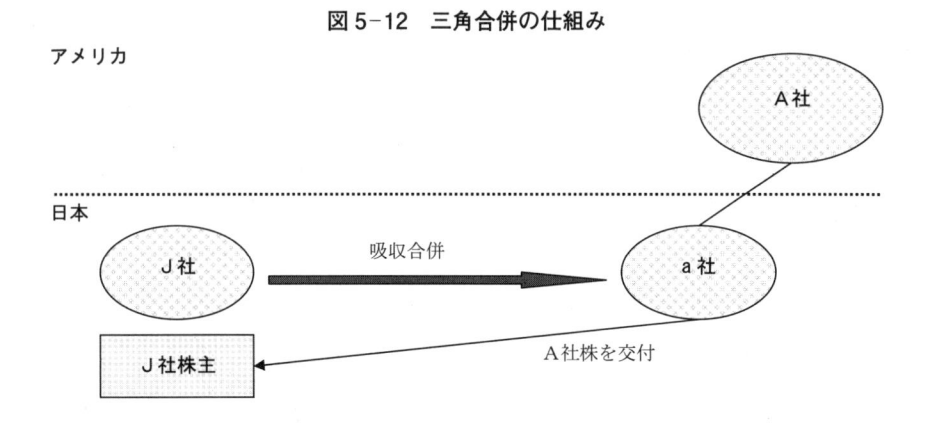

の措置は，「合併対価の柔軟化」とよばれている。合併対価の柔軟化にともない，三角合併が可能になった。三角合併とは，消滅会社の株主に対して，存続会社の株式に代えて，存続会社の親会社の株式を交付する合併である。

図 5-12 では，アメリカ企業 A 社の日本子会社 a を存続会社，日本の J 社を消滅会社とする吸収合併の例である。吸収合併の対価として，J 社株主に対してアメリカの親会社 A 社の株式を交付することができるため，クロスボーダーM&A の目的で利用することができる。

なお三角合併の解禁については，吸収合併に際して，存続会社の株式以外の対価が消滅会社の株主に交付される場合は，消滅会社株式について譲渡損益課税が生ずるという税務上の問題があった。この点については，2007 年度税制改正により，一定の要件を満たす三角合併については，消滅会社株式に関わる譲渡損益課税の繰り延べが認められることになった。

7-2. 株式交換・株式移転

7-2-1. 株式交換

　株式交換と株式移転は，1999 年の商法改正により，持株会社の設立を容易にするために導入された制度である。既存の会社が持株会社となる取引が株式

交換，新設会社が持株会社となる取引が株式移転である。

　日本の独占禁止法は，戦後の財閥解体政策の一環として，持株会社の設立を禁止していた。しかしながら，アメリカを含め主要国において持株会社を禁止する例はなく，また産業界からは組織再編のひとつの選択肢として持株会社の活用を求める強い要望があることを踏まえ，1997年の独占禁止法の改正により，持株会社が解禁された。現行独占禁止法は，持株会社を「総資産に占める子会社株式の割合が50％を超える会社」と定義している。

　持株会社（図5-13）には，純粋持株会社と事業持株会社の2形態がある。純粋持株会社は，自社では事業を行わず，子会社の株式を保有し，支配することを目的とする持株会社であり，グループ企業全体の経営戦略の策定と統制に特化する持株会社である。独占禁止法の改正後に設立されたメガバンクの金融持株会社は，いずれも純粋持株会社である。

　株式交換では，一方の会社（B社）の全株式を他方の会社（A社）が取得し，A社が完全親会社（子会社株式の全部を所有する親会社），B社が完全子会社となる（図5-14）。B社の株主は，株式交換の当日にB社株式をA社に移転し，そ

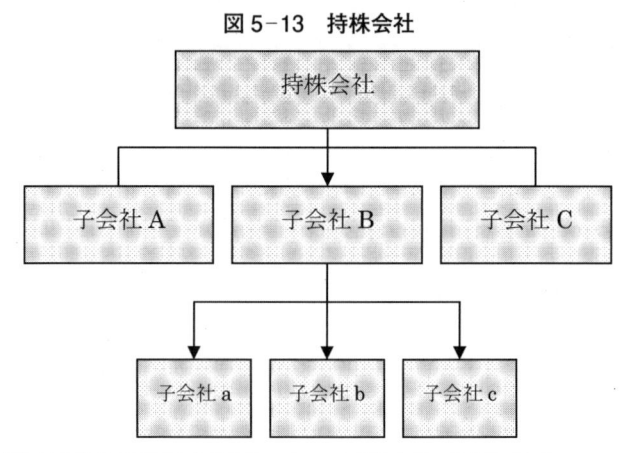

図5-13　持株会社

注）子会社Bが支配する子会社a，b，cも持株会社の子会社である。

の対価としてA社株式の割り当てを受ける。株式交換の結果，完全親子会社関係が成立するが，合併と異なり株式交換後もA社，B社とも存続する。また，A社，B社の財産が他方に移動することもない。

交換比率は，完全親会社の1株価値と完全子会社の1株価値との比較により決定される。両社が上場会社である場合には，市場の株価が基準となるが，両社または一方の会社が非上場会社の場合には，純資産比較分析，DCF分析，類似会社比較分析などの手法を採用する。株式交換比率とその算出方法は，株式交換契約に定め，原則として両社の株主総会の承認を受けなければならない。

株式交換は，アメリカにおいて大型のM&Aに利用されることが多い。大型のM&Aに株式交換が利用される第1の理由は，企業買収をいわばキャッシュ

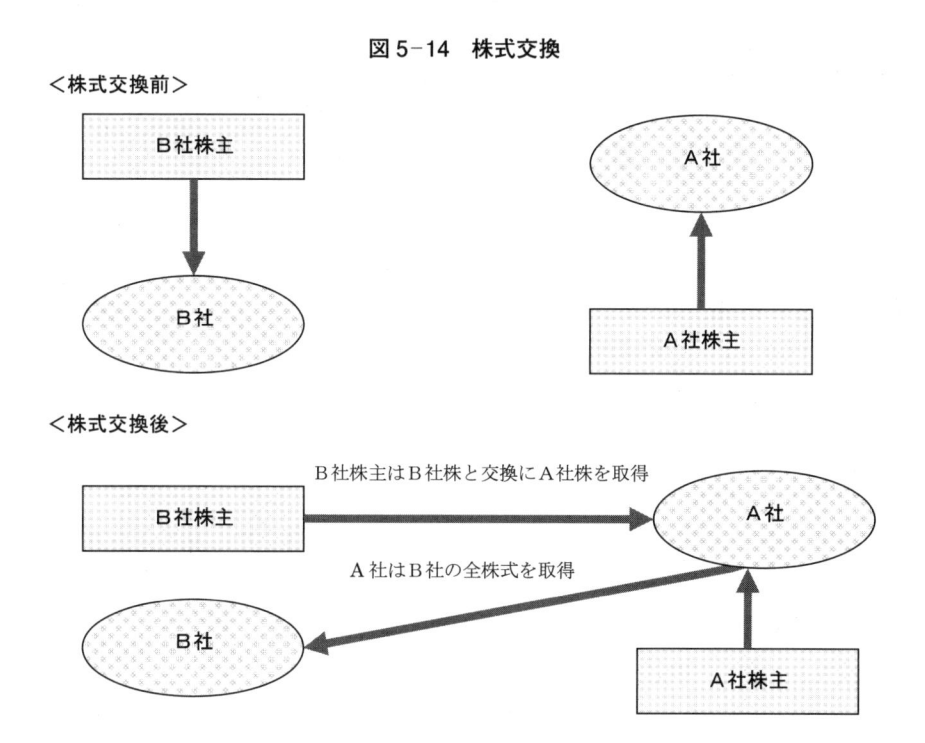

図 5-14　株式交換

レスで行うことができるからである。現金による大型の企業買収は，多くの場合，企業の負債比率を大幅に引き上げ，株価の押し下げ要因になる。また，現金による買収は市場の株価にプレミアムを上乗せする必要があるため，買収資金が嵩む。

　アメリカにおいて株式交換によるM&Aが多用されるようになった第2の理由は，1990年代における持続的な株高の中で，現金をもたないベンチャー企業がM&Aによる大規模化を追求する手段として株式交換を利用したことである。

　日本では2005年9月に，フジテレビジョン（現フジ・メディア・ホールディングス）は，ライブドアと経営支配権を争ったニッポン放送を，株式交換により完全子会社化した。これまで日本では，株式交換による企業買収はアメリカほど活発ではなかったが，将来的には大規模な組織再編やM&Aにおいて株式交換を利用するケースは増加するものと考えられる。

7-2-2. 株式移転

　株式移転は，完全親会社となる会社を新設する仕組みである。イオン，セブン＆アイ・ホールディングス，J.フロントリテイリング（大丸，松坂屋を主要子会社とする持株会社），三越伊勢丹ホールディングスなど，2005年以降設立が相次いだ流通系の持株会社は株式移転により新設された。

　株式移転は，A社とB社が共同でC社を新設し，A社とB社の全株式をC社に移転することによって，C社が完全親会社，A社とB社が完全子会社になる制度である（図5-15）。

　株式移転により，完全子会社となるA社とB社の株主が所有する株式は，新設される完全親会社に移転され，A社，B社の株主は完全親会社Cが発行する株式の割り当てを受ける。株式移転後もA社，B社とも存続する点は，株式交換の場合と同じである。

　株式移転により，完全子会社となる会社の株主に割り当てられる完全親会社

企業を読み解くための会社法 | 第5章

図 5-15　株式移転

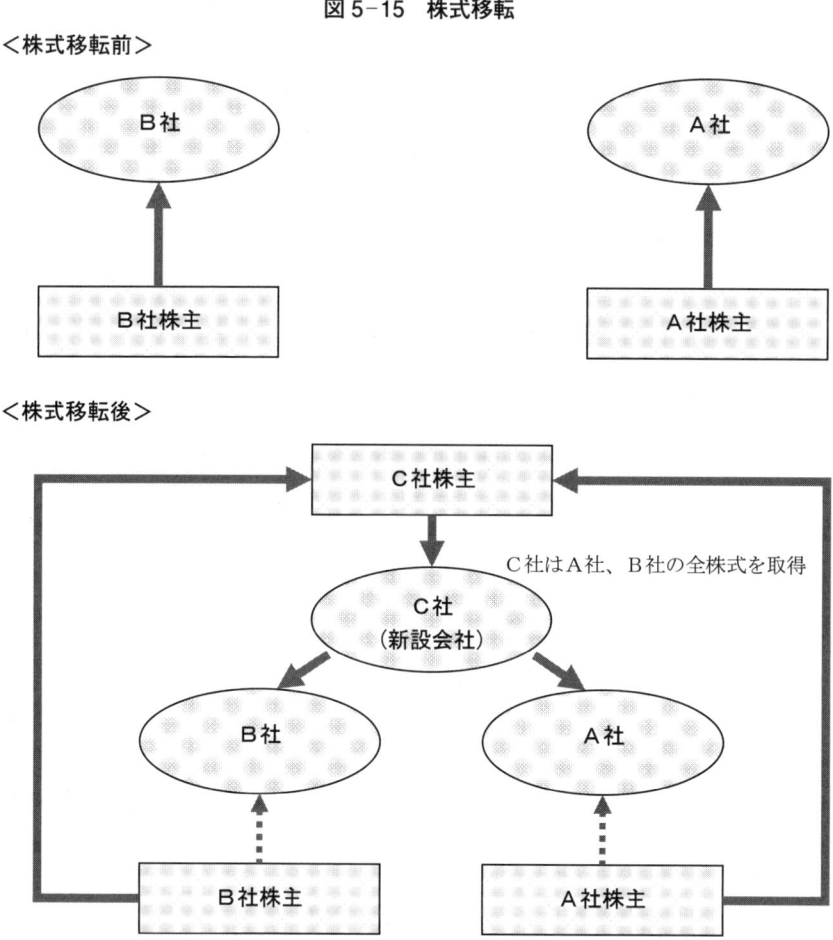

＜株式移転前＞

B社 ← B社株主

A社 ← A社株主

＜株式移転後＞

C社株主
↓
C社（新設会社）　　C社はA社、B社の全株式を取得
↙　↘
B社　　A社
↑　　↑
B社株主　　A社株主

B社株と交換にC社株を取得　　A社株と交換にC社株を取得

の株式数の比率を株式移転比率という。株式交換比率の決定と同様に，株式移転比率も市場株価分析，DCF分析，類似会社比較分析法などが用いられる。実務的には，完全子会社となる会社のうちの一社の株式移転比率を1として，他の会社の株式移転比率を定めている。

7-3. 会社分割

　会社分割とは，ひとつの会社を複数の会社に分割する制度である。会社分割は，単独でM&Aや他社との提携の目的で活用できるが，株式交換や株式移転と併用することで，事業の多角化が進んだ会社がそれぞれの事業部門を会社として独立させるなど，経営効率の向上を図るための組織再編手段として利用することもできる。

　例えば，第1段階として株式交換や株式移転制度を利用して持株会社を設立し，事業会社を子会社として存続させる。次に第2段階として，それらの子会社が事業部門ごとに会社分割を行い，それぞれの事業部門ごとに会社を設立し，それぞれの会社を持株会社傘下の事業別子会社として独立させる。

　さらに第2段階として，不採算事業や製品開発部門などを独立させたり，他の会社の同一事業部門と合弁会社を設立するなどの手段として活用できる。

　企業の組織再編は，「統合と分離」という2つの側面があるが，M&Aや持株会社設立のための株式交換・移転は「統合」のための組織再編，会社分割は子会社や事業部門の売却とともに「分離」のための組織再編ということができる。

　会社分割は，英語のスピンオフ（spin-off）またはカーブアウト（carveout）にあたる。スピンオフは会社分割一般を指す用語であるが，カーブアウトは株式公開を目的に，成長性のある事業を新設の子会社に引き継がせる戦略的な会社分割を意味することが多い。とくにアメリカにおいて，カーブアウトは，大手企業が起業家精神を活用して，ベンチャー的な手法で新事業を創造するコーポレート・ベンチャリングの一形態として注目されるようになった。形式的な組織再編手法はスピンオフと同じであるが，自社に不足する経営資源を補完する目的で他社との戦略的提携を組みやすくなるなどの利点を享受する狙いがカーブアウトにはある。また，本業からはずれて埋もれた技術や人材の再活性化にもつながる。

カーブアウトは欧米では積極的に活用されているが，日本での成功例はまだ少ない。しかしながら，21世紀の経営戦略のキーワードである「価値創造」の実現は，他社との戦略的提携等を通した強力なバリューチェーン（価値連鎖）の構築と自社経営資源のポテンシャリティを最大限に活用することが鍵を握る。今後，日本企業においても会社分割は組織再編の手段としてのみならず，事業革新の手段として用いられることが期待されている。

会社分割には，新設分割と吸収分割の2つの制度がある。

(1) 新設分割

新設分割は，会社を新設し，新設会社に会社の事業の全部または一部を承継させる形態の分割である。例えば，A社が小売事業と外食事業を兼営する場合に，A社が外食事業部門を切り離して，新設会社a社に承継させるケースが新設分割である（図5-16）。この新設分割において，a社が設立に際して発行する株式をA社に割り当てる場合を分社型会社分割，A社にいったん割り当てられたa社株式を，その後A社株主に割り当てる場合を分割型会社分割という。

分社型会社分割は，自社の事業部門を新設会社に現物出資（金銭以外の財産で行う出資）したり，あらかじめ金銭出資により設立した子会社に自社の事業を譲渡する手法で行われる。分社型会社分割の結果，A社は完全親会社，a社はその完全子会社になる。

2005年10月，運送大手の西農運輸は会社分割を行い，それまでの運送事業を新設の西濃運輸株式会社に承継させ，既存の西濃運輸をセイノーホールディングスとして純粋持株会社化する組織再編を実施した。この事例のように，分社型会社分割は，持株会社設立の目的で利用することもできる。

他方，分割型会社分割では，新設会社a社の株式は，いったんA社に割り当てられた後，ただちにA社株主に交付されるため，A社とa社の間には親子会社の関係は成立しない。

要するに，分社型会社分割と分割型会社分割の違いは，新設会社が発行する

図 5-16 会社分割

(1) 新設分割

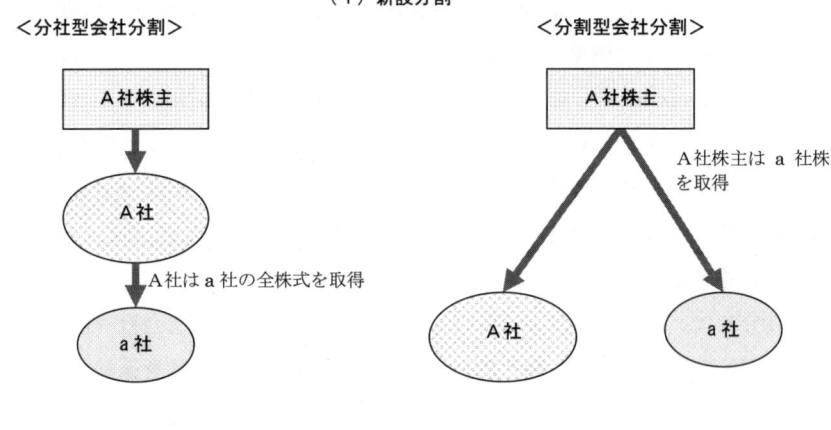

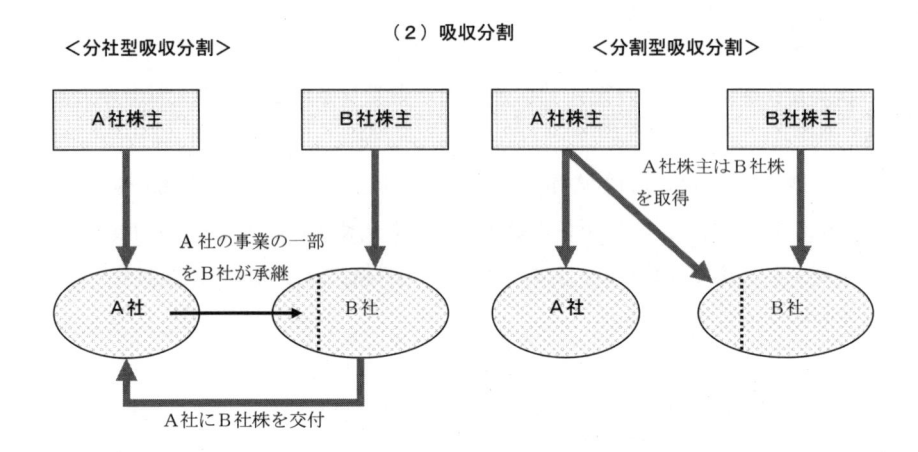

＜分社型会社分割＞

A社株主 → A社
A社 → a社（A社はa社の全株式を取得）

＜分割型会社分割＞

A社株主 → A社、a社（A社株主は a社株を取得）

(2) 吸収分割

＜分社型吸収分割＞

A社株主 → A社
B社株主 → B社
A社の事業の一部をB社が承継
A社にB社株を交付

＜分割型吸収分割＞

A社株主 → A社、B社（A社株主はB社株を取得）
B社株主 → B社

新株の最終的な割り当て先の違いにある。会社分割後に親子会社関係が維持されるのが分社型会社分割であり，親子会社関係が成立せず，資本関係のない独立した会社になるのが分割型会社分割である。

この区別は，会社分割制度を導入した平成12年の商法改正において，株式の保有形態により，分社型と分割型の2つの会社分割に関する規定を置いてい

たことと関連している．しかし現行会社法では，分割型の場合にも，新設会社 a 社の株式はいったん A 社に割り当てられ，A 社から A 社株主に対して，その持ち株比率に応じて交付されるものとしている．すなわち，現行会社法は，次に述べる吸収分割を含め，会社分割をすべて分社型会社分割として扱っており，分社型と分割型の区別は組織再編上の実務的な選択肢にすぎないことになった．

(2) 吸収分割

吸収分割は，既存の会社を利用した会社分割である．すなわち，一方の会社が他方の会社に事業の全部または一部を譲渡し，他方の会社がこれら事業を承継する会社分割である．2005 年 12 月，日本生命の完全子会社であるニッセイ・カードサービス株式会社のクレジットカード業務を会社分割し，その後トヨタファイナンスカードサービスに事業譲渡した．この会社分割にともない，日本生命は，ニッセイ・カードサービスとトヨタファイナンスカードサービスに分散していたカードサービス業務を後者に一元化することになった．

7-4. 事業譲渡

会社の組織再編は，その事業の全部または一部を他社に譲渡することによっても行うことができる．事業譲渡は，譲渡会社にとっては M&A&D における D 戦略（撤退戦略）であるとともに，「選択と集中」戦略の要である．他方，譲受会社にとっては多角化または事業基盤強化の手段として用いられる．図 5-17 は，A 社が 3 つの事業のうちのひとつを B 社に譲渡するケースである．A 社は，シナジー効果を期待できない事業を譲渡して撤退するとともに，B 社は新事業を追加して，多角化を図ることができる．

事業譲渡は，通常の会社資産の譲渡とは異なり，有機的に組織化された事業の譲渡である．

会社法は，事業譲渡について，① 事業の全部を他社に譲渡する場合，② 事

図5-17 事業譲渡

A社（事業譲渡会社）

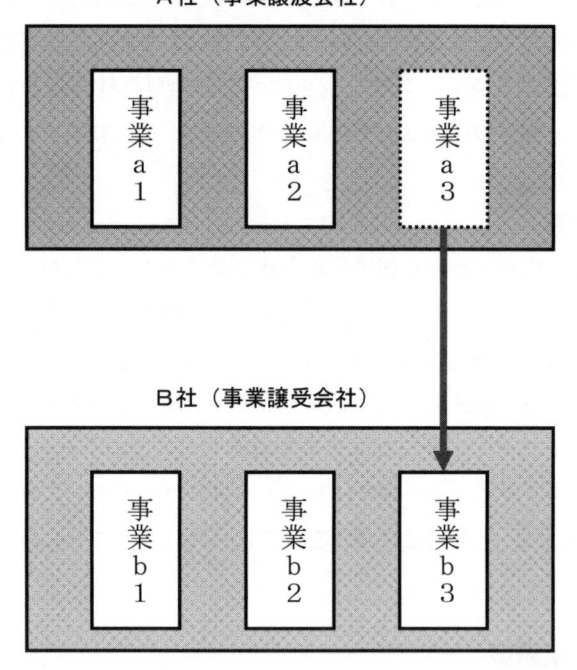

事業a1　事業a2　事業a3

B社（事業譲受会社）

事業b1　事業b2　事業b3

業の重要な一部を譲渡する場合，③ 他の会社の事業の全部を譲受ける場合，④ 事業全部についての賃貸借契約・事業の全部についての経営委任契約・損益共通契約を締結する場合に，株主総会の特別決議による承認を要求している。

　会社分割と事業譲渡の違いは，前者が包括的な事業の承継であるのに対して，後者は個別の事業の承継にとどまる点にある。したがって，事業譲渡を行う場合は，事業を構成する資産の所有権，債権・債務，特許権などの無形資産について一件ずつ通常の譲渡手続きが必要になる。また，会社分割の場合と異なり，譲渡される事業に従事する労働者の労働契約は，譲渡の当事会社間で労

働契約譲渡の合意がなされ，さらに労働者の同意があることを条件に承継される。

　会社分割の対価が新設会社または吸収会社の株式であるのに対して，事業譲渡の対価は通常は金銭である。また，特定の事業ではなく，事業の全部を譲渡した場合も，譲渡会社は存続する。ただし，事業を譲渡した会社は，20年間，譲渡した事業と同一の事業を行うことを禁止される（会社法21）。

注

1) 保管振替制度は，「株券等の保管及び振替に関する法律」に基づき発足した。この制度の下では，一般の株主は，証券会社を通して株券を証券保管振替機関に集中預託する。証券会社は証券保管振替機関に口座をもち，株主証券会社に口座を持つ。株式の譲渡は，口座間の振替記帳によって行われる。株主名簿上の名義もこの機関になることから，会社は株主の氏名を記した実質株主名簿を作成することを義務づけられており，株主の権利行使や会社の株主に対する通知は，この実質株主名簿を通じて行われる。2004年には，法律名称は「社債，株式等の振替に関する法律」と変更され，新しい振替制度が2009年からスタートした。
2) 東京証券取引所は，2009年12月に上場規定を改正し，独立役員制度（社外取締役，社外監査役の選任の義務付け）を導入した。「独立」の定義は，会社法の「社外」の定義よりも広く，当該企業から多額の報酬を受けているコンサルタントやメインバンクの役職員なども独立役員の要件を満たさないとしている。

第6章 企業を読み解くための財務分析

1. 財務分析

1-1. 財務分析の重要性

　なぜ，財務分析を学ぶのか？　そもそも企業を分析することにどのような意味があるのか？　ちなみに『広辞苑』（第6版）によれば，分析とは「ある物事を分解して，それを成立させている成分・要素・側面を明らかにすること」である。元来，「分析」（analysis）という言葉はギリシャ語の「分解する」という言葉が語源だが，化学の分野で普及した言葉のようである。企業の分析も企業という複雑な組織をさまざまな要素に分解して，その全体像を明らかにしようとする。その意味で企業の分析は，複雑な機械をコンポーネントに分解して点検し，故障部分や改良点を突き止める作業に似ている。しかし，分析対象としての企業は，化学物質や機械などよりは，ヒトのような生命体に限りなく近い。絶えず進化を続けていること，企業という全体は構成要素（組織構成員や個々の資産）の「総和以上の何か」だと考えられるからである。

　経営学においても，「創発」（emergence）という言葉が使われるようになって久しいが，この言葉にも「個々の要素に還元しても解明し尽せない存在としての企業」という意味が込められている。20世紀末以来のIT革命やグローバ

リゼーションの加速という流れの中で，経営組織論や戦略論の再構築を目指す研究が活発化しているのも，それ自体として進化を続ける企業という不可思議な存在を解明し，あるべき姿を再提示する必要に迫られているからである。

　企業の分析も，企業を「分解して，それを成立させている要素を明らかにすること」である。しかし，生き物である企業を論理的に分解して，それを成立させる要素を明らかにする，とは何をどうすることなのか？　企業の分析には，医療におけるCTやMRIのようなツールは用意されていない。結論を先取りして言えば，上の問に対する解答は一通りではないのである。設定された課題，課題解決に要求されるスピード，利用可能な情報の質と量などによって分析の手法を変えなければならない。また，分析主体によって，分析の動機も分析目標も千差万別である。

　企業経営者は，経営戦略を策定する目的で自社の分析を行う。金融機関の融資担当者は，融資対象企業の債務返済能力を判定するために企業を分析し，証券アナリストは株式や社債の投資価値を判断するために分析を行っている。また，企業のマネジャーは取引先企業に対する売掛金等の回収の確実性を知るために，取引先企業の信用力を分析する必要に迫られる。さらに経営者による経営戦略策定を支援する経営コンサルタントは，経営課題の解決策や戦略を提案する目的で企業の分析を行う。

　むろん，企業の分析には分析主体や目的の違いを超えたおおまかな共通点もある。それは一言でいえば，企業の持つ「強み」(strengths) と「弱み」(weaknesses)，企業が直面する「ビジネスチャンス」(opportunities) と「脅威」(threats) の分析を通して，経営の優劣と成長可能性を明らかにすることである。これらを明らかにするための分析の体系は，おおよそ図6-1のように整理することができるだろう。

　「強み」には，豊富な経営資源（ヒト，モノ，カネ）を保有しているというように比較的定量しやすい要素のほか，経営変化に対応して進化を遂げる企業の適応力といった定性的な要素も含まれる。「弱み」とは，経営資源が不足して

いたり，環境変化に対する適応力が劣っていることである。「ビジネスチャンス」と「脅威」は，外部の経営環境とのかかわりからもたらされる企業の成長可能性と成長抑制要因であり，経営学，経済学，統計学等の手法を用いた分析が行われる。

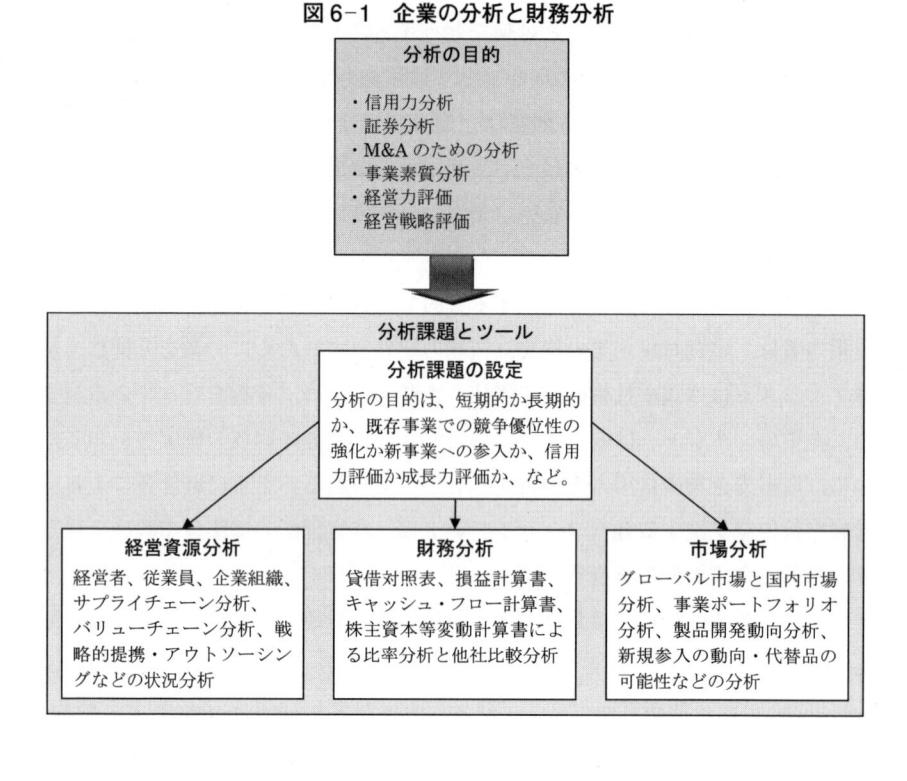

図6-1　企業の分析と財務分析

分析の目的
・信用力分析
・証券分析
・M&Aのための分析
・事業素質分析
・経営力評価
・経営戦略評価

分析課題とツール

分析課題の設定
分析の目的は，短期的か長期的か，既存事業での競争優位性の強化か新事業への参入か，信用力評価か成長力評価か，など。

経営資源分析	財務分析	市場分析
経営者、従業員、企業組織、サプライチェーン分析、バリューチェーン分析、戦略的提携・アウトソーシングなどの状況分析	貸借対照表、損益計算書、キャッシュ・フロー計算書、株主資本等変動計算書による比率分析と他社比較分析	グローバル市場と国内市場分析、事業ポートフォリオ分析、製品開発動向分析、新規参入の動向・代替品の可能性などの分析

　高い信頼性と比較可能性をもつ財務データを活用する財務分析は，こうした企業の分析において常に中心的な役割を果たしている。財務データにもさまざまなものがあるが，その中心は財務諸表である。
　財務諸表とは，制度的に公表を義務づけられた財務資料であり，日本では会社法や金融商品取引法の定めるところに従い，貸借対照表，損益計算書，キャ

ッシュ・フロー計算書，株主資本等変動計算書が作成・公表されている。また，株主資本等変動計算書を除く3つの財務諸表を，とくに財務3表と呼ぶこともある。

　財務諸表を読み，分析することは，企業の分析の第一歩である。注意すべきことは，財務諸表は企業の経営成果（業績）と財政状態（資産や負債の状況）を示すものだが，個人や家計の収支や財産目録とは作成の目的も原則も違うという点である。財務会計における損益計算は，配当可能（処分可能）剰余金の計算を目的としており，単純な収支計算ではないこと，収益・費用の計上について現金主義ではなく，発生主義を採用していること，などは両者の重要な相違点である。さらに企業は，事業活動の継続性を前提にした存在（ゴーイング・コンサーン）であるから，将来的な収益の獲得力に分析の重点が置かれる。

　一例をあげると，個人や家計の場合，'借金がある'という言葉が良い意味で使われることは，まずない。それでは，18兆円（2010年3月末）を超える負債を抱えたトヨタ自動車が日本を代表する優良企業だと考えられているのはなぜだろう？　この疑問に対しては，18兆円もの資金を借り入れることができることこそトヨタ自動車が優良企業であり，その収益力が高く評価されている証だ，という解答がまず出てくるだろう。トヨタ自動車の収益力，成長性，資産・負債のバランス，経営戦略とキャッシュフローの整合性などを総合的に分析すれば，この解答は間違っていないという推論が得られるだろう。

　次に，企業の分析の中でも，財務分析がとくに重視される理由を考えてみよう。日本経済新聞社が毎年公表している「優良企業ランキング」によれば，2008年度のランキング第1位は，任天堂であった。実のところ，「優良企業」の定義は難しい。業績以外にも，経営者や経営戦略が優れている，優秀な人材を抱えている，製品開発力が高い，ビジネスモデルが革新的である，グローバルな事業展開をしている，など分析すべき項目はいくつもありうる（図6-1）。しかし，経営者や経営戦略などが優れ，製品開発力が高いといった条件が満たされているならば，そうした優秀性は当然業績にも反映されているはずである。

日本経済新聞社の「優良企業ランキング」のように，財務分析的手法によって企業の優秀性をランキングするのは，確かに正しいアプローチなのである。
　しかし，財務分析を万能視するのも間違いである。その理由のひとつは，財務諸表は既に経過した期間または過去の一時点の記録にすぎない，という点である。分析者が知りたいのはむしろ将来についてである。ところが財務分析に限らず，既往のデータの分析にもとづく予測は，程度の差こそあれ過去を延長して導かれるため，往々にして楽観的か悲観的かのどちらかに偏りやすい。こうした「偏り」を避けるためには，財務分析と並行して，経営資源分析や市場分析を行うことが必要である。
　もっとも，経営資源分析や市場分析には，財務分析ほど標準化されたアプローチがあるわけではない。図6-1の経営資源分析や市場・業界分析は，いわば必要最小限の分析項目である。通常，ヒト，モノ，カネに加え，知識や情報も経営資源に含まれる。経営資源分析については，世界的なコンサルタント会社マッキンゼーが提唱する7Sフレームワークという分析アプローチがある。7Sとは，戦略（strategy），組織（structure），システム（system），スキル（skill），人材（staff），経営スタイル（style），共有された価値観（shared value），である。しかし，企業は事業を遂行するに当たって，他社と戦略的提携を結び，外部の経営資源を利用することも少なくない。したがって，経営資源分析は企業の内部資源に対象を限定したのでは，十分ではない。グループ企業全体あるいは戦略的パートナーとの繋がりも視野に入れなければならない。
　市場分析は，ひろくは政治，経済，社会の分析や政府による規制の動向などが含まれることもあるため，マクロ経済学その他の社会科学のアプローチを並用することも少なくない。

2. 財務分析の基本

2-1. 財務分析とデュポン・システム

　財務分析とは，企業の財政状態を示す貸借対照表（バランスシート）と経営成績を示す損益計算書，キャッシュの増減を示すキャッシュ・フロー計算書，という財務3表をもとに，企業の収益性，安全性，成長性を評価するための分析である（図6-2）。

図6-2　財務分析の3視点

```
                    ┌─ 収益性分析 ─→  ＜主要指標＞
                    │                  ・売上高純利益率
                    │                  ・総資産回転率
                    │                  ・ROE
                    │                  ・ROA
                    │                  ・付加価値分析
                    │
                    │                  ＜主要指標＞
    財務分析 ───────┼─ 安全性分析 ─→  ・自己資本比率
                    │                  ・負債比率
                    │                  ・流動比率
                    │                  ・固定比率
                    │                  ・固定長期適合率
                    │
                    │                  ＜主要指標＞
                    │                  ・売上高成長率
                    └─ 成長性分析 ─→  ・営業利益成長率
                                       ・税引後純利益成長率
                                       ・自己資本成長率
                                       ・営業キャッシュ・フロー成長率
```

2-2. 収益性の分析

　この3つの分析の中でも中心になるのは,収益性分析であることはいうまでもない。高い収益性は,再投資のための資金源を生み出して成長の梃子になるのみならず,自己資本を充実させて安全性を高めるからである。

　収益性分析を中心に据え,パフォーマンス評価と財務的事業統制の基本的視点を与えてくれるのがデュポン・システム(DuPont System)と呼ばれる分析手法である。財務的事業統制とは,資本利益率の低い事業分野から資本を引き上げ,資本利益率の高い事業分野へ資本を重点的に配分し,企業全体の資本利益率を高める最適事業ポートフォリオを構築することである。

　図6-3に示されるとおり,デュポン・システムは,財務分析の目的を総資産利益率(ROA),自己資本利益率(ROE)という2つの資本利益率の測定に置いている。貸借対照表では,総資産(借方)と総資本(貸方)の金額は常に一致するため,総資産利益率は総資本利益率といわれることもある。貸借対照表は,ある一時点における資本の調達と運用の状況(財政状態)を示す報告書であり,また損益計算書は,一定期間中の資本運用の成果(経営成績)を示す報告書であるから,企業の財政状態と経営成績を結びつける資本利益率は,企業の収益力を測定する最も基本的な財務指標である。

　デュポン・システムの樹形図は,ROA,ROEが決定される論理的な関係をあらわしているが,実際の計算手順を示しているわけではない。貸借対照表と損益計算書からROAやROEを先に求めることもできる。

　図6-3の通り,総資産利益率(ROA)は,以下次式のように計算する。

$$ROA = \frac{利益}{総資産} \qquad (1)$$

　分子の利益は,分析の目的によって,営業利益,経常利益,税引後純利益(当期純利益)などが使われる。この式は,次のように書き改めることもできる。

第6章 企業を読み解くための財務分析

図6-3 デュポン・システム

```
ROE ─┬─ ROA ─┬─ 売上高利益率（利益／売上高）
     │       │              ×
     │       └─ 総資産回転率（売上高／総資産）─┬─ 売上高／現金
     │                                        ├─ 売上高／受取勘定
     │                                        ├─ 売上高／棚卸資産
     │                                        └─ 売上高／固定資産（各資産回転率）
     │  ×
     └─ 財務レバレッジ（総資産／自己資本）

ROE = 利益／自己資本
ROA = 利益／総資産
```

$$ROA = \frac{利益}{売上高} \times \frac{売上高}{総資産} \qquad (2)$$

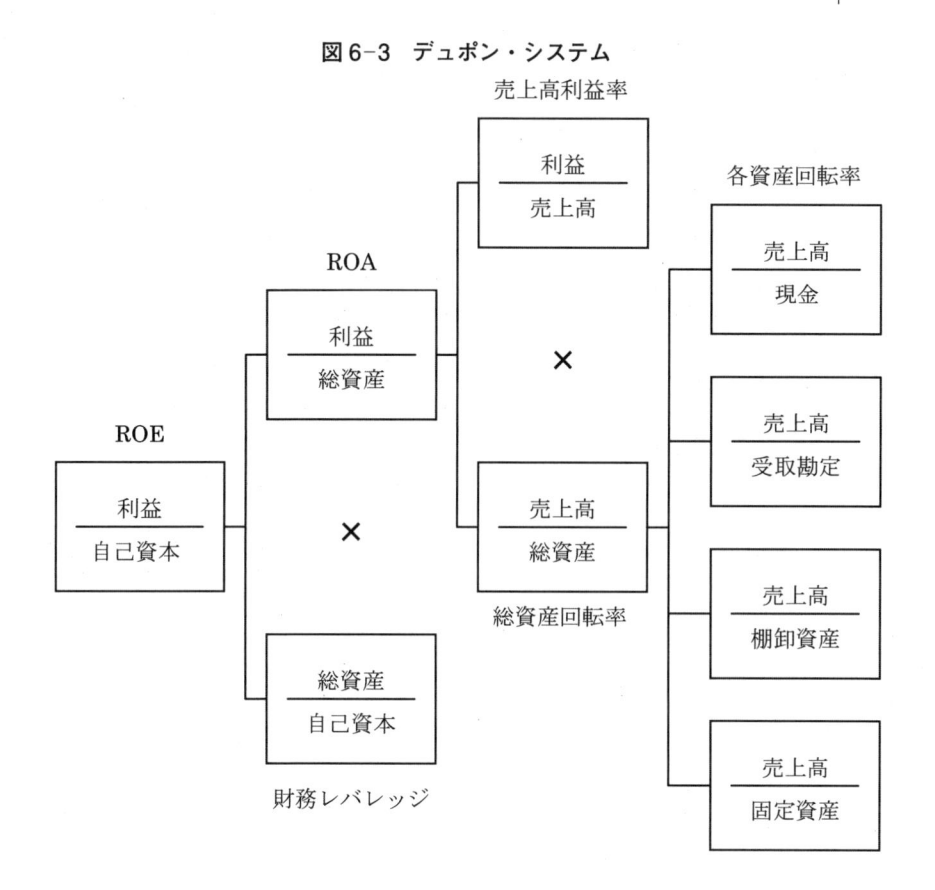

　右辺第1項は，売上高利益率（Return on Sales：ROS），第2項は，総資産回転率と呼ばれている。総資産回転率は，資産の運用効率をあらわす尺度である。例えば，総資産回転率が1の場合，期間中の売上高に対して総資産が1回転したことになる。製造業の場合，総資産回転率は，1に近い値をとることが多い。したがって，総資産回転率が1を大幅に下回る場合には，資産の規模に

対して売上高が過小であるか，売上高に対して資産規模が過大であるか，のいずれかである。

なお売上高は，1年間の実績を示すフローの数値であるのに対して，貸借対照表上の総資産は期末の状況を示すストックの数値であるから，ある事業年度の売上高を年度末の総資産で除したのでは，総資産回転率を求めたことにならない。運用された総資産の正確な年平均値を知ることはできないため，前期末と当期末の総資産の平均値を当期に運用された総資産の平均額とみなし，この平均総資産に対する売上高の倍率を総資産回転率とする。

次に，自己資本利益率（ROE）は，次式であらわされる。

$$ROE = \frac{利益}{自己資本} \tag{3}$$

また，自己資本比率を以下のように定義する。

$$自己資本比率 = \frac{自己資本}{総資産} \tag{4}$$

(1)，(3)，(4) の各式から，ROAとROEの関係は，次式で示すことができる。

$$ROE = ROA \times \frac{総資産}{自己資本} = \frac{ROA}{自己資本比率} \tag{5}$$

総資産は，自己資本と負債の合計額に一致するから，(5) 式は次のように書き換えることができる。

$$ROE = ROA \times \left(\frac{負債}{自己資本} + 1 \right) \tag{6}$$

(6) 式右辺カッコ内の負債/自己資本を負債比率またはレバレッジ比率という。(6) 式から，ROEは，ROAと負債/自己資本（負債比率），という2つの変数によって決定されることがわかる。

2-3. 負債利用のレバレッジ効果

REOとROAの関係をより明確にするために，以下のような記号を導入することにしよう。

g：純利益
r：利払前総資産利益率（ROA）
i：負債利子率
A：総資産
L：負債
E：自己資本
e：自己資本利益率（ROE）

まず，純利益は利払前利益から負債利子を控除したものであるから，

$$g = rA - iL \tag{7}$$

である。両辺をEで割ると，$e = \dfrac{g}{E}$ であり，$A = E + L$ であることから，次の式が成立する。

$$e = \left[\frac{r(L+E)}{E} - \frac{iL}{E}\right] = r + (r-i)\frac{L}{E} \tag{8}$$

(8) 式の右辺第2項のL/Eは，負債比率である。(8) 式から明らかな通り，次の条件が満たされる限り，負債比率の上昇は自己資本利益率の上昇をもたらす。

$$r > i$$

負債利用のこのような効果をレバレッジ効果という。負債（レバレッジ）が

梃子の働きをして，より高い自己資本利益率 e をもたらす，という意味である。負債比率が大きければ大きいほど，レバレッジ効果は大きくなる。この関係は，図6-4に示されている。3つの直線の勾配は，負債比率の大きさをあらわしている。負債を全く利用しない場合，すなわち，負債比率ゼロの場合は，自己資本利益率 e と総資産利益率 r は常に一致する。負債利子が発生しないため，利払前総資産利益率と利払後総資産利益率を区別する必要もない。

税金の存在を考慮し，税率を t で表すと，税引後純利益 g^* は（7）式を利用して，次式のように書き改めることができる。

$$g^* = (1-t)(rA - iL) = (1-t)[r(L+E) - iL]$$

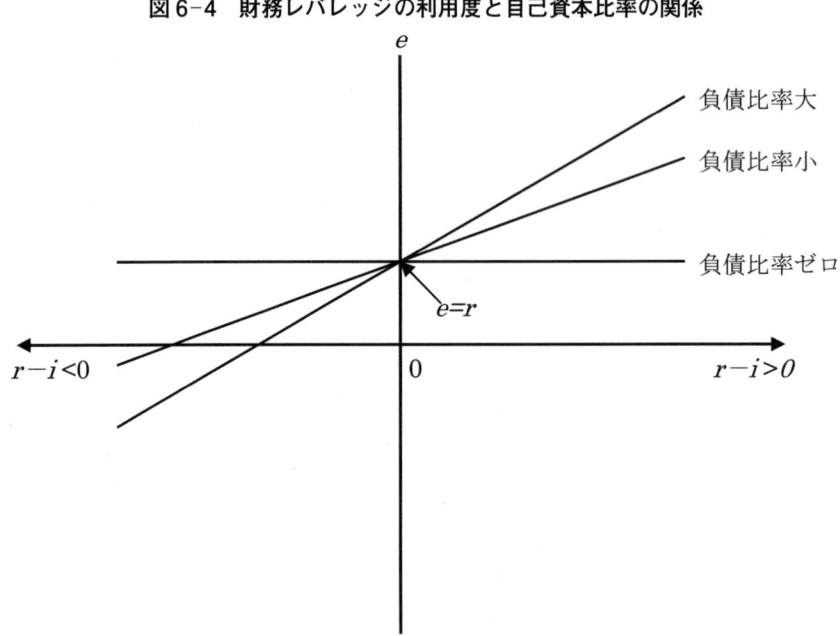

図6-4 財務レバレッジの利用度と自己資本比率の関係

この式の両辺を E で割り,自己資本税引後利益率を e^* で表すと,次の (9) 式が得られる。

$$e^* = (1-t)\left[r + (r-i)\frac{L}{E}\right] \tag{9}$$

負債の利用が以上のような効果をもちながら,いわゆる財務的リストラクチャリングが総じて負債の削減,したがって負債比率の引き下げと同一視されるのは,r の将来予想が困難であるため,高いレバレッジ効果よりも,収益力の安定性が優先されるためである。また,低い自己資本比率,したがって高い負債依存度は,格付機関による社債発行体格付けでもマイナス・ファクターになるため,負債利子率を引き上げる可能性がある。

ROA, ROE, ROS, 財務レバレッジの各指標を使った自動車メーカー3社の財務分析の結果は,表6-1の通りである。リーマン・ショック以降の世界自

表6-1 自動車メーカー3社の財務分析

(2010年3月期)

	トヨタ自動車	日産自動車	本田技研工業
売上高	18,951	7,517	8,579
純利益	209	42	268
総資産	29,706	10,228	11,724
純資産	10,766	2,971	4,293
売上高純利益率(ROS)	1.1%	0.6%	3.1%
総資産回転率(倍)	0.64	0.73	0.73
財務レバレッジ(倍)	2.76	3.44	2.73
負債比率(倍)	1.76	2.44	1.73
ROA	0.7%	0.4%	2.3%
ROE	1.9%	1.4%	6.2%

注)数値はすべて連結ベース。単位は,特記なき限り10億円。総資産,自己資本(純資産)は,2010年3月期と2009年3月期の平均値。
出所)各社有価証券報告書より作成。

動車市場の低迷から，2010年3月期の3社の業績はいずれも減収・減益であったため，ROA，ROEとも大幅に低下した。本田技研工業は減収率が最も大きかったが，ROSはその他2メーカーに比べて高く，ROA，ROEとともに3社中のトップであった。日産自動車の財務レバレッジは3社中最も高く，総資産回転率でもトヨタ自動車を上回ったが，ROSは最も低く，ROA，ROEともその他2メーカーを大幅に下回った。

2-4. 損益分岐点分析

図6-5は，東証上場会社の売上高と総資産回転率の推移を示している。東証上場会社の売上高は，2002年度以降2007年度まで一貫して増加し，つれて総資産回転率も上昇した。

ROAは，総資産回転率と売上高利益率（ROS）という2つの変数の積であるから，売上高の増加に伴う総資産回転率の上昇はROAを引き上げる。ROAの

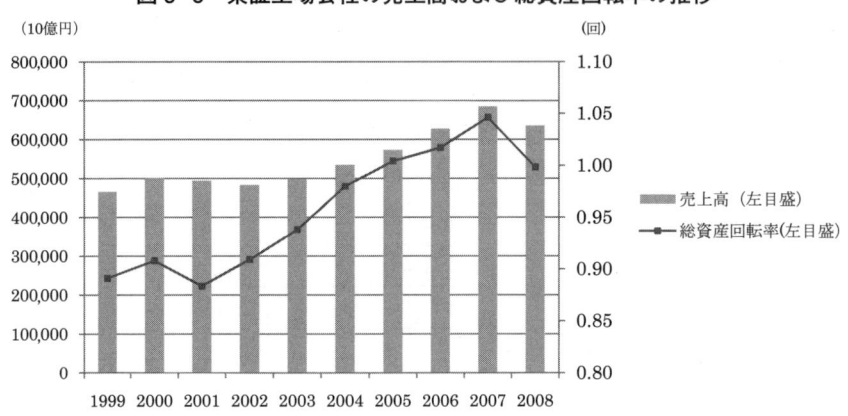

図6-5　東証上場会社の売上高および総資産回転率の推移

注）銀行業，証券および商品先物取引業，保険業，その他金融業の4業種を除く東証上場会社の各年度集計値。
出所）東京証券取引所『東証要覧2010』より作成。

企業を読み解くための財務分析 | 第6章

変化は，図6-6の通りであるが，注目すべきことは2002年度から2007年度にかけてROSも上昇しており，ROSにほぼ連動してROAが変化している点である。すなわち，2002年度から2007年度にかけてのROAの大幅な上昇は，総資産回転率とROSがともに上昇したことの相乗効果によるものであった。

それではROSの上昇は，どのような要因によってもたらされたのであろうか？　ROSの上昇要因としてまず考えられるのは，製品ポートフォリオ中の高付加価値・高利益率品のウエイトが上昇することである。製品ポートフォリオを低利益率品から高利益率品へ切り替えることでROSを上昇させることは，事業戦略の基本である。

しかしながら，図6-6に示されたROSの変化が製品ポートフォリオの入替え効果によってもたらされたとは考えにくい。製品ポートフォリオの入替え効果によるROSの上昇は，より緩やかにしか進まないからである。また，ポートフォリオの入替え効果では2008年度にROSが大幅に低下した理由を説明できない。

この問題は，以下で説明する損益分岐点分析の考え方から明らかになるが，

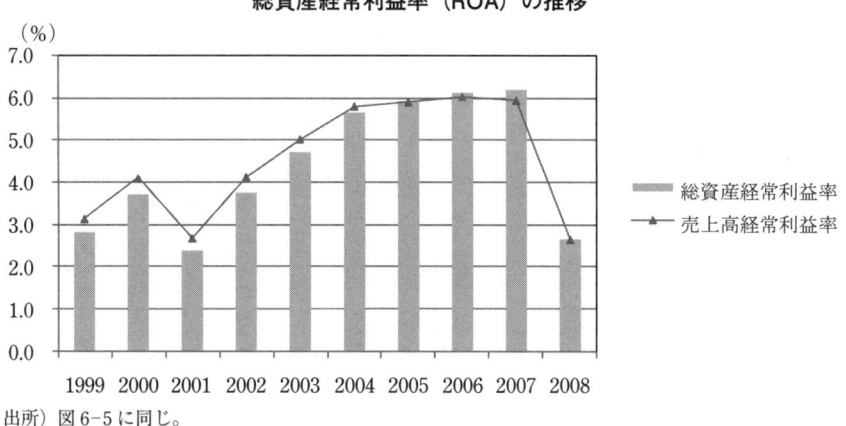

図6-6　東証上場会社の売上高利益率（ROS）および総資産経常利益率（ROA）の推移

出所）図6-5に同じ。

結論を先に示せば，売上高の増加は総資産回転率を上昇させると同時に，売上高1単位当たりの固定費負担を低下させてROSを押し上げるのである。言い換えると，売上高の増加は，総資産回転率と売上高利益率の上昇という2つの変数を同時的に働かせて，ROAを引き上げる。その意味で，前掲の (2) 式にあらわれた総資産回転率とROSは，相互に独立した変数ではない。このことを理論的に示すため，損益分岐点分析の基本的な考え方から説明したい。

まず，損益をゼロにするような売上高を損益分岐点売上高という。損益分岐点売上高は，総費用と一致するような売上高に他ならない。このような損益分岐点売上高を，S^*であらわすことにしよう。次に，総費用を固定費と変動費に分解して，それぞれ以下の記号であらわすことにする。固定費とは，売上高の増減とは無関係に発生する費用であり，人件費，支払利息などの金融費用，減価償却費，家賃や地代などがそれに相当する。他方，変動費とは，売上高に応じて増減する費用であり，材料費や外注加工費などが含まれる。

S^*：損益分岐点売上高
F：固定費
V：変動費
v：変動費率（＝ V/S）
π：利益

損益分岐点売上高は，次のようにあらわすことができる。

$$S^* = F + V \tag{10}$$

(10) 式の両辺をS^*で除して，次の式を導くことができる。

$$1 = \frac{F}{S^*} + \frac{V}{S^*} \tag{11}$$

(11) 式右辺第2項の売上高に対する変動費の比率，すなわち変動費率vは

売上高に対して常に一定であると仮定すると，(11) 式は下記のように書き直すことができる。

$$S^* = \frac{F}{1-\dfrac{V}{S}} = \frac{F}{1-v} \tag{12}$$

例えば，固定費 F が 100 万円，変動比率が 0.8 ならば，(12) 式から損益分岐点売上高は 500 万円になる。売上高 500 万円のとき，損益がゼロになることは，次式で確かめることができる。

$$0 = 500 - 100 - 0.8 \times 500$$

そこで，利益 π を次式で示すことにしよう。

$$\pi = S - F - V \tag{13}$$

両辺を，S で除して売上高利益率を次式のように書くことができる。

$$\frac{\pi}{S} = 1 - \frac{F}{S} - \frac{V}{S} = 1 - \frac{F}{S} - v \tag{14}$$

(14) 式から明らかな通り，S が大きな値をとるほど，売上高利益率は上昇する。また，売上高利益率がゼロになるとき，(12) 式と同様に，次式が成立する。

$$1 - \frac{F}{S} - v = 0$$

したがって，

$$S = \frac{F}{1-v} \tag{15}$$

(15) 式の S は，(12) 式の損益分岐点売上高そのものである。損益分岐点

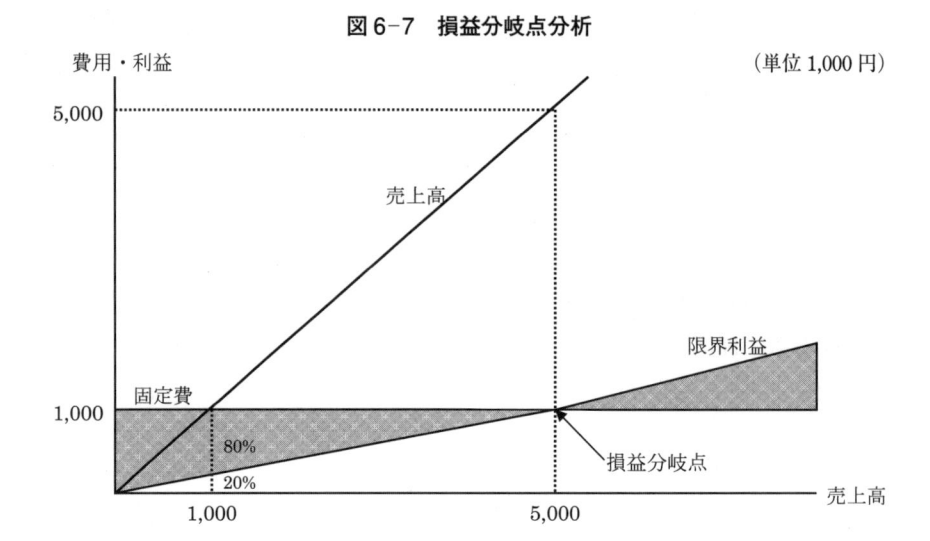

図6-7 損益分岐点分析

(単位1,000円)

費用・利益／売上高

売上高
限界利益
固定費
損益分岐点
80%
20%

売上高は，定義によって損益がゼロになる売上高であるから，売上高利益率がゼロになるのは当然である。

いま固定費と変動比率は，上の数値例のままとし，売上高が600万円へ増加したとき，売上高利益率は（14）式から3.3%になる。売上高が10%増加して660万円になると，売上高利益率は4.8%まで上昇する。

以上の関係を，限界利益率 m と限界利益 M を導入して別の角度から説明しよう。限界利益率 m と限界利益 M の定義は，以下の通りである。

$$m = 1 - v$$
$$M = mS$$
(16)

すなわち限界利益は，売上高から変動費を差し引いて得られる利益である。この限界利益が固定費と一致するとき，利益 π はゼロになる。前ページの数値例では，m は0.2，固定費は100万円であるから，利益 π がゼロになる売上高

は500万円になる。この売上高が損益分岐点売上高にほかならない。実際の売上高が500万円を超えた場合，限界利益の増加はすべて利益 π の増加になり，500万円を下回る場合は，固定費と限界利益の差額のすべてが損失になる。この関係が，次ページの図6-7で示されている。網掛け部分が利益または損失をあらわしている。売上高の増加にともない，限界利益は比例的に増加するが，固定費は一定であるから，売上高1単位当りの固定費負担が低下し，売上高利益率は上昇するのである。

2-5. 付加価値分析

　収益性分析のひとつである付加価値分析は，企業を経済的な機能単位としてとらえるアプローチである。国民経済計算におけるGNI（国民総所得）やGDP（国内総生産）が付加価値のマクロ的な集計値として求められるのに対応して，財務データからそれぞれの企業が生み出す付加価値を計算するアプローチが付加価値分析である。企業の生産活動には，生産過程において他企業から購入した原材料や部品などの投入が行われるため，企業の生産高（売上高）は企業が生み出した付加価値とは一致しない。生産高には，他社が生み出した付加価値と自社が生み出した付加価値の両方が含まれているからである。このような付加価値概念を前提に，1単位当たりの設備や労働力が生み出す付加価値の大きさを計算したものが生産性である。

　財務データから付加価値を求める方法としては，加算法と控除法の2つがある。控除法は，図6-8のように生産額を自社に帰属する付加価値と他社に帰属する付加価値に分解する方法である。しかし，財務データからこうした分解を合理的に行うことは難しいため，実務的には加算法を用いることが多い。

　また付加価値には，純付加価値と総付加価値がある。この分類は，国民経済計算において固定資本減耗控除後の付加価値を「純」（net），控除前の付加価値を「総」（gross）と区別していることに対応している。固定資本減耗は，会

図6-8 付加価値の概念

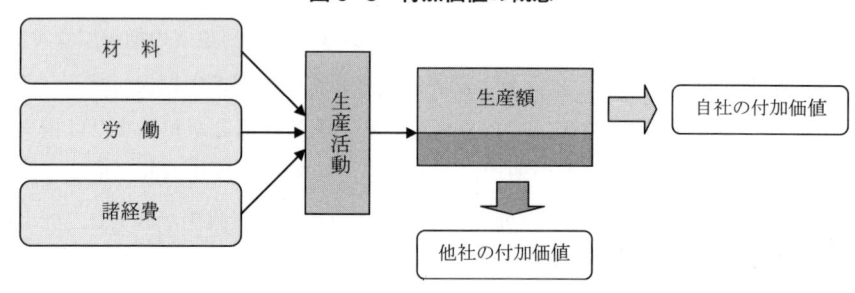

材料・労働・諸経費 → 生産活動 → 生産額 → 自社の付加価値／他社の付加価値

計上の減価償却費に相当する概念であるから，加算法による純付加価値と総付加価値は，それぞれ次のように計算する。

$$純付加価値額 = 人件費 + 賃借料 + 利子 + 租税公課 + 営業利益$$

$$総付加価値額 = 純付加価値額 + 減価償却費$$

この2式における人件費は，製造原価中の労務費，販管費中の役員報酬および従業員給与手当，退職給与引当金繰入額，福利厚生費などが含まれる。ただし，公表される財務データの制約から，すべての業種について，同一基準で付加価値を計算することは必ずしも容易でない。

法人企業統計は，全産業と製造業および非製造業の付加価値を次式のような加算法で計算している。

$$付加価値 = 人件費 + 支払利息等 + 動産・不動産賃借料 + 租税公課 + 営業純益$$

法人企業統計によれば，人件費は法人企業（金融業，保険業を除く）の付加価値の約7割を占める（図6-9）。人件費の構成比は，2001年度の75.1％から2006年度の69.3％まで低下したものの，2007年度から上昇に転じ，2008年度

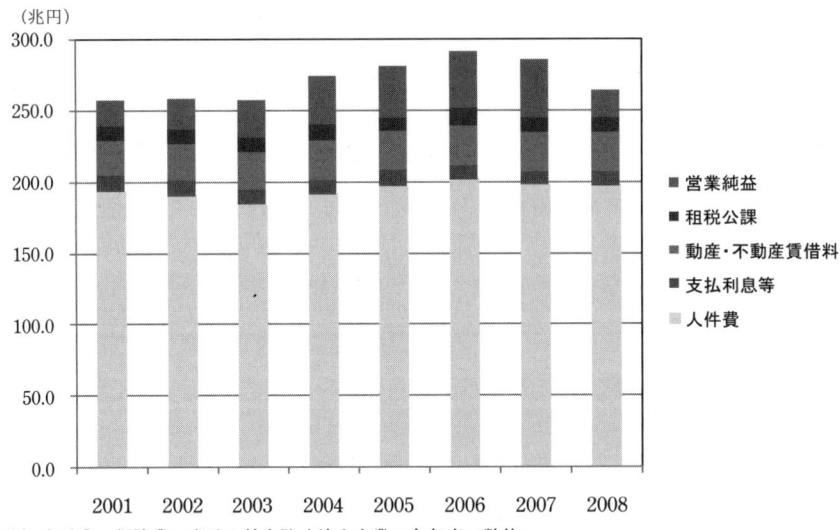

企業を読み解くための財務分析 | 第6章

図6-9 法人企業の付加価値構成

(兆円)
- 営業純益
- 租税公課
- 動産・不動産賃借料
- 支払利息等
- 人件費

注）金融業，保険業，郵政5社を除く法人企業の各年度の数値。
出所）財務省「法人企業統計」より作成。

では74.7％を占めた。総じて，人件費の構成比が上昇する年度には営業純益の構成比が低下し，人件費の構成比が低下する年度には営業純益の構成比が上昇する傾向が認められる。

付加価値分析には，付加価値生産性分析と設備生産性分析の2つがある。

1）付加価値生産性

付加価値生産性は，従業員一人当たりの付加価値生産額である。付加価値生産性は，単に生産性と呼ぶこともある。

$$付加価値生産性 = \frac{付加価値額}{従業員数} = \frac{売上高}{従業員数} \times \frac{付加価値額}{売上高}$$

すなわち付加価値生産性は，従業員一人当たり売上高に右辺第2項の付加価値率を乗じて求めることができる。ここで注意すべきことは，人件費は付加価値の構成項目だという点である。したがって，人件費を抑制して利益率を高め

195

ることは，付加価値の分配に影響を与えるものの，付加価値生産性には影響を与えない。

上の式は，次のように書き換えることもできる。

$$付加価値生産性 = \frac{有形固定資産}{従業員数} \times \frac{付加価値額}{有形固定資産}$$

この式の右辺第1項は労働装備率であり，第2項は次に述べる設備生産性である。したがって，設備生産性を所与とするとき，労働装備率を引き上げれば，付加価値生産性は上昇する。

一般に，製造業に比べサービス業など非製造業の付加価値生産性が劣るのは，労働装備率の格差によるところが大きい。

2) 設備生産性

設備生産性は，設備が付加価値の産出に寄与する程度を評価する指標である。次の計算式の右辺第1項は付加価値率，第2項は有形固定資産回転率である。

$$設備生産性 = \frac{付加価値額}{売上高} \times \frac{売上高}{有形固定資産}$$

設備生産性は高いほど望ましいが，付加価値率のほか，有形固定資産回転率にも依存する点が重要である。有形固定資産回転率を引き上げるためには，高い設備稼働率を確保しなければならないが，そのためにはテクニカルな改善にとどまらず，高い売上高成長率を持続するという市場戦略が奏功しなければならない。

2-6. 安全性分析

安全性分析は，一時点における企業の支払能力や財務的健全性の評価を目的にした分析である。したがって，安全性分析は貸借対照表の分析が中心になる。安全性分析は，便宜的に流動性分析と堅実性比率分析に大別できる。

(1) 流動性分析

流動性分析は，企業の短期的な支払能力の分析である。換言すると，企業の営業循環過程における決済資金の余裕度を評価する分析である。代表的な指標として，流動比率と当座比率がある。

$$流動比率 = \frac{流動資産}{流動負債} \times 100 (\%)$$

流動性比率は，流動債務に対する流動資産の割合である。流動負債は，支払手形，買掛金，短期借入金，未払金などであり，原則として1年以内に支払期限が到来する短期の債務である。流動負債の支払いに充当されるのが，現金預金，受取手形，売掛金，商品などの流動資産である。

正常な営業循環を維持するためには，企業は流動負債の支払いを賄えるだけの流動資産を保有しておかなければならない。

法人企業統計によれば，全産業の流動比率平均は2001年度以降趨勢的に上昇しており，2008年度の流動性比率は127.2％であった（表6-2）。かつては，「2対1の原則」（流動負債1に対して流動資産2）という言葉に象徴されるように，流動比率は200％がひとつの目標値であり，この目標値に比べ日本の企業の流動性比率は低すぎるという見方もあった。しかし，収益力の乏しい流動資産を過剰に抱えることは必ずしも合理的な財務行動ではない。

また，流動資産としての棚卸資産は，会計の営業循環基準により流動資産に分類されているものの，販売されることによってはじめて現金化されるものであり，確実な換金性が見込める資産ではない。そのため，流動比率は企業の支払い能力を評価する指標としては不十分である。

そこで，流動比率の補助尺度として当座比率が併用されることがある。当座資産は，流動資産から棚卸資産を控除した資産である。具体的には，現金預金，受取手形，売掛金，未収金，短期貸付金，前払金，有価証券などが当座資産である。当座比率の分母は，流動比率と同様，流動負債である。

$$当座比率 = \frac{当座資産}{流動負債} \times 100(\%)$$

(2) 堅実性比率分析

　財務的な堅実性を判定するための分析が，堅実性比率分析である。以下のような分析指標が用いられている。

　まず，自己資本比率は総資産（総資本）に占める自己資本の割合である。財務的堅実性の最も代表的な指標である。銀行等の金融機関については，法令が一定比率以上の自己資本比率の維持を義務づけている。

　自己資本の基本的な構成項目のひとつは利益剰余金であるから，高い自己資本比率は利益の内部留保が潤沢であること，したがって過去の経営成績が良好であったことを意味している。かつて，借入依存度が高く，自己資本比率が低いことが日本企業の財務的特徴とみなされていたが，2008年度における法人企業の自己資本比率は，全産業平均で33.9％，製造業平均で42.3％であり，欧米企業に比べ遜色のない高い水準に達している（表6-2）。

$$自己資本比率 = \frac{自己資本}{総資産} \times 100(\%)$$

　自己資本比率と不可分の指標として，負債比率がある。アメリカの財務分析では，財務的堅実性の指標としては，自己資本比率よりも負債比率がより一般的である。負債の利用をレバレッジ（leverage）と呼ぶことから，負債比率はレバレッジ比率とよばれることもある。言うまでもなく，負債比率は自己資本比率とは逆サイクルに変化する。

$$負債比率 = \frac{負債}{自己資本} \times 100(\%)$$

　自己資本比率や負債比率は資本の調達形態に関する指標であるが，資本の調達形態と運用形態の関係から財務的堅実性を判定する指標が，固定比率と固定長期適合率である。

　固定比率は，固定資産がどの程度自己資本で賄われているかを評価する指標

表6-2 法人企業の安全性分析

(単位:%)

	2001年度	2002年度	2003年度	2004年度	2005年度	2006年度	2007年度	2008年度
流動比率	107.7 131.8	111.4 131.3	111.8 129.4	115.4 127.6	113.0 128.7	120.7 129.7	121.7 147.8	127.2 133.5
当座比率	70.9 86.1	72.4 85.3	72.3 86.8	76.9 88.6	75.7 88.0	79.7 92.6	80.6 90.2	76.0 79.2
自己資本比率	25.2 38.1	27.4 39.0	28.3 40.7	29.8 42.3	30.1 42.7	32.8 43.8	33.5 43.8	33.9 42.3
負債比率	296.6 162.4	265.2 156.2	253.6 145.5	235.1 136.2	232.7 134.2	205.3 128.2	198.2 128.2	194.7 136.3
固定比率	220.0 136.7	204.2 133.2	198.6 128.5	187.2 121.1	184.5 119.5	167.5 116.2	159.2 115.5	164.8 122.9
固定長期適合率	94.0 82.9	92.2 82.8	92.1 81.8	90.3 79.9	91.3 80.2	87.4 80.0	86.4 80.3	85.4 81.1

注) 上段は全産業,下段は製造業の数値。
出所) 財務省「法人企業統計」より作成。

である。固定比率が100%を超えていれば,超過部分は負債で賄われていることになる。自己資本は企業にとって返済義務のない資本であるから,固定比率は低いほど財務的堅実性も高いと考えられており,一般的には100%以下が望ましい。もっとも,固定資産を取得するための資本を自己資本で賄うか,負債で賄うかは優れて戦略的な資本政策の問題である。この比率のみを捉えて,資本調達の合理性を判定することはできないことにも留意しなければならない。

$$固定比率 = \frac{固定資産}{自己資本} \times 100(\%)$$

固定比率における分母の自己資本を自己資本と固定負債の合計額に置き換えて計算した比率を,固定長期適合率という。固定長期適合率は,固定資産が自己資本と長期の負債性資金で賄われている割合をあらわす指標である。

$$固定長期適合率 = \frac{固定資産}{自己資本 + 固定負債} \times 100 (\%)$$

2008年度における法人企業（全産業）の固定比率，固定長期適合率は，それぞれ164.8％，85.4％であった。このことは，固定資産を取得するための資本の51.8％（＝85.4/164.8）が自己資本で賄われていることを意味している。固定長期適合率が100％以上であることは，固定資産取得のための資本が短期の借入れで賄われていることになるため，100％以下であることが健全である。

以上の安全性分析を自動車メーカー3社に適用した結果は，図6-10の通りである。法人企業統計の公表データは2008年度が最新であるため，直接比較はできないが，流動性分析によれば，自動車メーカー3社の流動比率平均は134.0％であり，法人企業（製造業）平均に比べやや高い。分析上，流動比率は高いほど望ましいと考えられているが，低収益の流動資産を過剰に抱え，流動比率が趨勢的に上昇することは合理的な財務戦略とは言えないことはすでに述べた通りである。

また，自動車メーカー3社平均の当座比率も98.8％と，法人企業（製造業）平均に比べ高い。すなわち，自動車メーカー3社は流動負債にほぼ見合う当座

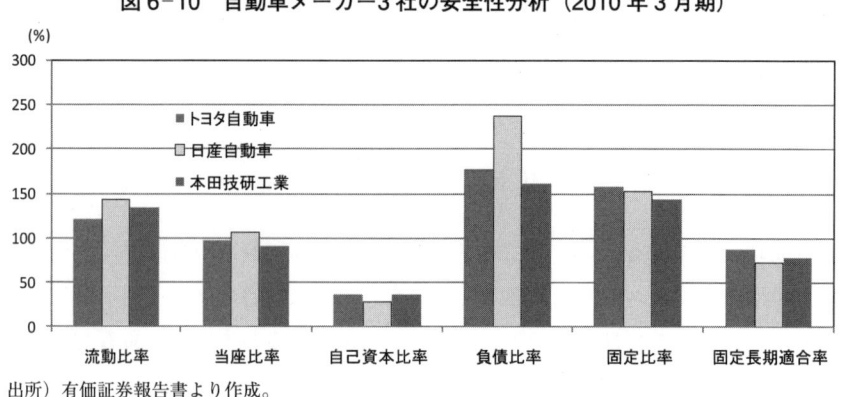

図6-10　自動車メーカー3社の安全性分析（2010年3月期）

出所）有価証券報告書より作成。

資産を維持していることになる。

　他方，自動車メーカー3社の固定比率は，法人企業（製造業）平均に比べかなり高い。これは，3社の負債比率が法人企業（製造業）の平均値に比べて高いことに起因している。すなわち，自動車メーカー3社は積極的な設備投資を進めるため，レバレッジの活用度を高めているのである。

　いずれにせよ，安全性分析は企業の財務的健全性を判定する基本的な尺度であるが，同時に収益性や成長性の分析も加え，それぞれの企業について資本の調達と運用の両面から財務戦略的合理性を総合的に判定しなければならない。

2-7. 成長性の分析

2-7-1. 成長分析の対象と計算

　収益性分析や安全性分析により，特定時点における企業のパフォーマンスや財務的健全性を評価し，また他社との比較を行うことが可能になる。他方，成長性分析は産業の規模や企業のパフォーマンスの時系列的変化を分析する。産業の生産高の高成長はマクロ的な好況の証であるとともに，産業全体の成長率を上回る個別企業の成長は，当該企業の競争戦略が有効であるというミクロ的な成功の証である。

　成長性分析は，収益性分析や安全性分析から得られる指標の変化がすべて対象になりうる。成長性分析の主要指標は，前掲6-2図の通り，売上高成長率，営業利益成長率，税引後純利益成長率，自己資本成長率，営業キャッシュ・フロー成長率であるが，日本経済新聞社の多変量解析による企業評価モデル（NEEDS-CASMA）では，成長性の評価指標として総資産伸び率（対前年度），従業員数伸び率（3年平均），自己資本伸び率（3年平均）を利用している。また，証券アナリストは，成長性の尺度として1株当たり利益を重視する。

　しかし，これまでの説明で明らかにしたように，ゴーイングコンサーンとしての企業の成長は，何よりも売上高を柱とする収益の持続的成長でなければな

らない。収益の持続的成長は，再投資のためのキャッシュを生み出し，さらなる成長の梃になるのみならず，利益率を引き上げて自己資本を充実させ，企業の財務的安全性をも向上させるからである。

　成長性分析の留意点は，基準年と計算期間のとり方が成長率の計算に大きな影響を与えることである。まず，n年間における売上高の年平均成長率は，次式で求めることができる。年平均成長率の計算対象が，利益であっても総資産であっても同様に計算できる。

S_n：n年の売上高
S_0：基準年の売上高

$$g = \left[\frac{S_n}{S_0}\right]^{\frac{1}{n}} - 1$$

　表6-3のトヨタ自動車を例にとると，基準年を2000年3月期とし，2001年3月期から2010年3月期までの10年間の売上高の年平均成長率 g は，3.9％であった。分母は，2000年3月期の売上高である。

$$g = \left[\frac{18,951}{12,880}\right]^{\frac{1}{10}} - 1 = 0.039$$

　売上高の成長率計算からは，トヨタ自動車は21世紀に入った後の10年間において緩やかな成長を示したという結論が得られるが，売上高の成長の状況は2000年3月期～2005年3月期と2006年3月期～2010年3月期では大きく異なる。他方で，同社の経営計画「2010グローバル・ビジョン」（2002年発表）の下で総資産は急成長を示し，同じ10年間の総資産の平均成長率は6.3％に達した。こうした売上高と総資産の変化に伴い，ROAやROEも大きく変動している（図6-11）。

　一般に，長期の成長性分析は10年，中期の成長性分析は3～5年を分析対象期間とすることが多い。しかし，収益は循環的要因と構造的要因が絡み合って変化するため，個別企業の収益や資産の平均成長率のみから分析的な結論を

第6章 企業を読み解くための財務分析

表6-3 トヨタ自動車の主要経営指標の推移 (1)

	2001/3	2002/3	2003/3	2004/3	2005/3	2006/3	2007/3	2008/3	2009/3	2010/3
売上高 (10億 円)	13,424 (12,880)	15,106	16,054	17,295	18,552	21,037	23,948	26,289	20,530	18,951
総資産 (10億 円)	17,519 (16,469)	19,889	20,742	22,040	24,335	28,732	32,575	32,458	29,062	30,349
純資産 (10億 円)	7,115 (6,797)	7,325	7,460	8,179	9,045	11,150	12,464	12,526	10,601	10,930
当期純 利益 (10億 円)	471 (407)	616	945	1,162	1,171	1,372	1,644	1,718	−437	209
ROS (％)	3.5	4.1	5.9	6.7	6.3	6.5	6.9	6.5	−2.1	1.1
ROA (％)	2.8	3.3	4.7	5.4	5.1	5.2	5.4	5.3	−1.4	0.7
ROE (％)	6.8	8.5	12.8	14.9	13.6	13.6	13.9	13.7	−3.8	1.9
総資産 回転率 (回)	0.79	0.81	0.79	0.81	0.80	0.79	0.78	0.81	0.67	0.64
1株当 たり純 利益 (円)	127.88 (109.95)	170.69	272.75	342.90	355.35	421.76	512.09	540.65	−139.13	66.79

注) 数字列カッコ内は，2000年3月期の数値。
出所) 有価証券報告書より作成。

引き出すことは難しい。とくにグローバリゼーションの進展は，主要産業において収益変動を引き起こす循環的要因と構造的要因を一層複雑化するであろう。したがって，成長性分析は産業全体や競合他社の成長率との比較を目的とするクロスセクション分析のアプローチとして利用するとともに，成長率の加

203

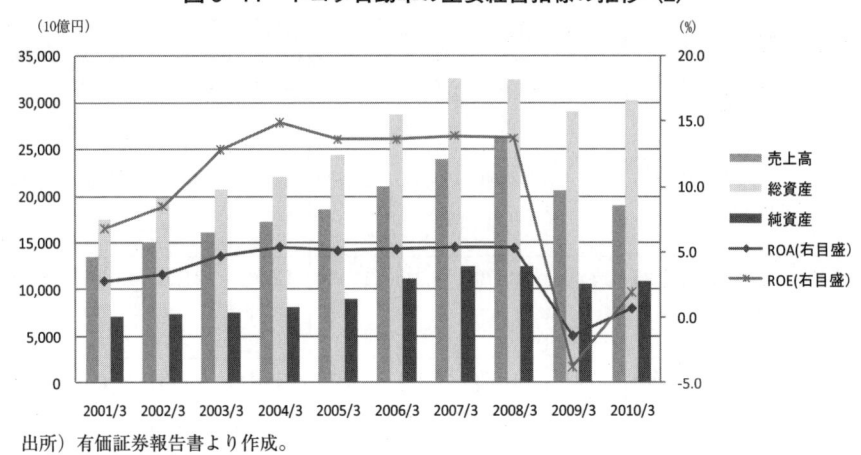

図6-11　トヨタ自動車の主要経営指標の推移（2）

出所）有価証券報告書より作成。

速や減速をもたらす諸要因の理論的分析を伴うものでなければならない。

2-7-2. 成長性分析と事業ポートフォリオ

　成長性分析は，さらに事業ポートフォリオの構成と変化を捉えなければならない。事業ポートフォリオの分析フレームワークには，いくつかのものがあるが，アンソフの成長ベクトルでは企業の成長を4つの戦略からもたらされるものと整理している（図6-12）。

　このフレームワークによれば，成長性分析は収益全体の成長率やその変化を分析するにとどまらず，成長の主因が市場シェアの引き上げによるものか（市場浸透戦略），新興国など新たな市場の開拓によるものか（市場開拓戦略），新製品の開発によるものか（製品開発戦略），多角化戦略によるものか，を明らかにしなければならない。トヨタ自動車を例にとれば，高燃費効率のハイブリッド車の開発は製品開発戦略であり，インドや中国における低価格車投入は市場開拓戦略である。

　プロダクト・ライフサイクル説が示唆する通り，既存製品市場はいずれ成熟

図6-12 アンソフの成長ベクトル

	製　品	
	既存	新規
市場　既存	市場浸透	製品開発
市場　新規	市場開拓	多角化

化し，やがて衰退するため，既存製品市場におけるシェア引き上げのみでは，企業は持続的成長を達成することができない。新たな製品の開発や新たな市場の開拓により収益の源泉を絶やさないことが，企業の持続的成長の唯一の条件である（図6-13）。よって，成長性分析は製品開発戦略や市場開拓戦略などの成果を踏まえたものでなければならない。

企業の事業ポートフォリオ分析は，セグメント情報を利用する。有価証券報告書において連結財務諸表とあわせ公表されるセグメント情報には，(a) 企業集団をその事業の種類別の部門に分類した「事業の種類別セグメント情報」，(b) 親会社の本国とそれ以外の地域に分けた「所在地別セグメント情報」，の2つがある。

なおセグメント情報は，2010年4月以降に開始する年度から，企業会計基準第17号「セグメント情報等の開示に関する会計基準」に準拠して作成・開示することになった。新会計基準の特徴は，報告の対象となるセグメントの決定について，マネジメント・アプローチを採用することである。

マネジメント・アプローチとは，経営者が意思決定や業績評価上，認識している事業の構成単位そのものを報告上のセグメントと一致させるアプローチである。マネジメント・アプローチの採用により，セグメント情報の分析上の有用性は一段と高まるであろう。

図6-13 プロダクト・ライフサイクル（PLC）

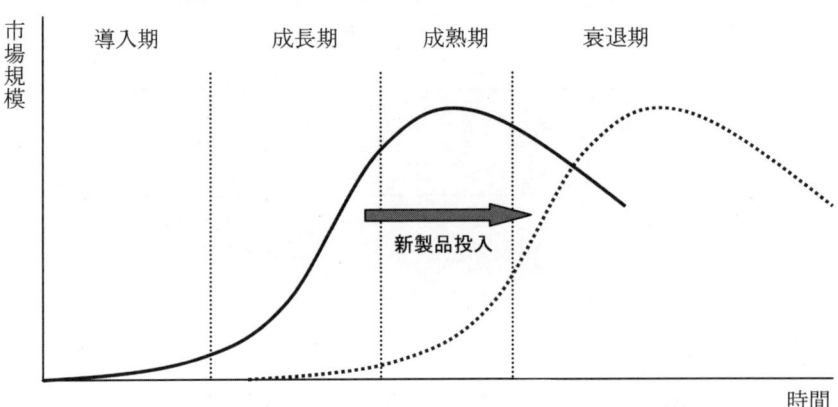

市場規模

導入期　　成長期　　成熟期　　衰退期

新製品投入

時間

　表6-4は，地域別売上高および総資産に関するトヨタ自動車のセグメント情報である。2005年3月期を基準年とし，2010年3月期までの地域別売上高成長率をみると，期間中のトヨタ自動車の売上高がほぼ横ばいであったのは，日本，北米，欧州の先進国市場における売上不振が原因であり，アジア市場およびその他市場は高成長を示したことがわかる。トヨタ自動車の「2010グロ

表6-4　トヨタ自動車の地域別売上高および総資産の成長率

	日本	北米	北米	アジア	その他	合計
売上高 （10億円）	7,315	5,583	2,083	2,432	1,539	18,951
	7,408	6,188	2,305	1,572	1,078	18,552
総資産 （10億円）	12,466	10,224	2,061	1,925	1,804	30,349
	10,741	7,739	2,243	946	998	24,335
年平均伸び率（％）	− 0.3	− 2.0	− 2.0	9.1	7.4	0.4
	3.0	5.7	− 1.7	15.3	12.6	4.5

注）①売上高および総資産の上段は2010年3期，下段は2005年3月期。総資産合計には，全社資産を含む。
　　②年平均伸び率の上段は売上高，下段は総資産の年平均伸び率。
出所）有価証券報告書より作成。

ーバル・ビジョン」は，2010年代入り後の早期に世界市場シェア15％を達成することを目標としていたが，長引く日米欧市場の低迷下にあって，その目標達成のためには中国を中心とするアジア市場の開拓戦略の繰り上げ実行が不可欠になった。売上高の成長と並行してアジアおよびその他市場では総資産も急成長したが，アジアでは総資産回転率が引き続き高水準であることが注目される。

以上の結果，期間中のトヨタ自動車の地域別売上高構成にも，顕著な変化が認められる（図6-14）。

他方，多角化戦略を重視する企業については，事業の種類別セグメント情報の分析が不可欠である。多角化戦略を活発化させている企業の代表例が総合商社である。

図6-15は，「ライフケア」，「環境・新エネルギー」を重点分野に多角化を進める伊藤忠商事の事業別セグメントの売上高状況である。2005年3月期から2010年3月期にかけて，同社の売上高成長率は平均1.5％にとどまったが，

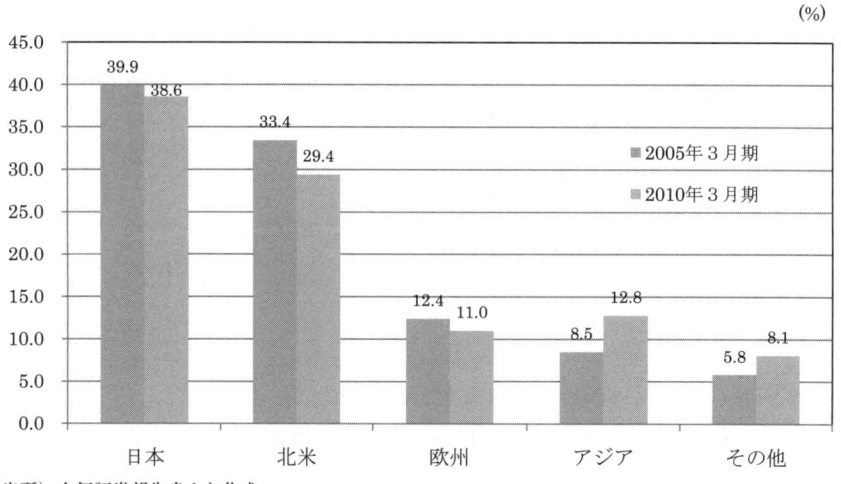

図6-14　トヨタ自動車の地域別売上高構成

(%)

	2005年3月期	2010年3月期
日本	39.9	38.6
北米	33.4	29.4
欧州	12.4	11.0
アジア	8.5	12.8
その他	5.8	8.1

出所）有価証券報告書より作成。

期間中の売上高構成は大きな変化を示した。とくに新興国の急成長を背景に食料・資源価格が世界的に高騰したことから、食料と金属・エネルギー関連売上高は期間中高成長を記録し、その構成比が著しく上昇した。

また、セグメント情報には、各セグメントの利益情報も開示されている。セグメント別売上高の成長性に加え、利益率の変化を分析することにより、企業の事業戦略の評価と予想が可能になる。伊藤忠商事のケースでは、食料と金属・エネルギー分野は量的な成長を遂げただけでなく、利益率も大幅に好転した（表6-5）。このことが、2010年3月期までの世界同時不況により他業種大企業の業績が急速に悪化する中にあっても、伊藤忠商事をはじめとする総合商社が相対的に好業績を維持することを可能にしたのである（図6-16）。

3. キャッシュ・フローの分析

3-1. キャッシュ・フローの分析とキャッシュ・フロー計算書

損益計算書を中心とする収益性分析や成長性分析と貸借対照表の分析を中心とする安全性分析を動態的に結びつける分析がキャッシュ・フローの分析である。キャッシュ・フローの分析は、企業の収益力の変化が企業の資金繰りにどのような影響を与えているか、成長のための資本がどのような源泉からもたらされ、どのような形態で運用されているか、など経営戦略的な分析に欠かすことができないものである。

分析手法の説明に先立ち、キャッシュ・フロー計算書とキャッシュ・フローの意味を説明しておこう。

キャッシュ・フロー計算書におけるキャッシュ・フローとは、「現金及び現金同等物」の増減と残高を表示する財務諸表である。キャッシュ・フロー計算書は、企業の支払い能力とその変化を示す報告書であるといってよい。このようなキャッシュ・フローにかかわる情報を提供する目的は、2つある。第1

第6章 企業を読み解くための財務分析

図6-15 伊藤忠商事の事業別セグメントの売上高構成

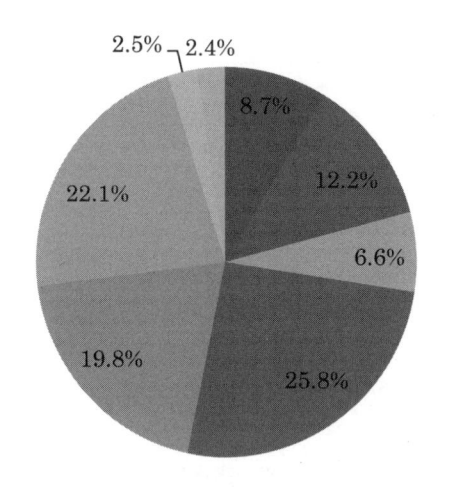

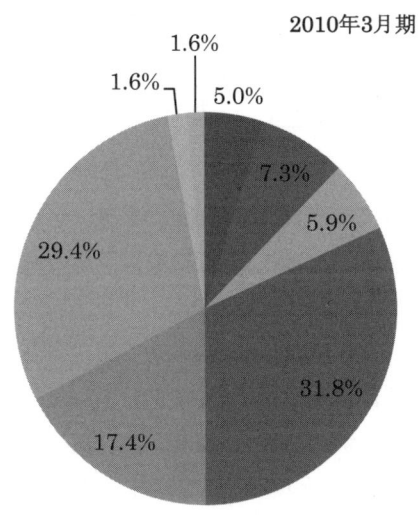

2005年3月期

- 繊維 8.7%
- 機械 12.2%
- 情報通信・航空電子 6.6%
- 金属・エネルギー 25.8%
- 生活資材・化学品 19.8%
- 食料 22.1%
- 金融・不動産・保険・物流 2.5%
- その他 2.4%

2010年3月期

- 繊維 5.0%
- 機械 7.3%
- 情報通信・航空電子 5.9%
- 金属・エネルギー 31.8%
- 生活資材・化学品 17.4%
- 食料 29.4%
- 金融・不動産・保険・物流 1.6%
- その他 1.6%

出所）有価証券報告書より作成。

図 6-16　伊藤忠商事の業績推移

(10億円)　　　　　　　　　　　　　　　　　　(10億円)

■ 当期純利益(右目盛)
◆ 売上高(左目盛)

出所）有価証券報告書より作成。

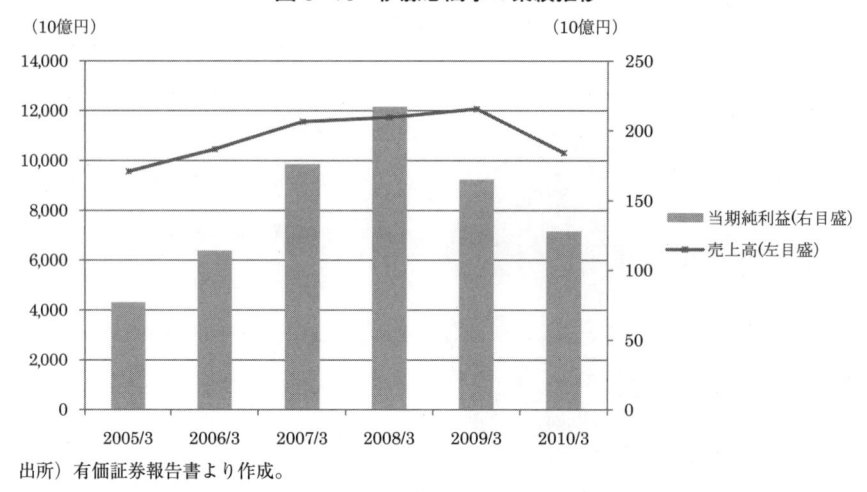

表 6-5　伊藤忠商事の事業別セグメントの売上高総利益率

(％)

	繊維	機械	情報通信・航空電子	金属・エネルギー	生活資材・化学品	食料	金融・不動産・保険・物流
2010年3月期	19.9	5.8	22.4	4.3	6.1	11.1	21.4
2005年3月期	13.6	5.0	17.2	1.6	5.6	6.4	16.2

出所）有価証券報告書より作成。

に，発生主義会計により測定された利益に，どの程度の資金的裏付けがあるかを示し，利益のいわば品質を明らかにすることである。第2は，企業の安全性評価のために，詳細な資金繰り情報を提供することである。

　キャッシュの構成項目のうち現金は，手許現金と要求払預金であり，現金同等物は，容易に換金可能な定期預金や有価証券などである。あらゆる企業活動は，最終的にはキャッシュの増減をもたらすが，キャッシュ・フロー計算書は企業活動を営業活動，投資活動，財務活動の3つの活動に区分し，これらの活動によるキャッシュの増減を明らかにする。

営業活動によるキャッシュ・フローは，企業の本業である営業活動によるキャッシュの増減を表示する。具体的には，売上収入や仕入支出，人件費の支払いなど，営業損益計算書の対象になる取引に関連したキャッシュの増減を表示する。

投資活動によるキャッシュ・フローは，設備投資による固定資産の取得，有価証券の購入やこれらの売却，貸付やその回収にともなうキャッシュの増減を表示する。

財務活動によるキャッシュ・フローは，増資，社債発行，借入れなどによる資金調達とその償還や返済，配当金の支払いなどが表示される。

キャッシュ・フローの考え方は，貸借対照表や損益計算の考え方とはだいぶ違う。まず，減価償却費のような現金の流出を伴わない損益計算書の費用は，キャッシュ・フロー計算書上は足し戻し計算をして，営業活動によるキャッシュ・フローに加算する。

投資活動によるキャッシュ・フローの例を説明しよう。いま，企業が1億円のレーザー加工機を購入したと仮定する。貸借対照表上は，現預金という資産が1億円減少するものの，レーザー加工機という固定資産が増加するため，総資産の額は不変である。しかし，キャッシュ・フロー計算書では，投資活動による現預金の減少1億円のみを表示する。数年経って，新鋭機種を導入するために，レーザー加工機を中古品として1,000万円で売却すれば，投資活動による現預金の増加1,000万円と表示する。

いずれにせよ，キャッシュ・フロー計算書は，企業の諸活動による現金収支，したがって企業の支払い能力の状況を明らかにする財務諸表であるから，短期的な現金等の増減と企業の収益力や成長性の問題とは切り離して考えなければならない。しかし長期的には，営業活動がもたらすキャッシュフローが順調に成長して，各期の投資の資金源泉になる図6-17のような状況が，バランスのとれた成長のイメージである。

表6-6は，トヨタ自動車のキャッシュ・フロー計算書であり，図6-18はよ

図 6-17　企業の投資活動とキャッシュ・フロー

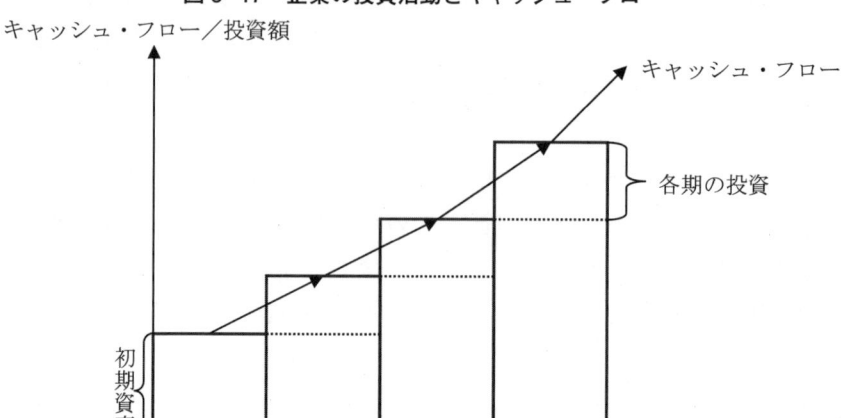

り長期のキャッシュ・フローの状況である。

　2006年3月期から2008年3月期にかけて，トヨタ自動車は，積極的な設備投資と事業再編・強化のための巨額の投資有価証券取得を行ったため，投資活動によるキャッシュ・フローは3兆円を超えるマイナスが続いた。期間中の投資活動によるキャッシュ・フローのマイナス金額は，営業活動によるキャッシュ・フローのプラス金額を大幅に上回り，その差額は主に財務活動による長期借入金でまかなわれた。グローバル市場でのナンバー・ワンを目指すトヨタは，無借金経営の代名詞のようにいわれた時代から様変わりして，負債性資金の活用により内外における投資活動を活発化させたのである。

　しかし，大幅な減収・減益となった2009年3月期には，高水準の設備投資を持続させたものの，有価証券・投資有価証券の新規取得を抑制しつつ，保有証券の売却を急増させた結果，投資活動によるキャッシュ・フローのマイナス金額は1.2兆円にとどまった。営業利益が黒字に転じ，営業活動によるキャッシュ・フローが大幅に増加した2010年3月期には，設備投資を抑制する一方で，有価証券・投資有価証券の取得を再び活発化させており，投資活動による

第6章 企業を読み解くための財務分析

表6-6 トヨタ自動車のキャッシュ・フロー計算書

(単位:100万円)

	2009年3月期	2010年3月期
Ⅰ 営業活動によるキャッシュ・フロー	1,476,905	2,558,530
Ⅱ 投資活動によるキャッシュ・フロー	△1,230,220	△2,850,184
Ⅲ 財務活動によるキャッシュ・フロー	698,841	△277,982
Ⅳ 現金及び現金同等物に係る換算差額	△129,793	△8,898
Ⅴ 現金及び現金同等物の増加額	815,733	△578,534
Ⅵ 現金及び現金同等物期首残高	1,628,547	2,444,280
Ⅶ 現金及び同等物の期末残高	2,444,280	1,865,746

注)「現金及び現金同等物に係る換算差額」とは,例えば為替相場の変動によって外貨現金や外貨建て現金同等物の円換算額が増減した場合に,その増減額を表示する。
出所) 有価証券報告書より作成。

図6-18 トヨタ自動車のキャッシュ・フローの推移

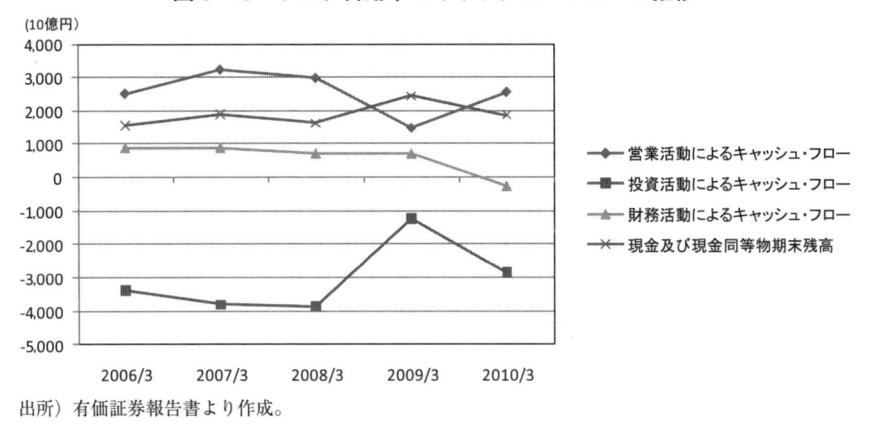

出所) 有価証券報告書より作成。

キャッシュ・フローは3兆円近いマイナスになった。

　GMの経営危機が表面化し,2009年には連邦破産法第11章(チャプター・イレブン)による破綻処理手続を申請するという波乱の中で,トヨタ自動車は世界市場シェアで首位を占めるようになったこと,国内市場が低迷する一方

213

で，中国をはじめとする新興国市場が急成長を持続していること，などがトヨタ自動車の積極的な投資姿勢の背景にある。

　キャッシュ・フロー計算書を利用した財務分析の基本指標は，有利子負債キャッシュ・フロー倍率，キャッシュ・フロー・マージン，キャッシュ・フロー資産比率である。

$$有利子負債キャッシュ・フロー倍率 = \frac{有利子負債}{営業活動によるキャッシュ・フロー}$$

　この倍率は，有利子負債が本業からもたらされるキャッシュ・フローの何倍ないしは何年分に相当するか，を示す尺度である。債務償還年数とも呼ばれている。通常，10倍以内であることが望ましいと考えられているが，上場企業の平均は5倍程度である。有利子負債キャッシュ・フロー倍率が同業他社を大幅に上回っているか，趨勢的に上昇しているときは，損益計算書では黒字であっても，資金繰りのため，債務の累増を招く可能性がある。

　また，キャッシュ・フローの分析では，キャッシュ・フロー・マージンとキャッシュ・フロー資産比率という2つの指標も重視されている。

　計算式は，下に示す通りである。この2つの指標は，収益性分析における売上高利益率，総資産利益率に相当する指標であるから，総資産回転率が1を下回れば，キャッシュ・フロー資産比率はキャッシュ・フロー・マージンよりも小さな値をとる。前掲の表6-1の通り，自動車メーカー3社の総資産回転率はいずれも1を下回っているため，キャッシュ・フロー・マージン＞キャッシュ・フロー資産比率，の関係が成立している。

　キャッシュ・フロー分析による3社比較では，3指標とも本田技研工業のそれがもっとも良好である（表6-7）。

$$キャッシュ・フロー・マージン = \frac{営業活動によるキャッシュ・フロー}{売上高}$$

$$キャッシュ・フロー資産比率 = \frac{営業活動によるキャッシュ・フロー}{総資産}$$

企業を読み解くための財務分析　第6章

表6-7　自動車メーカー3社のキャッシュ・フロー分析

(2010年3月期)

	トヨタ自動車	日産自動車	本田技研工業
営業活動によるキャッシュ・フロー（100万円）	2,558,530	1,342,284	1,544,212
有利子負債（100万円）	12,513,406	4,580,641	4,101,675
有利子負債キャッシュ・フロー倍率（倍）	4.89	3.41	2.66
キャッシュ・フロー・マージン（%）	13.5	12.4	18.0
キャッシュ・フロー資産比率（%）	8.6	13.1	13.2

出所）各社有価証券報告書より作成。

3-2. キャッシュ・コンバージョン・サイクル

損益計算書上の収益の変化と営業活動によるキャッシュ・フローの変化に大きなギャップが生じている場合には，その原因を明らかにするための分析が必要になる。そのための分析をキャッシュ・コンバージョン・サイクル分析という。キャッシュ・コンバージョン・サイクルは，企業の収益が現金化されるまでの期間であるが，この期間は以下の計算式で求める。

キャッシュフロー・コンバージョン・サイクル＝売上債権回転期間(日)＋棚卸資産回転期間(日)－仕入債務回転期間(日)

各回転期間の計算式は，次の通りである。売上債権には受取手形，売掛金，割引手形が含まれ，仕入債務には支払手形と買掛金が含まれる。

$$売上債権回転期間（日）=\frac{売上債権}{売上高/365}$$

$$棚卸資産回転期間（日）=\frac{棚卸資産}{売上原価/365}$$

$$\text{仕入債務回転期間（日）} = \frac{\text{仕入債務}}{\text{売上原価}/365}$$

　日本企業のキャッシュ・コンバージョン・サイクルの全業種平均は，おおむね3カ月程度である。しかし，業種ごとに商慣行が異なるため，キャッシュ・コンバージョン・サイクルの長短の評価が意味をもつのは同業種に属する企業間の比較の場合に限られる。

　同業種の競合他社に比べ，キャッシュ・コンバージョン・サイクルが明らかに長い場合，あるいは趨勢的に長期化している場合には，収益の成長が続いている場合にも，財務的健全性に問題が生じていると考えなければならない。

3-3. フリー・キャッシュフロー分析

　より理論的な視点からキャッシュフローを分析する手法として用いられているのが，フリー・キャッシュフロー分析[注1)]である。フリー・キャッシュフローについては，いくつかの定義が用いられているが，最も標準的な定義によれば，フリー・キャッシュフローは「事業活動によってもたらされるキャッシュフローが投資活動に必要なキャッシュフローを上回る場合に，その超過部分のキャッシュフロー」である。

　フリー・キャッシュフローは，次のように計算する。

フリー・キャッシュフロー
　　　　＝事業からのキャッシュフロー－投資に必要なキャッシュフロー
　　　　＝税引後営業利益＋減価償却費－運転資本増加額－設備投資額　　(17)

　(17) 式の税引後営業利益は，一般に NOPAT（Net Operating Profit After Tax）と呼ばれている。NOPAT は，次のように計算する。

$$NOPAT = 営業利益 \times (1-実効税率)$$

NOPAT は，利払前・税金前利益（Earnings Before Interest and Tax: EBIT）に，(1−実効税率) を乗じて計算してもよい。

$$EBIT = 経常利益 - (受取利息 - 支払利息)$$

　実効税率は，1単位当たりの利益が負担する税金の割合であり，財務計算のための便宜的な理論値である。日本の実効税率は，40％とすることが多い。実効税率を40％とすると，営業利益の60％がNOPATになる。

　次に，(17) 式の右辺第2項の運転資本増加額は，運転資本の増加額から運転資本の減少額を差し引いた正味運転資本の増加額である。したがって，売掛金や棚卸資産の増加は正味運転資本の増加要因（NOPATから減算），売掛金や棚卸資産の減少は正味運転資本の減少要因（NOPATに加算）になる。

　設備投資額は，固定資産の増加額である。固定資産のうち，機械設備などの有形固定資産は現在の生産能力を維持するために減価償却相当額も再投資しているとみて，有形固定資産の増加額に減価償却費を加算する。無形固定資産については，期中の増減額をそのまま反映させる。

　以上のようなステップを経て求められたフリー・キャッシュフローがプラスの場合は，事業活動によるキャッシュフローを使って更新投資や新規投資を行うとともに，キャッシュの余剰部分を新たな投資プロジェクトに投下して新事業への参入を図ったり，資本の提供者に対する配当に回すことができる（図6-19）。

　このようなフリー・キャッシュフローの存在を財務的余裕度ととらえ，企業がフリー・キャッシュフローを抱えることを積極的に評価するのは，財務分析的アプローチのひとつの結論である。

　問題は，(17) 式から明らかなとおり，企業に有利な投資機会がなく，投資に必要なキャッシュフローが相対的に小さい結果として，フリー・キャッシュ

図6-19 事業活動によるキャッシュフローとフリー・キャッシュフロー

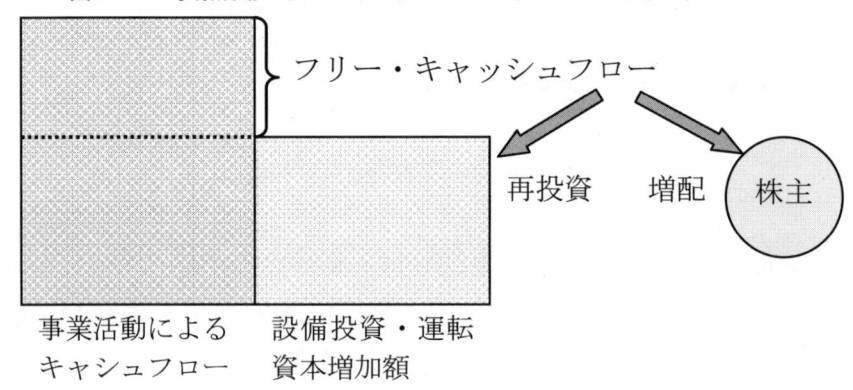

フローが生まれる可能性がありうることである。そうした場合には，経営者は余剰なフリー・キャッシュフローを使って，効率的でない投資プロジェクト注2)に着手するかもしれない。金融機関や株主から新たに資本の提供を受ける場合に比べて，外部の資本提供者によるモニタリング（監視）を受けることが少ないからである。言い換えると，フリー・キャッシュフローの存在は，経営者に対する財務的規律を弱めるため，株主の利益を損なう投資決定を誘発する可能性がある。

とくに往時のアメリカにおいてしばしば実行された巨額のM&Aは，効率的な投資機会を持たない低収益企業に生じたフリー・キャッシュフローが引き金になった，という指摘もある。経営財務的な立場からは，効率的な投資機会を持たないために生ずるフリー・キャッシュフローは，むしろ配当などによって株主の手に戻すべきだという結論が導かれることになる。

今日では，富士重工業のようにIR情報の一環として，フリー・キャッシュフローを開示する企業も少なくない（図6-20）。

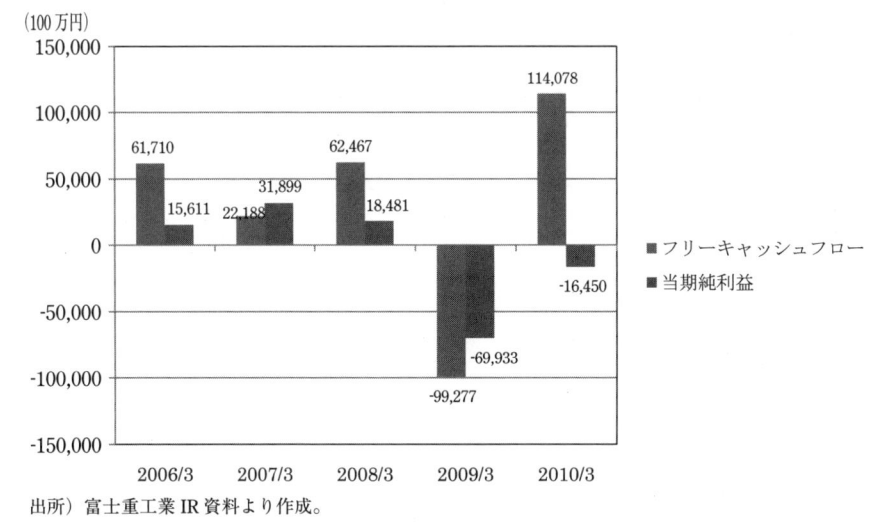

企業を読み解くための財務分析 | 第6章

図6-20 富士重工業の当期純利益とフリー・キャッシュフローの推移

(100万円)

年度	フリーキャッシュフロー	当期純利益
2006/3	61,710	15,611
2007/3	22,188	31,899
2008/3	62,467	18,481
2009/3	-99,277	-69,933
2010/3	114,078	-16,450

出所) 富士重工業IR資料より作成。

注

1) 制度会計では，「キャッシュ・フロー」という表記が原則である。フリー・キャッシュフローは，制度会計の用語ではなく，経営財務上の分析用語であるため，経営財務の表記に従うことにする。
2) 「効率的でない投資プロジェクト」とは，プラスの正味現在価値を持たない投資プロジェクトという意味である。

第7章 企業を読み解くためのコンピュータ・リテラシー

1. ビジネスとコンピュータ・リテラシー

　情報リテラシーは，日常の生活や企業などで，コンピュータ・リテラシーを活用して，資料や知識，多くの人たちの意見やアイデアなどを集め，それらに基づいて問題を処理したり，正しく判断を下す能力を意味する。情報社会の中ではコンピュータ・リテラシーだけでなく，情報リテラシーも学び，できるだけ多くの人がその問題解決の処理能力を身につけることが望ましい。変化の速い世界で，経営を学ぶわれわれとしても現実にあわせていく姿勢が必要であり，速やかで正確な情報処理の能力が要求される。

　ビジネスとコンピュータは深い繋がりがある。1951年実用コンピュータUNIVAC-1は商業用コンピュータの第1号として発売された。その後の半世紀におけるコンピュータの処理能力の飛躍的発展は，企業の迅速な意思決定と的確な判断を可能にしたのみならず，ビジネスのフロンティアそのものが拡大した。

　こうした高性能のコンピュータを自在に活用し，ビジネス上の意思決定を的確に行うためのデータ処理には，長期のトレーニングと高度なスキルが要求されることはいうまでもない。しかし，経営その他社会科学系の学生は，カリキュラム上の制約もあり，「講習や実習の時間が終わってしまうと，興味の持て

るものでもない限り，自分で機器を活用しようとはせず，操作自体も思うようにできないために，ますます操作が面倒になり，ついには機器を使わなくなり利用方法さえも忘れてしまう」[注1]というのが実情であろう。ビジネスの世界では，否応なしにコンピュータと向かい合い，その能力を適切かつ最大限に活用しなければならない。そこでまず，ビジネスパーソンが端末機として日常的に接するパーソナルコンピュータ（PC）を念頭に置いて，ビジネスにおけるコンピュータ活用の留意点を述べておこう。

(1) **現実に合わせて対応する姿勢**

まず利用する PC の環境，機械の OS やアプリケーションの種類とバージョン，作成したデータファイルの保存場所などを確認する。ワードプロセッサー，表計算などのアプリケーションは，関連のマニュアルを参照しながら操作能力を高めることができるが，PC が搭載するアプリケーションのバージョンはまちまちであるため，ファイルを保存する際には，バージョンを下げて保存することも考えなければならず，戸惑うこともあるだろう。このような場合に，オペレーターの問題解決能力が問われることになる。問題解決能力を高めるためには，日頃から文献や技術的な上級者から PC の利用環境や能力について学び続ける姿勢を持たなければならない。しかしながら，職場の上級者に質問をしなければならないときには，ただ「教えて欲しい」「どうすればいいのか」などと聞いてはいけない。今まで自分としてはどのように考え，対処してきたかを説明し，どうしても解決できない事柄を特定して質問すべきである。

(2) **新しい知識を素直に受け入れる**

IT 社会はファッションのように変化が激しく，あるものは定着し，あるものは一時的な流行として消え去っていく。一番わかりやすい例はフロッピーである。3.5 インチフロッピーは今ほとんど使われなくなり，USB フラッシュメモリに取って代わられた。また，インターネット初期に，使われていたモデムはいまどこにも見当たらず，無線 LAN（ワイファイ）を利用するブロードバンド時代に入った。絶えざる技術革新によって，別のコンセプトから誕生したよ

り高性能で汎用性の高い新たな機器によって，既存の周辺機器は完全に駆逐される可能性もある。同じように，一時期輝かしい未来を描くキーワードとして用いられた「ユビキタスコンピューティング」も，今日では提案力を失った。代わりに最近よく聞かれるようになったのは「クラウドコンピューティング」である。いずれにせよ，ビジネスでは最新の情報に絶えず目を向け，革新の大きな流れを把握しておかないと，PCを有効に活用する方向性を見失うことになりかねない。

(3) 自分のため，他人のため

パソコンに弱い人を見下げてはいけない，職場の中とくに年配者などパソコンを苦手とする人もいるはずである。しかし，パソコンができないからといって，彼らを無能力者扱いしてはいけない。それぞれに時代のビジネスを成功に導いた人々の経験と知識は，ITによっても完全に取って代わることのできない暗黙知であり，ITを活用してこれをさらに進化せることこそ高いコンピュータリテラシーを習得した人々の責務でなければならない。

また，コンピュータウィルスが蔓延している現在，いつ自分のPCが被害に

図7-1 社内ハラスメント

あうかわからない，そのPCのウィルス対策も必要である。それは自分のためにも他人に迷惑をかけないためにも，必ず自宅のPCのウィルス対策ソフトをインストールしなければならないのである。

さらに情報漏洩に関しては，まず組織に属するデータを個人が決して外部に持ち出さない，というのが基本原則である。またデータへの不正なアクセスを阻止するため，パスワードの万全の管理が行われていなければならない。組織が直面する危機的な状況のほとんどは，個人または小集団の責任に帰するものである。組織構成員のそれぞれが基本原則に忠実に行動することが，セキュリティ保護の第一歩であることを忘れてはならない。

2. ビジネスを変えるネットワーキング

コンピュータが身近になったのは「ホストコンピューティング」あるいは「タイムシェアリング」というキーワードが誕生した1970年代からである。一台の大型コンピュータに複数の端末を接続し，ユーザーが同時的に利用する方法だったが，かなり大規模な装置を必要としたため，資金力やオフィススペースに余裕のあるごく少数の企業しか利用することができなかった。

80年代には，多くの企業がいわゆるオフィスオートメーション（OA）に着手した。OAとは，オフィスコンピュータを導入することにより業務の自動化を目指す取り組みであるが，端末からデータを入力して，事務処理の一部をコンピュータ処理化することから始まり，さらに記憶媒体の大容量化にともない，業務データを従来の帳簿からデータベースへと置き換えることへと進んだ。次に，PCの登場により，コンピュータの利用は集中処理から分散処理へ移行し始めた。このようなOA化の流れの中で，コンピュータの利用者は，少数の技術者から，すべての組織構成員へと広がっていった。

さらに90年代後半に入ると，ネットワーク機能が充実したWindows95の登場にともない，インターネットが急速に普及した。加えて，情報インフラの整

備が進み，ブロードバンドインターネットにより人々はオフィスや自宅において，文書，音楽，写真，動画などさまざまなデータを入手できるようになった。今日のインターネットはもはや単に業務上の情報を検索するだけでなく，テレビと同じように娯楽の一部となった。ちなみに，家計調査の項目分類上，従来，通信費用であったインターネット接続料は，現在は教養娯楽サービス項目のひとつになっている。

以上の流れを見ると，情報通信技術（Information and Communication Technology：ICT）がビジネスにとってもより強力で効率的なツールになるという期待は，ますます高まっている。そうした期待に応える技術開発の成果として登場したのが，「クラウドコンピューティング」である。次に，この「クラウドコンピューティング」について述べて行こう。

(1) クラウドコンピューティングとは

クラウドコンピューティングは，インターネット上でユーザーに対して提供するさまざまなサービスを行うコンピュータの利用形態であるが，この言葉を初めて使ったのは，グーグルのCEOであるエリック・シュミット（Eric Schmidt）であるとされている。彼は，2006年の講演で，「従来ユーザーの手元にあったデータサービスやアーキテクチャが，サーバー上に移ろうとしている。我々はこれをクラウドコンピューティングと呼ぶ。データやアーキテクチャは『クラウド』のどこかにあり，そこにアクセスできるブラウザのようなソフトウェアがあれば，PCやMac，携帯電話、ブラックベリーなど，どのようなディバイスからでも，クラウドにアクセスできる」と語った。インターネット上に浮かぶ雲のような巨大コンピュータ群，それを使うことが「クラウドコンピューティング」である（図7-2）。

クラウドコンピューティングの厳密な定義について，アメリカ国立標準技術研究所（NIST）は以下の5項目を本質的な特徴として具備するサービスとしている。

1. ユーザーは，クラウドのサービス提供者側の人間が介入することなく，

必要に応じてサービスの利用を開始したり設定を変更したりできること。
　2.　機能がネットワーク経由で提供され，標準的な仕組みを使って多様なクライアント・プラットフォームからアクセスできること。
　3.　サービス提供者の計算資源が複数ユーザーに対してマルチテナント・モデルによって提供されるように確保されており，顧客のニーズに従って物理的・仮想的な資源が動的に割り当てられること。
　4.　機能が迅速かつ柔軟に提供され，ユーザーが必要に応じて使用する計算資源の量を動的に増減させることができること。
　5.　クラウドが利用状況を監視・制御して計算資源の利用を最適化し，該当利用者とサービス提供者に報告すること。

　現在，ユーザーや企業がクラウドで実行できる主なサービスは，以下の4つである。
① アマゾン　　Amazon EC2
② セールスフォーム　　Force.com
③ グーグル　　Google App Engine
④ マイクロソフト　　Windows Azure

　また，クライアント向けサービスを拡大しつつあるIBMもビジネスにおけるコンピュータ利用のパイオニアとしての実績を踏まえて，クラウドコンピューティングを大きなビジネスチャンスとして位置付けるようになった。
　(2)　身近なクラウド
　私たちがすでに使っている通信手段としては，インターネット上で自由に使えているクラウド業者が提供する「Webメール」，またはデータファイル，画像などを業者のサーバー上に保存できる「ストレージ（外部記憶装置）サービス」などがある。少し前には，自分で機械を用意し，ソフトウェアを導入し，セッティングをするなど煩雑であったのが，今では単にフリーソフトをインス

図7-2　クラウドの概念

トールし，メールアドレスとパスワードを取得すれば，外出先でも PC や携帯電話でデータを取ったり，保存したりすることができる。

(3) 企業に対してのメリット

コンピュータの歴史からみると，ネットワークは集中から分散，そして再び集中に向かうという流れになっている。1980 年代にあったような中小企業までも高いコンピュータ設備を導入し，自社でソフトウェアを開発するなど，情報技術者を育てる風景は今では見当たらなくなってしまった。クラウド時代になったお陰で，高額な IT への投資（ハードウェア，ソフトウェア）が節約できるようになり，企業が業務を拡大したいときには，それをクラウド業者にリクエストすれば，必要なコンピューティングパワーやストレージが，短時間で自動的に追加し構築される仕組になったのだ。

(4) 安全性のリスク

クラウドの上に置いてあるデータは安全なのかという疑問もある。企業にと

って顧客の個人情報や社内の機密情報を外部サーバーに載せるのは大いに不安である。またサーバーの回線が切断されたり，稼働停止にしたりすれば，保存した企業のデータが失われてしまう危険性がある。さらに，サイバー攻撃を受けることも考えられる。しかし，長い目でみれば，心理的な不安は将来の技術面の向上と人間の経験でカバーするしかないだろうと思う。

3．PCでのデータベースの利用

　商業用コンピュータ第1号が発売されてから約20年を経てPCが登場した。最初に計算ソフトを開発したのはアメリカのダニエル・ブルックリンとボブ・フランクストンという二人の大学院生だった。1977年のことである。彼等は電卓を用いて面倒な会計計算をしていたが，同じ式を繰り返し計算するなら表に式を書き込んで数字を入れ替えれば効率的に演算を実行できるのではないか，という着想を得た。それが今のパソコンの表計算ソフトの開発に繋がった。その後，彼等の立ち上げた企業はロータスに買収され「Lotus1-2-3」として新たに市場に投入された。当時多くの人々は，この表計算ソフトを使う目的で，PCとソフトをセットで購入したため，PCの市場そのものを拡大することにも貢献した。

　これからPCの使用形態はどうなるのだろうか。おそらく2分化して，一方は専門技術者がその専門分野での開発や設計のために使用する高性能なPCと一般ユーザーが使用するタブレットPC（例としてAppleのiPabのような端末）のように情報の読み取りや発信，簡単なデータ加工ができるような機種が並存するのではなかろうか。どちらの機種についても，処理能力のみならず，操作性も今後一段と進化するであろう。

　しかし，現時点ではPCは必ずしも使い易い状態になっているわけではないので，操作には努力が必要である。ビジネスマンなら，文書作成はもちろん，プレゼンテーションをし，会計データなどの計算処理ができなければならな

い。そこで以下では，表計算のデータベース処理の方法を述べていく。

　表計算（以下は Microsoft Excel とする）のデータベース機能は，システム処理レベルには届かないが，一般オフィスでの事務集計には十分対応できるはずである。理解を容易にするために，関数の基礎知識および絶対番地については付録を作成した。

3-1. 解りやすいテーブルの表現

　基本的なデータベース処理には抽出，並べ替え，集計などがある。シート上にデータを羅列し，一覧性を高めるために「条件付き書式」というツールがある。このツールを利用すると，指定した条件を満たすセルだけ，その内容が書式に応じて変化する。テーブルに表示された特定のデータを際立たせ，数値の大小の差がひと目でわかるようにデータベースを分析できる。会議中に配る資料は，単純明快でなければならない。色分けをするのも一つの方法ではあるが，あまり多色にならないようにする。次の例は，ある会社の商品別売上高の前期比の増減率を表にした。増減率表には，小数点が2桁で数値が5%～10%（±5～±10）の場合，＊を一つ付け，10%（±10）以外であるなら＊を2つつけて作成する（表7-1）。

　(1) 数値にマークを付ける

　セルの書式設定で表示形式（ユーザー定義）を設定する。

　1. シート上で右クリックして表示されたメニューの［セルの書式設定］を選択する。

　2.「セルの書式設定」ダイアログが表示される。

　3. 表示形式のタブをクリックし，分類リストの中から，「ユーザー定義」を選択 する。

　4.「種類」のボックスに式　" ＊ " 0.00;" ＊ " -0.00　を入力する。［OK］をクリックすると，種類の中に追加される（図7-3）。

企業を読み解くためのコンピュータ・リテラシー | 第7章

表7-1　数値の前の印の表示

	A	B	C	D	E	F
1	3.1各商品売上高対前期の増減率					
2	商品名	2009Q1	2009Q2	2009Q3	2009Q4	2010Q1
3	A011	-6.30432	-5.598363	-3.960219	-6.703374	-7.62289
4	A012	-2.916132	-1.186129	1.2632572	-0.186105	-1.43146
5	A013	-8.754016	-6.621616	-9.497504	-11.38	-14.0312
6	B021	-13.06316	-12.08009	-10.19054	-11.3251	-13.8175
7	B022	-8.203514	-7.611834	-9.004032	-9.658025	-12.0516
8	B023	-11.4792	-12.60494	-13.87483	-14.49566	-13.6571
9	C031	2.0416417	7.9681765	5.6818938	6.2185524	5.213823
10	C032	1.0776642	7.2376093	11.082068	12.210492	10.75787
11	C033	-9.338805	0.2095684	-12.68534	-5.889143	-13.792

↓

	A	B	C	D	E	F
1	3.1各商品売上高対前期の増減率					
2	商品名	2009Q1	2009Q2	2009Q3	2009Q4	2010Q1
3	A011	* -6.30	* -5.60	-3.96	* -6.70	* -7.62
4	A012	-2.92	-1.19	1.26	-0.19	-1.43
5	A013	* -8.75	* -6.62	* -9.50	** -11.38	** -14.03
6	B021	** -13.06	** -12.08	** -10.19	** -11.33	** -13.82
7	B022	* -8.20	* -7.61	* -9.00	* -9.66	* -12.05
8	B023	** -11.48	** -12.60	** -13.87	** -14.50	** -13.66
9	C031	2.04	* 7.97	* 5.68	* 6.22	* 5.21
10	C032	1.08	* 7.24	** 11.08	** 12.21	** 10.76
11	C033	* -9.34	0.21	** -12.69	* -5.89	** -13.79

5. 同じ手順で「種類」のボックスに次の式を入力する。

"＊＊"0.00;"＊＊"-0.00　を入力し，[OK]をクリックする。

ユーザー定義の書式について補足すると，コードをセミコロンで区切ると，最大4つのセクションが構成できる。これらのコードセクションで，正の値，負の値，ゼロの値，テキストの順で定義する。

"＊"0.00;"＊"-0.00　は，2セクションで，アスタリスク一つと半角スペース一つ，次に小数点2桁の正の数値を表示する，セミコロンを区切り，アスタリスク一つと半角スペース一つ，次に小数点2桁の負の数値を表示する。

(2) 条件付き書式で複数のルール式を作成する。処理手順は図7-4の通り

229

図7-3 セルの書式設定

（吹き出し："* " 0.00;"* " -0.00　を入力する）

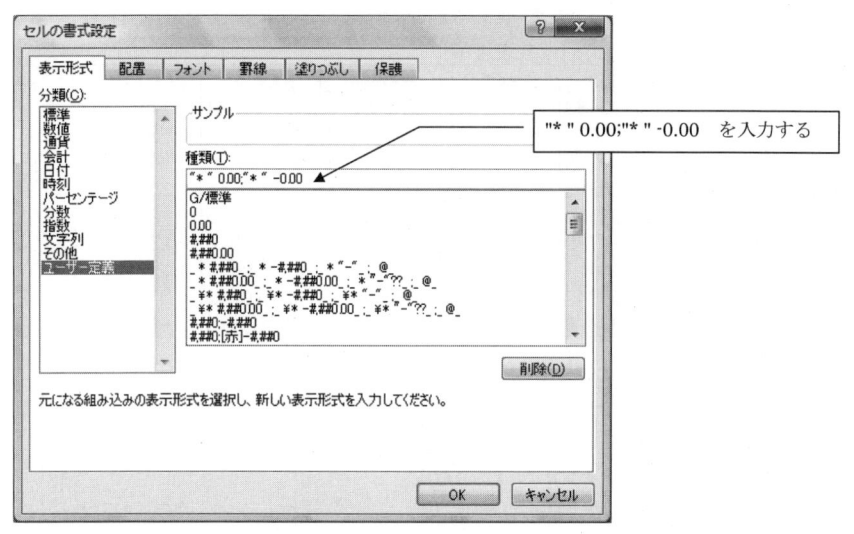

図7-4 マークを付ける処理範囲

である。

〈処理1〉 －5～5の範囲の値
1. データセル範囲をドラッグし，［条件付き書式］アイコンをクリック，［新しいルール］をクリックし，ルールの種類の中の［指定の値を含むセルだけを書式設定］を選択する。
2. 新しい書式ルールのダイアログボックスが表示される
　図7-5において，左から二つ目の欄は「次の値の間」のままで，左から三

図 7-5　数値に−5〜5 の値を入力する

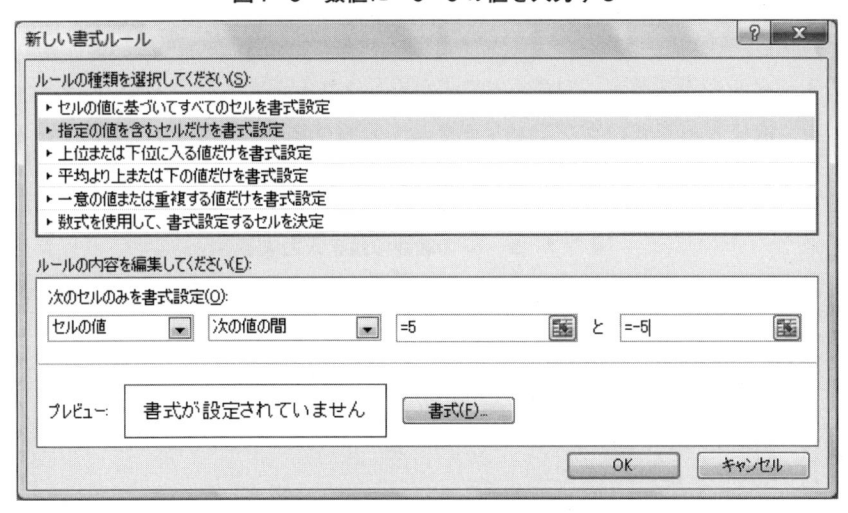

図 7-6　種類（T）から 0.00 を選択する

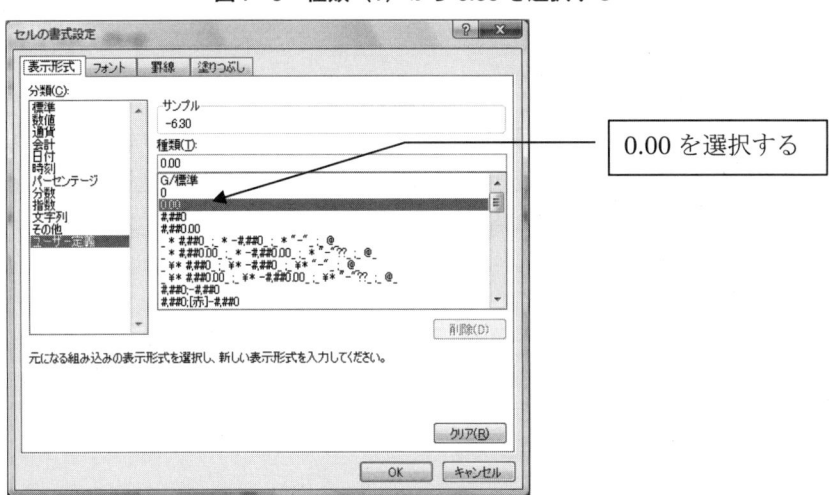

0.00 を選択する

つ目の欄に=5を入力し，左から四つ目に=-5を入力して，次に［書式］をクリックする。

　3.［セルの書式設定］のダイアログが表示される。

　4.　次に表示形式のタブをクリックし，分類リストの中から，「ユーザー定義」を選択する。リストの中から0.00を選択し，［OK］をクリックする。

図7-7　5～10の範囲の値を入力する

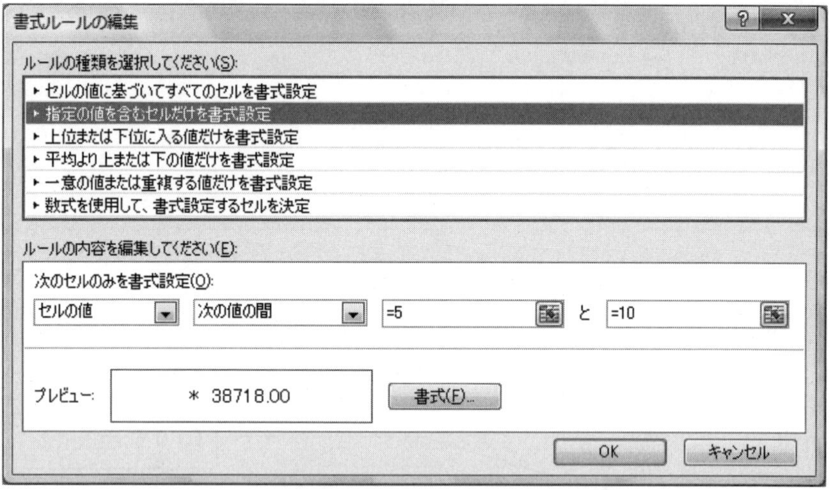

企業を読み解くためのコンピュータ・リテラシー　第7章

図7-8　−5〜−10の範囲の値を入力する

〈処理2〉5〜10の範囲と−5〜−10の範囲の値

1. 以下の2つの［新しいルール］を作成する
2. 以上の二つ同じアスタリスク1つの書式を選択し，［OK］をクリックする。

図7-9 種類（T）から＊1つの書式を選択する

〈処理3〉範囲10又は範囲－10以外の値

1. ［条件付き書式］アイコンをクリック，［新しいルール］をクリックし，ルールの種類の中の［指定の値を含むセルだけを書式設定］を選択する。

2. 新しい書式ルールのダイアログボックスが表示される。

左から二つ目の欄の▼をクリック，リストから「次の値以上」を選択する。左から三つ目の欄に＝10を入力し，左から四つ目に＝－10を入力して，次に［書式］をクリックする。

3. アスタリスク2つの書式を選択し，［OK］をクリックする。

企業を読み解くためのコンピュータ・リテラシー | 第7章

図 7-10　10 または －10 の値を入力する

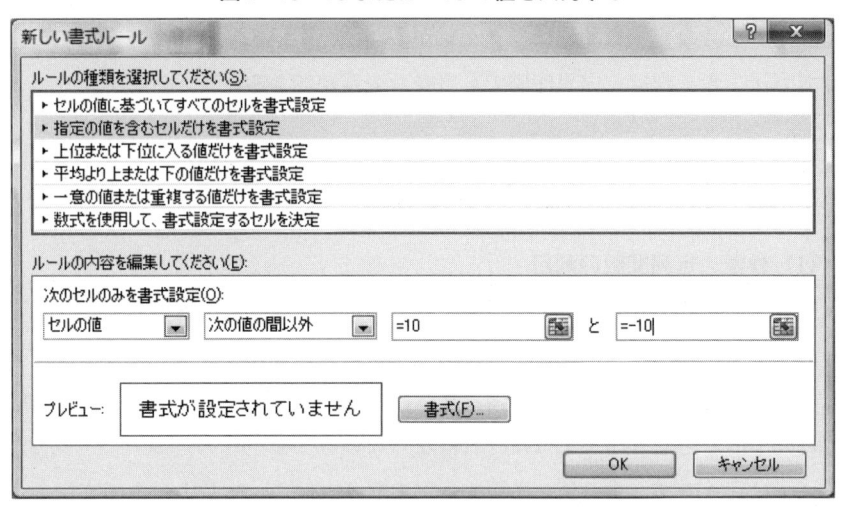

図 7-11　種類（T）から ＊＊ 1 つの書式を選択する

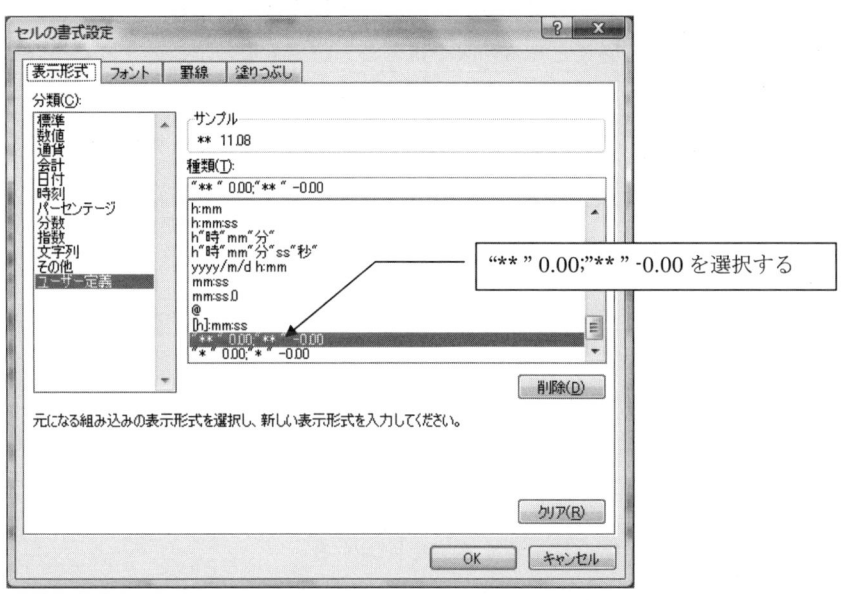

"＊＊ " 0.00;"＊＊ " -0.00 を選択する

以上の処理をすると表7-1は完成した表と同じように表示することができる。オフィスの複写機印刷はモノクロが多いので，いろいろなやり方を組み合せて方法を考えれば，白黒印刷でも豊かな表現ができる。

3-2. 目的による数値データの収集

(1) 検索/行列関数の利用

　関数を理解して表計算を上手に使えば，煩雑な事務処理を素早くすませることができる。社内の帳簿ファイルの項目を時系列に整理するような作業は，コピーと貼り付けで処理すると面倒な作業になってしまうので，関数機能を利用した効率的な処理方法を学ばなければならない。

　以下は別々のブックの値を参照する例を取り上げる。複数シートで支店ごとに同形式で作成した売上高表は，セル参照と串刺し演算により全支店の売上高合計売上げを求めることもできる。ただし，元になるシートのデータ位置が変更された場合には，必要とする結果を得ることができない。このような場合には，以下に説明するように，配列上で指定した行と列が交差する位置にあるセルの値を抽出するINDEX関数とMATCH関数を組み合わせた処理が必要になる。

① INDEX関数
　範囲の中から，行位置と列位置を指定して値を取り出す。
　　書式：INDEX（範囲,行番号,列番号）
② MATCH関数
　範囲内で値を検索し，見つかった値が何番目に位置するかを数値で返す。
　　書式：MATCH（検索値,範囲,[照合の型]）
　　照合の型：「0」完全に一致する値を検索する。
　　「1」一致するものがない場合，検索値以下の最大の値を検索する。

企業を読み解くためのコンピュータ・リテラシー | 第7章

「−1」一致するものがない場合，検索値よりも大きい最小の値を検索する。
（1，−1の場合，データは降順に並んでいることが必要）
(2) Web 上の統計データを使って集計する

各省庁，銀行，研究機関の統計ページから，月，四半期，年ごとの CSV，XLS ファイルを自由にダウンロードすることができる。ここでは，総務省の家計調査を使って，2001〜2009年の年次ファイルを揃えて，利用方法を説明しよう。

まず集計では，図 7-12 のように 10 大費目別（食料，住居，光熱・水道，家具・家事用品，被服及び履物，保健医療，交通・通信，教育，教養娯楽，その他の消費支出）の時系列年次支出金額データを表示させる。
① 参照するキー項目名を入力する。

シードに，セル A2 に集計する目的項目である「支出金額」を入力し，セル A3 以下は年次別 2001〜2009 年を入力する。2 行目の B 列からは 10 大費目項目名（食料，…，その他消費）を入力する。注意することは，入力した各項目名が，元の資料の項目名（記号，スペースの全角や半角など）と一致しなければならない。

図 7-12　データ一覧表を作成する index 関数と match 関数の式

セル B3 に式を入力 =INDEX('E:¥data¥[k_2001.xls]4-1全世帯'!$I$11:$O$701,MATCH(B$2,'E:¥data¥[k_2001.xls]4-1全世帯'!$I$11:$701,0),MATCH(A$2,'E:¥data¥[k_2001.xls]4-1全世帯'!$I$11:$O$11,0))

237

② 集計ファイルのシートにセル B3 で以下のような式を入力すると上記の表に値が表示される。

　参照する data フォルダに入っている k_2001.xls というファイルのシート「4-1 全世帯」とする。

＝ INDEX（'E:¥data¥ [k_2001.xls] 4-1 全世帯'!$I$11:$O$701,
MATCH（B$2,'E:¥data¥ [k_2001.xls] 4-1 全世帯'!$I$11:$I$701,0),
MATCH（$A$2,'E:¥data¥ [k_2001.xls] 4-1 全世帯'!$I$11:$O$11,0))

　以上の式を順番に説明しよう。
　まず，INDEX 関数の範囲は，data フォルダの中に入っているファイル名 [k_2001.xls] のシート名 [4-1 全世帯] の範囲 $I$11:$O$701 になる。
　次に行番号を指定する MATCH 関数は，行キーとしてセル B$2（行のみ部分絶対番地）に「食料」とする。行範囲 は，data フォルダの中に入っているファイル名 [k_2001.xls] のシード名 [4-1 全世帯] の行範囲 $I$11:$I$701 になる。最後に 0 が入るのは完全に一致する値検索という照合型である。
　最後に列番号を指定する MATCH 関数は，列キーとしてセル $A$2（絶対番地）の支出金額とする。列範囲 は，data フォルダの中に入っているファイル名 [k_2001.xls] のシード名 [4-1 全世帯] の列範囲 $I$11:$O$11 になる。最後に 0 が入るのは完全に一致する値検索という照合型である。

③ 各年次の参照式を作成する。
　セル B4～B11 に各年次別の式をコピー元セル B3 からコピーして，年次を書き換える。
　　セル B4＝INDEX（'E¥data¥ [k_2002.xls] 4-1 全世帯'!$I$11:$O$701,
　　　　　MATCH（B$2,'E:¥data¥ [k_2002.xls] 4-1 全世帯'!$I$11:$I$701,0),
　　　　　MATCH（$A$2,'E:¥data¥ [k_2002.xls] 4-1 全世帯'!$I$11:$O$11,0))

企業を読み解くためのコンピュータ・リテラシー 第7章

︙

セル B11 = INDEX（'E:¥data¥［k_2009.xls］4-1 全世帯' !$I$11:$O$701,
　　　MATCH（B$2,'E:¥data¥[k_2009.xls］4-1 全世帯' !$I$11:$I$701,0），
　　　MATCH（$A$2,'E:\data\[k_2009.xls］4-1 全世帯' !$I$11:$O$11,0））

④ 作成したB列の検索値が正しく表示したら，コピー元として，K列まで貼り付けをし，表を完成させる。

以上求めたデータは，表計算ソフトでいろいろな分析やデータベースソフトAccessで処理するなど，より専門の統計処理を使用すれば，SAS，SPAAやEViews，あるいはオープンソースのR言語などを使えるし，ブックファイル

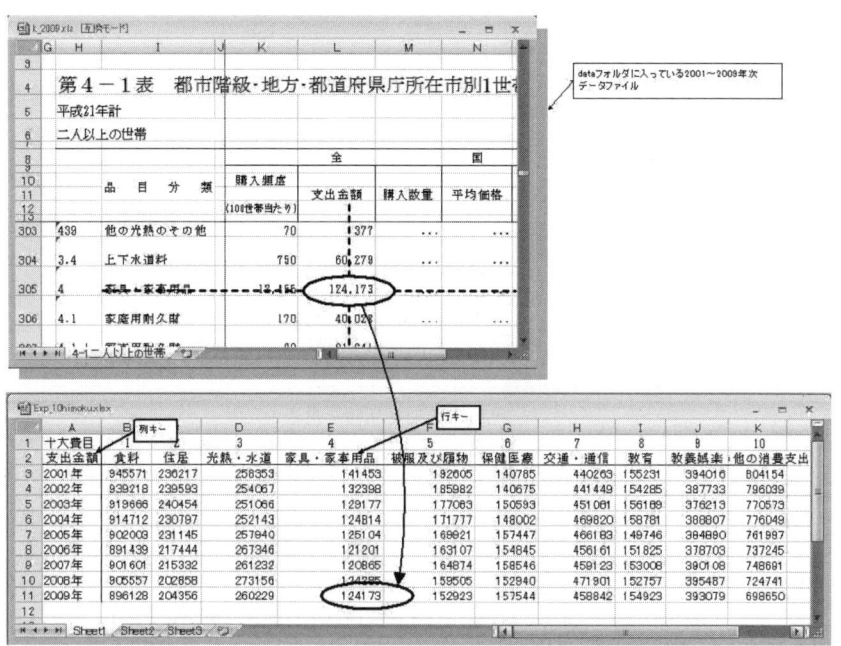

図7-13　データ一覧表の検索キー

からそのアプリケーションにインポートして利用することもできる。

3-3. 表計算財務関数利用の基礎

　借入金の利息，返済回数などといった財務関係の計算には複雑な式が必要だが，表計算に組み込まれている財務関数を使うと，簡単に求めることができる。借入金などの毎月の返済額を求めるには，PMT関数やPPMT関数を使う。同じ種類の関数としては，投資価値や支払い回数，金利を求めるFV関数，NPER関数，IPMT関数などもあり，代表的なものだけを解説しておく（表7-2）。

　財務関数では，期間，金利の指定が重要である。一般的には，期間として年数，月数，日数，金利として年利，月利，日歩のいずれかを指定する。また金利は，元本に対する金利の割合としての利率を用いる。

① 期間と利率の指定

　期間と利率の指定として，普通は月を単位とした期間を指定するが，財務関数では年を基準とした期間を年利で計算する。月を基準にするときは，期間は月数で指定して，利率（年利）を12で割った値（月利）を指定する。四半期を基準で指定するならば，利率（年利）を4で割った値（四半期利）を指定する。

表7-2　主要な財務関数

(1) 借入金の返済額を計算する関数	
PMT	定期支払額を求める。
PPMT	指定された期に支払われた元金を求める。
IPMT	指定された期に支払われた金利を求める。
(2) 借入れ金の返済回数を求める関数	
NPER	毎月一定額で返済する場合の返済回数を求める。
(3) 積立預金のシュミレーション関数	
PMT	目標額と回数から毎月の積立額を求める。
FV	毎月の積立額と回数から到達金額を求める。

② 金額データのプラスマイナス

金額データのプラスマイナスについて，流入する金額をプラス，流出する金額をマイナス記号で指定する。

③ 現在価値と将来価値の指定

引数の現在価値と将来価値には，金額を指定する。借入れの場合，現在価値は借入金額，将来価値は目標額になる。現在価値と将来価値の考え方については，以下の表7-3をしてほしい。

④ 支払日期日の指定

財務関数によっては，支払期日の指定が必要になる。これは，支払いがいつ行われるかを指定することで，各期の「期末」，「期首」のように表現される。月単位なら，期末は月末（30日，31日など），期首は1日である。引数として，期末は数値0，期首は数値1を指定する。指定を省略すると，0（期末）が指定されたと見なされる。

(1) 借入金額残高表を作成する

表7-4の例は，自動車ローンを組むケースを想定している。列のA～Eプラン（50万～250万）は金額別，行の4か月～32か月は返済期間で，月々の返済額はいくらかになるかを示している。

定期支払額を算出する関数は，PMTである（絶対番地の付け方は「補論（2）セルの参照番地」の九九表の作り方を参照）。

PMT関数の書式：PMT（利率，期間，現在価値,,将来価値，支払期日）=PMT($C$2/12,$B6,C5)

表7-3　現在価値と将来価値の指定

	現在価値	将来価値
借入金の返済	借入れ額	0
貯蓄の目標	0	目標額

出所）参考文献[4]

表7-4 財務関数 PMT

	A	B	C	D	E	F	G
1		借入プラン				プラン別返済額一覧表	
2		年利	5.0%				
3							
4		貸付プラン	Aプラン	Bプラン	Cプラン	Dプラン	Eプラン
5		返済期間	¥500,000	¥1,000,000	¥1,500,000	¥2,000,000	¥2,500,000
6		4	¥-126,305				
7		8					
8		12					
9		16					
10		20					
11		24					
12		28					
13		32					
14							

C6: =PMT($C$2/12,$B6,C$5)

1か月に返済する金額

G13: =PMT($C$2/12,$B13,G$5)

	A	B	C	D	E	F	G
1		借入プラン				プラン別返済額一覧表	
2		年利	5.0%				
3							
4		貸付プラン	Aプラン	Bプラン	Cプラン	Dプラン	Eプラン
5		返済期間	¥500,000	¥1,000,000	¥1,500,000	¥2,000,000	¥2,500,000
6		4	¥-126,305	¥-252,610	¥-378,914	¥-505,219	¥-631,524
7		8	¥-63,678	¥-127,355	¥-191,033	¥-254,710	¥-318,388
8		12	¥-42,804	¥-85,607	¥-128,411	¥-171,215	¥-214,019
9		16	¥-32,368	¥-64,737	¥-97,105	¥-129,473	¥-161,841
10		20	¥-26,108	¥-52,216	¥-78,324	¥-104,433	¥-130,541
11		24	¥-21,936	¥-43,871	¥-65,807	¥-87,743	¥-109,678
12		28	¥-18,956	¥-37,912	¥-56,869	¥-75,825	¥-94,781
13		32	¥-16,722	¥-33,445	¥-50,167	¥-66,889	¥-83,611
14							

1. 利率 $C$2/12 は，年率値を入力したセル C2 を 12 で割って絶対番地を取る．
2. 期間 $B6 は B 列の期間を参照しているので，列番号の前に $ を付ける．
3. 現在価値 C$5 は A プランの返済總金額を参照しているので，行番号の前に $ を付ける．
4. 将来価値，支払期日は省略する．
5. 作成した関数が正しく表示されたら，コピー元として，セル G13 まで貼り

付けをし，表を完成させる。

(2) プラン別受取額一覧表を作成する

表 7-5 は，最初に 20,000 円を貯金して，1 カ月にいくら貯金すると，何カ月後には，どれだけ貯蓄されたかの貯金額を表した一覧表である。

一定利率の支払いが定期的に行われる場合，投資の将来価値を表す関数は，FV である。

FV 関数の書式：FV（利率，期間，定期支払額，現在価値，支払期日）= FV（$C$3/12,C$8,$B9,$C$4,$C$5）

1. 利率 $C$3/12 は，年率値を入力したセル C3 を 12 で割って絶対番地を取る。
2. 期間 C$8 は 8 行目の期間（カ月）を参照しているので，行番号の前に $ を付ける。
3. 定期支払額 $B9 は B 列の毎月の預入額を参照しているので，列番号の前に $ を付ける。
4. 現在価値は，頭金を入力したセル C4 を参照しているので，絶対番地をとる。
5. 支払期日は，セル $C$5（絶対番地）に入力した 0 か，1 かを参照し，月初か，月末かが判断される。
6. 作成した関数が正しく表示されたら，コピー元として，セル G13 まで貼り付けをし，表を完成させる。

以上の例題で使用した財務関数は，Exel で利用可能な関数のほんの一部にすぎない。関数を全部覚える必要はなく，ヘルプを参照しながら，関数利用の習熟度を高めていけばよい。

4. 問題解決のための情報リテラシー

情報リテラシーは，ただ単に PC を操作できるという意味の情報機器操作能

表7-5 財務関数 FV

	A	B	C	D	E	F	G
1		積立プラン					プラン別受取額一覧表
2							
3		年 利	0.04%				
4		頭 金	¥-20,000				
5		支払日	0	月初の場合「1」、月末の場合「0」を入力			
6							
7		積立プラン	Aプラン	Bプラン	Cプラン	Dプラン	Eプラン
8		毎月の預入額(ヶ月)	6	12	18	24	30
9		¥-2,000	¥32,005				
10		¥-4,000					
11		¥-6,000					
12		¥-8,000					
13		¥-10,000					
14							

C9 =FV($C$3/12,C$8,$B9,$C$4,$C$5)

その期間に毎月積み立てられる金額

G13 =FV($C$3/12,G$8,$B13,$C$4,$C$5)

	A	B	C	D	E	F	G
1		積立プラン					プラン別受取額一覧表
2							
3		年 利	0.04%				
4		頭 金	¥-20,000				
5		支払日	0	月初の場合「1」、月末の場合「0」を入力			
6							
7		積立プラン	Aプラン	Bプラン	Cプラン	Dプラン	Eプラン
8		毎月の預入額(ヶ月)	6	12	18	24	30
9		¥-2,000	¥32,005	¥44,012	¥56,022	¥68,034	¥80,049
10		¥-4,000	¥44,006	¥68,017	¥92,032	¥116,053	¥140,078
11		¥-6,000	¥56,007	¥92,021	¥128,043	¥164,071	¥200,107
12		¥-8,000	¥68,008	¥116,026	¥164,053	¥212,090	¥260,136
13		¥-10,000	¥80,009	¥140,030	¥200,063	¥260,108	¥320,165
14							

力ではない。情報を主体的に選択，収集，活用，編集，発信する能力である。今までは仕事の際にいくつかの表計算を使用して，表現，データ収集などの例を挙げた。それらはあくまでも，ひとつの考え方や処理方法にすぎない。PCで問題を処理する際の処理手順は一つだけではない。例えば，解りやすいテーブルの表現の例では，IF関数でも処理できるではないか，あるいは別のアプリケーションで処理するなど，解決方法を広げていき，試行錯誤をする中で判断能力とスキルを向上させることが重要である。

〈補　論〉
　(1) 関　数
　表計算のセルには，文字，数値以外に，数式を入力することもでき，電卓を使わなくてもさまざまな計算を行うことができる。特定の計算を実行する目的で，あらかじめ定義された数式が「関数」である。関数は，計算に必要な値を定められた書式に従って入力するだけで，複雑な計算を素早くすませて，簡単に計算結果を求めることができる。関数の数はたくさんあるので，全部覚える必要はないが，合計（SUM），平均（AVERAGE）ぐらいは見なくても書けるように，それ以外の関数の使い方は必要に応じてヘルプで調べるとよい。ヘルプは，一般のユーザーには少々難しいが，使い方を参照にしながら試すのもいい勉強になるだろう。関数を入力する方法は，直接「＝」を入力し続けてキーボードから関数名と引数（セルなど）を入力する方法か，ツールバーの［関数貼り付け］を利用すると誤りなく確実に入力ができる。関数には表7-6のような種類がある。

　表7-6の関数のうち，キューブ関数は新しいバージョンに追加された関数群である。バージョンを下げて Excel 97-2003 ブックで保存すると使用できないが，従来の関数を組み合せることで同じ計算もできる。
　(2) セルの参照番地
　セルの参照番地について＄マークの付け方が理解できれば，すばやく表が作成される。参照番地は，相対番地と絶対番地がある。
●相対番地：セルのデータが計算式の場合，その計算式を他のセルへコピーすると，単に複写元と同じ計算式が複写先にコピーされるだけでなく，複写先でもそのままその計算式が利用出来，セル番地の行番地や列番地が自動調整される。
●絶対番地：あるセルを参照元として固定しておきたい列名や行番号のセル番地に＄記号をつけておくと，コピー・移動・挿入・削除などの操作を実行しても，セルの番地は書き換えられないで処理される。

表 7-6　関数の種類

種　類	概　要
財務	利息，金利，収益性など会計，財務処理を行うための関数
日付/時刻	年，月，日，時刻の算出と加工を行うための関数
数学/三角	最大公約数，四捨五入，三角関数などの数学に関する計算の関数
統計	簡単な集計から専門的な統計処理まで，代表値や確率を求めるための関数
検索/行列	セルの参照や行列の計算を行うための関数
データベース	データベースまたはリスト内のデータを分析するための関数
文字列操作	セル内の文字列に関する処理を行うための関数
論理	セル内容によってAND，ORなどの論理計算に使用する関数
情報	セル情報を検索するための関数
エンジニアリング	n進数や単位の変換，比較や計算を行うためのアドイン関数
キューブ	データベースに接続して情報を取り出すための関数

＄マークは自分で入力するか，ファンクションキーF4を使って付ける。

〈例〉セルH4を F4 キー

　　1回を押すと $H$4になる　（列行両方固定）

　　2回を押すと H$4になる　（行固定）

　　3回を押すと $H4になる　（列固定）

　　4回を押すと H4に戻る

＄マークは列名の前に付けるか，行番号の前に付けるかの部分絶対番地の付け方は，以下の九九表の作成を参考する。

　考え方としては，掛ける数値の位置が縦方向であれば，列番号の前に＄マークを付ける。掛ける数値の位置が横方向であれば，行番号の前に＄マークを付ける。ゆえに，行列以外の位置セルを掛けるのは行列両方とも＄マークを付ける。

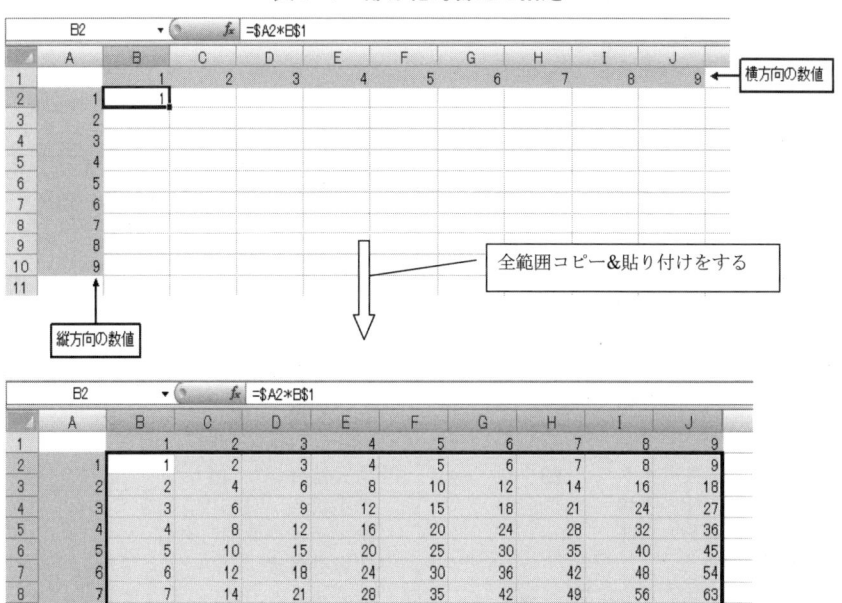

表 7-7　部分絶対番地の指定

	A	B	C	D	E	F	G	H	I	J
1		1	2	3	4	5	6	7	8	9
2	1	1								
3	2									
4	3									
5	4									
6	5									
7	6									
8	7									
9	8									
10	9									

B2　＝$A2*B$1　横方向の数値／縦方向の数値／全範囲コピー&貼り付けをする

	A	B	C	D	E	F	G	H	I	J
1		1	2	3	4	5	6	7	8	9
2	1	1	2	3	4	5	6	7	8	9
3	2	2	4	6	8	10	12	14	16	18
4	3	3	6	9	12	15	18	21	24	27
5	4	4	8	12	16	20	24	28	32	36
6	5	5	10	15	20	25	30	35	40	45
7	6	6	12	18	24	30	36	42	48	54
8	7	7	14	21	28	35	42	49	56	63
9	8	8	16	24	32	40	48	56	64	72
10	9	9	18	27	36	45	54	63	72	81

参考文献

[1] 内木哲也・野村泰朗著『情報の基礎・基本と情報活用の実践力第2版』　共立出版, 2009年
[2] 日経BP社出版局編『クラウド大全 第2版 サービス詳細から基盤技術まで』　日経BP社, 2010年
[3] 日本銀行金融研究所「クラウドコンピューティングにおける情報セキュリティ管理の課題と対応」　2010-1-24
[4] 北村 隆志『仕事に使える Excel2002 関数ガイド』　毎日コミュニケーションズ, 2002年

索引

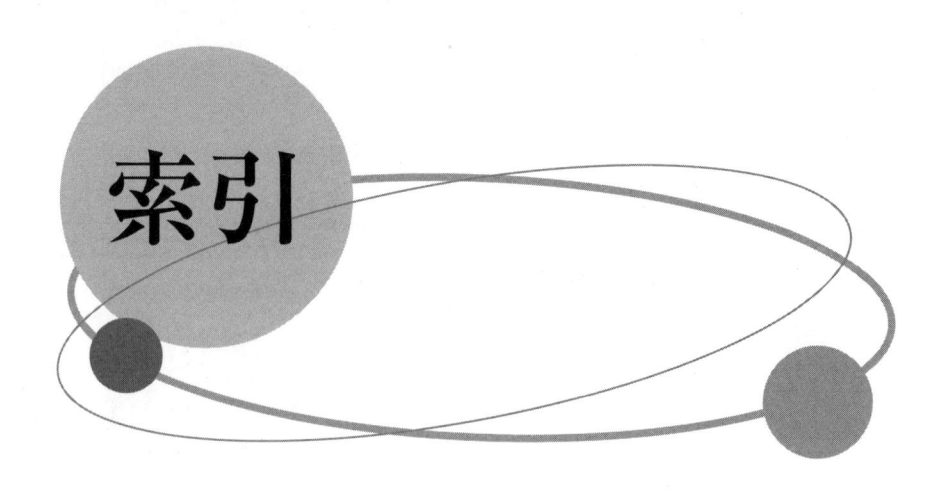

あ 行

安全性分析　197
アンソフの成長ベクトル　93
委員会設置会社　149
イギリス東インド会社　28
5つのP　87
インターナショナル型組織　74
失われた10年　37
売上高利益率（ROS）　183
オープン・システム　15
オランダ東インド会社　27

か 行

カーブアウト　170
会計監査人　149
会計監査報告書　149
会計参与　142
会社分割　170
額面株式　133
加算法　193
価値相関図　113
合併　163
合併対価の柔軟化　165
金のなる木　99
株券不発行制度　134
株式移転　166
株式会社　131
株式交換　166
株式の自由譲渡性　33
株式持合い　40
株主総会　145
株主平等の原則　137
監査委員会　149
監査法人　149
監査役　142
監査役会　148
監査役会設置会社　145
完全親会社　167
完全子会社　167
カンパニー制　67
管理範囲適正化の原則　55
官僚的組織　58
機会主義　2
機械的組織　58
企業の社会的責任（CSR）　20
企業別組合　40
忌避宣言原則　65
規模基準　141
規模の経済　108
キャッシュ・フロー
　営業活動による——　211
　財務活動による——　211
　投資活動による——　211

索　引

キャッシュ・コンバージョン・サイクル分析　215
キャッシュフロー資産比率　214
キャッシュ・フロー・マージン　214
吸収合併　164
吸収分割　173
共益権　134
切替費用　5
金融商品取引法　151
クラウド　224, 225
クラウドコンピューティング　222, 224
クローズド・システム　15
グローバル型組織　74
グローバル・コンパクト　24
グローバル・マトリックス組織　74
グローバル・リポーティング・イニシアティブ（GRI）　24
計画的戦略　87
経験曲線効果　99
継続企業　28
　　——の前提　158
系列取引　41
経路依存性　7
ケネス・アンドリュース　85
原価基準　63
現金主義　178
権限・責任一致の原則　56
堅実性比率分析　198
限定された合理性　2
コア・コンピタンス　7
公開会社　141
合資会社　131
控除法　193
固定長期適合率　200
固定比率　199
合同会社　131
公認会計士　149
合名会社　131
効率性　17

国際標準化機構（ISO）　22
コストリーダーシップ戦略　111
固定費　190
コーポレート・ガバナンス　139
コングロマリット・ディスカウント　72
コンティンジェンシー理論　57
コンプライアンス　150

さ　行

財閥　34
財閥解体　35
財務資本　121
財務諸表　178
サステイナビリティ報告書　24
サプライチェーン・マネジメント（SCM）　112
差別化　108
差別化戦略　111
三委員会制　142
三角合併　164
産業革命　29
産業集中度　12
産業組織論　12
シェアードサービスセンター（SSC）　81
自益権　134
市価基準　63
時間圧縮の不経済　124
事業譲渡　173
事業部制組織　59, 62
事業部長　63
事業ポートフォリオ　204
事業持株会社　166
自己資本比率　198
自己資本利益率（ROE）　182
資産の特殊性　5
市場開拓戦略　94
市場浸透戦略　93
市場的組織　9

249

市場利用の費用　4
執行役　149
執行役員制度　155
シナジー効果　95
指名委員会　149
社外監査役　148
社外取締役　150, 155
ジャパン・アズ・ナンバーワン　39
収益性分析　182
終身雇用制　39
収斂仮説　48
授権株式制　129
種類株式　137
純粋持株会社　166
準則主義　33
純付加価値　194
条件付書式　228, 229, 230, 234
上場会社　152
少数株主権　134
情報の偏在性　2
剰余金の配当　148
剰余金配当請求権　160
職能別組織　59, 60
書面投票制度　146
所有と経営の分離　139
新設合併　164
新設分割　171
人的資本　121
スタッフ部門　55
ステークホルダー　54
ストップフォードのモデル　72
スピンオフ　170
スポット取引　9
成長ベクトル
　（アンソフの）——　93
成果主義賃金　44
生産性　195
成長性の分析　201
製品開発戦略　93
製品差別化　12

セグメント情報　205
絶対番地　245, 246, 247
設備生産性　196
設備生産性分析　195
選択と集中　126
専門化の原則　54
戦略　84
戦略計画モデル　89
戦略事業単位（SBU）　102
戦略的意図　7, 126
総資産回転率　183
総資産利益率（ROA）　182
相対的市場シェア　99
相対番地　245
創発的戦略　87
総付加価値　194
組織資本　122
組織的市場　9
損益分岐点売上高　190
損益分岐点分析　188

た 行

大会社　141
代表執行役　149
代表取締役　139
多角化戦略　94
妥当性監査　150
単元株制度　136
単独株主権　134
地域統括会社　78
チェスター・バーナード　51
チャンドラー命題　50
チャンドラー, A.　54, 85
中間形態の取引　9
ツー・ボス・システム　69
適法性監査　150
デュポン・システム　181
東京第一国立銀行　33
当座企業　28
当座比率　197

特異な歴史的条件　124
独立企業間取引　65
トップダウン型手法　90
トランスナショナル型組織　74
取締役　142
取締役会　142, 147
取引費用　2
トリプル・ボトムライン評価　23

な　行

内部化の費用　4
内部統制システム　148, 150
内部取引　9
内部振替価格　63
内部利益加算基準　65
7Sフレームワーク　179
7Sモデル　53
南海泡沫事件　30
日本型経営モデル　39
年功賃金性　39

は　行

ハーフィンダール指数　107
買収防衛策の開示　160
配当可能額　161
発生主義　178
花形　99
バリューチェーン　111
非公開会社　141
ビジネススクリーン　102
ファイブフォース・モデル　105
フィードバック　15
付加価値　193, 194
付加価値生産性分析　195
付加価値分析　192
不確実性　2
複雑性　2
負債比率　184
物的資本　121
プランニング・アプローチ　89

フリー・キャッシュフロー　216
ブルーオーシャン戦略　115
フレデリック・テーラー　60
プロダクト・ポートフォリオ・マネジメント（PPM）　99
プロダクト・ライフサイクル（PLC）　100
閉鎖性基準　141
変動費　190
ペンローズ効果　10
報酬委員会　149
泡沫会社法　30
ホールド・アップ問題　5
補完的企業　113
ボストン・コンサルティング・グループ（BCG）　99
ボトムライン　23

ま　行

マイケル・ポーター　86
埋没費用　5
負け犬　99
マトリックス組織　69
マネジメント・アプローチ　205
マルチナショナル戦略　74
無額面株式　133
無線LAN（ワイファイ）　221
命令一元性の原則　56
メインバン・システム　40
免許主義　33
持株会社　70, 166
問題児　99

や　行

有価証券報告書提出会社　159
有機的組織　58
有限責任の原則　33
有効性　17
有利子負債キャッシュ・フロー倍率　214

251

40年体制　42

ら 行

ライン・アンド・スタッフ組織　55
ライン部門　55
利益責任単位　62
リソース・ベースト・ビューア・コンピタンス　119
流動性分析　197
流動比　197
履歴効果　7
レッドオーシャン戦略　115
レバレッジ効果　185
連結計算書類　158
連結納税制度　72
連結配当規制適用会社　159
労働装備率　196
6大企業集団　41

B

B2B　110
B2C　110

C

CSR　20

E

EBIT　217

F

FV　243, 244
FV 関数　240, 243

I

INDEX　236-239
I-R 分析　74
ISO26000　22

L

LLC　132

M

M&A　168
M&A&D　173
MATCH　238, 239
MATCH 関数　236, 237

N

NOPAT　217

P

PDCA サイクル　19
PEST 分析　93
PLC　100
PMT　241, 242
PMT 関数　240, 241
PPM　99

R

ROA　182
ROE　182
ROS　183

S

SA8000　22
SCM　112
SCP パラダイム　13, 105
SSC　81
SWOT 分析　91

V

VRIO フレームワーク　122

執筆者

仲野　昭　神田外語大学国際コミュニケーション学科教授（第1章～第6章）
吉永　耕介　神田外語大学国際コミュニケーション学科准教授（第7章）

企業と経営を学ぶ

2011年2月28日　第一版第一刷発行

著　者　仲野　昭
　　　　吉永耕介
発行所　株式会社　学文社
発行者　田中　千津子

〒153-0064　東京都目黒区下目黒3-6-1
電話（03）3715-1501㈹　振替00130-9-98842
http://www.gakubunsha.com

乱丁・落丁の場合はお取替えします。
定価はカバー，売上カード，に表示してあります。

印刷／シナノ印刷株式会社
〈検印省略〉

ISBN978-4-7620-2144-2

©2011 NAKANO Akira and YOSHINAGA Kousuke　Printed in Japan